SUR LE FIL ...

**rencontres
au seuil de la mort,
à l'usage des vivants**

Stephen LEVINE

Le Souffle d'Or
BP 3
05300 BARRET-LE-BAS

© 1984 by Stephen Levine
Titre original : *Meetings at the edge*
Published by arrangement with Doubleday Division of
Bantam Doubleday Del Publishing Group Inc.

Traduction et édition française
© 1992 Le Souffle d'Or
Tous droits de reproduction réservés pour tous pays.

Traduction : Michel Claeys Bouuaert
Illustration couverture : Joël Jeune
Photocomposition et mise en page : Aline Pontailler
Impression et brochage : SEPC / St Amand-Montrond

Dépôt légal : 3ème trimestre 1992
ISBN : 2 904670 62 9

Le Souffle d'Or
BP 3 - 05300 Barret-le-Bas

Dans la tradition bouddhique il est courant de pratiquer en fin de méditation ce qu'on appelle «le partage du mérite». Dans le silence du coeur, on formule quelque chose dans le genre: «Je partage le mérite de cette méditation afin qu'elle puisse bénéficier à tous les êtres dans leur cheminement vers une parfaite libération.» Dans ce même esprit, plutôt que de «dédier» ce livre de manière traditionnelle, je préfère en partager l'éventuel mérite avec tous les êtres vivants en général, et en particulier avec Ondréa, mon épouse et partenaire spirituelle.

Bien qu'elle ne se soit jamais habituée à l'enregistrement des appels, elle fut active au «téléphone des mourants» plus souvent que moi-même, et sa présence se ressent tout au long de cet ouvrage. Le «nous» utilisé dans le texte n'est donc pas un «nous» majestueux mais un «nous» de collaboration.

Nous aimerions également remercier Jakki Walters qui se chargea de la transcription des bandes du «téléphone des mourants» et nous aida à réaliser ce manuscrit.

TABLE DES MATIERES

Introduction 9

1 — S'OUVRIR AU CHAGRIN
   Dorothée, mère d'un enfant mourant 17

2 — ACCUEILLIR LA MORT
   Doris, fille d'une mère mourante 25

3 — LE PARDON GUERISSEUR
   Cassie, patiente cancéreuse 33

4 — LE CHAGRIN GUERISSEUR
   Karen, mère d'un enfant noyé 45

5 — S'OCCUPER D'UN PARENT MOURANT
   Tom, fils d'un père mourant 61

6 — LE SEUL TRAVAIL QUI COMPTE
   EST LE TRAVAIL INTERIEUR
   Nancy, thérapeute pour malades suicidaires 69

7 — REPRENDRE LA VIE APRES UNE GUERISON
   Kelly, patient cancéreux 81

8 — APPRIVOISER LA DOULEUR
   Anonyme, patient cancéreux 91

9 — A CHACUN SA MORT
   Gaëlle, infirmière auprès d'un ami mourant 103

10 — L'APPRENTISSAGE DE L'ABANDON
   Lobellia, patiente cancéreuse 111

11 — LE COEUR OUVERT, AU COEUR DE L'ENFER
Marcia, mère d'une jeune fille assassinée 127

12 — GUERIR EN S'OUVRANT A LA VIE
Anthony, patient cancéreux 137

13 — QUI MEURT ?
Stan, patient cancéreux 149

14 — CHOISIR LA MORT LORSQU'ON PERD LA VIE
Evelyne, patiente S.L.A. 167

15 — RENTRER CHEZ SOI POUR MOURIR
Robert, époux d'une mourante 187

16 — TROIS VISAGES DE LUMIERE
Une journée à l'hôpital 197

17 — GRACE ET CONFUSION
Mary, patiente cancéreuse 209

18 — PLUS DOULOUREUX QUE LA MORT
Kathy, malade leucémique 227

19 — UN INTENSE TRAVAIL DE GUERISON
Géraldine, patiente cancéreuse 239

20 — A L'ECOUTE DU COEUR
Travailler avec des patients comateux 251

21 — ATTACHEMENT ET PROJECTION
Maggie, thérapeute 265

22 — OBSTACLES SUR LA VOIE DU COEUR
Rena, patiente cancéreuse 277

23 — LORSQU'ON LACHE TOUT, SEUL L'AMOUR RESTE
Martine, patiente cancéreuse 301

INTRODUCTION

I

La plupart des gens vivent leur vie comme si elle se situait essentiellement dans le futur. Mais comme le fit remarquer John Lennon : «La vie, c'est ce qui se passe pendant que vous êtes en train d'élaborer vos projets d'avenir.»

Pour certains, ce livre ne sera peut-être pas facile à lire. Il explore la peur et le doute, le courage et la détermination qui tour à tour émergent lorsqu'on fait face à ce qui n'est plus contrôlable, à ce qui est déplaisant, craint ou inconnu.

Ce livre traite de l'inattendu, de ce à quoi on n'est pas ou mal préparé. C'est un livre sur la croissance qui intervient lorsque, arrivé aux limites du mental, après avoir dépassé les peurs les plus enracinées et les doutes les plus coriaces, on pénètre dans le coeur du mystère. Le pont qui y mène s'appelle l'amour.

Il s'agit d'un numéro de haute voltige. Maintenir le coeur ouvert en plein enfer, garder avec amour un semblant d'équilibre face à notre souffrance et notre confusion. Autoriser la vie à nous pénétrer. Guérir, en dépassant notre peur de l'inconnu.

Certains pourraient se sentir mal préparés pour faire face à tant de souffrance. Nous doutons tellement de notre propre grandeur, de notre nature originelle. Mais la souffrance que nous ressentons en lisant ces récits est notre propre souffrance. Remarquez, lorsque vous lisez, les sourcils froncés, la crispation autour des yeux et la tension dans la mâchoire. C'est là toute notre résistance à quitter notre territoire connu, toute notre difficulté à mourir, à vivre.

Cette souffrance nous relie à toutes les souffrances. Les récits que nous transmettons ne sont pas des cas isolés. Ils font partie de la «souffrance cosmique» qui nous invite à nous ouvrir sur l'univers et nous permet d'aller au-delà de notre moi individuel, d'atteindre cette partie de nous tous qui est immortelle.

Puisse ce livre vous ouvrir le coeur. Et, au-delà de toute souffrance, voyez l'attachement qui en est la cause. Ce livre est un terrain d'apprentissage partagé, un lâcher-prise, une invitation à passer le seuil et à pénétrer dans cet état d'être qui se situe juste au-delà de la limite que nous imposent nos vieux concepts, nos idées préconçues, nos peurs et nos doutes si solidement ancrés.

Ces récits nous viennent de personnes qui ont atteint ce seuil. Chacune d'elles a fait un pas en territoire inconnu, dans ce no man's land où la vie reste inexplorée. Voici nos rencontres au seuil de la transition, le seuil où débute toute croissance. Ces récits nous livrent les premiers pas hésitants au-delà de nos peurs, au-delà de notre image de nous-mêmes, vers une expérience plus pleine de la vie.

Il n'y a nul besoin de froncer les sourcils ni de serrer la mâchoire. Nous avons en nous tout ce qu'il nous faut pour faire face à l'immensité de cette souffrance, pour nous ouvrir à elle, pour apprendre à la respirer par le coeur, et la laisser se consumer jusqu'à ce que tout soit accompli.

II

Ondréa et moi travaillons depuis de nombreuses années avec des malades en phase terminale et des personnes désireuses d'explorer avec nous le processus de la maladie et de la guérison. En tant que directeurs du «Dying Project» (projet concernant les mourants) de la Fondation Hanuman, fonction que nous avons occupée à la demande de Ram Dass qui créa la Fondation dans un but de fraternité spirituelle et d'action sociale, nous avons, depuis sept ans, concentré notre activité «dans le monde» (ce que certains appellent «service» et d'autres «méditation en action») sur les mourants et les affligés.

Depuis plusieurs années, le «Dying Project» offre un service gratuit de consultation téléphonique tant pour les malades eux-mêmes que pour toute personne confrontée de près à la mort. L'essentiel de ce livre provient d'enregistrements de communications sur ce «téléphone des mourants». La plupart des appelants répondaient à l'une ou l'autre de nos annonces présentant notre approche comme une exploration de la mort dans une optique d'éveil spirituel. Certains avaient entendu parler de nous par leur médecin ou leur thérapeute. D'autres appelaient suite aux articles qui parurent dans différentes revues nationales. Pour être honnête je dois préciser que nous ne recevions pas exactement le même type de «clientèle» que ce que reçoivent la plupart des permanences téléphoniques d'entraide. Même ceux qui envisageaient un suicide avaient généralement une ouverture spirituelle, ne fût-ce que philosophique, permettant un échange plus approfondi que la moyenne. Certains appels n'étaient pas motivés par un décès imminent ni par la disparition d'un être cher, mais par la déception liée à la naissance d'un enfant mongolien, l'amputation d'un bras, ou même la perte de la foi. Bon nombre d'entre eux exprimaient une grande lassitude face à la vie, comme souvent dans les moments de rêves qui s'effondrent.

Si quelqu'un devait nous demander quelle technique nous utilisions dans notre approche des personnes en crise, je répondrais que c'était la «méthode braille» — à tâtons d'un épisode à l'autre, abordant chaque instant avec émerveillement et confiance. C'était un processus essentiellement intuitif. Lorsque je relis certaines pages, il m'arrive de penser que j'aurais pu m'exprimer différemment. De façon plus précise. Ou moins précise. Mais alors je me souviens de l'énergie que véhiculaient ces échanges, et à quel point chaque chose exprimée l'était sur la base d'une perception bien précise.

Durant les vingt dernières années, notre formation a suivi essentiellement l'itinéraire de la psychologie et de la méditation bouddhiste, et plus particulièrement dans les voies Zen et Theravadan. Cependant nous avons étudié de nombreuses autres approches, y compris celle des mantras, la visualisation, et certaines pratiques chrétiennes, soufis et hindoues qui nous ont semblées utiles.

Il ne s'agit pas ici de séances de thérapie telles qu'on les conçoit généralement. Il s'agit essentiellement de guidance spirituelle. Si, en simplifiant, on peut dire que la psychologie s'occupe de notre dimension mentale et de son contenu, du périssable, du changement incessant, peut-être peut-on dire également que le spirituel explore l'espace du coeur, cette vaste étendue dans laquelle tout se passe, d'où émerge toute pensée et toute émotion et dans laquelle se dissout chaque instant, l'immortel, ce qui n'a ni commencement ni fin.

Il me faut préciser ici que lorsque je parle de l'«être», je ne veux pas dire l'«être» par opposition au «non-être». L'«êtreté» inclut l'être et le non-être; c'est l'existence absolue dans laquelle tout est contenu. Il ne s'agit pas ici d'«être» en tant que concept, mais d'«être» en tant qu'expérience, en tant que réalité sous-jacente, comme un vaste écran de conscience sur lequel toute expérience se profile, émerge et disparaît au sein d'une présence infinie.

Introduction

Dans notre travail avec les autres, qui en réalité n'est qu'un travail sur nous-mêmes (parfois pas si simple d'ailleurs, comme c'est le cas lorsque nos nerfs sont touchés à vif au chevet d'un enfant mourant ou dans les bras d'un mari déchiré), nous utilisons de nombreuses techniques différentes.

Les différences de tempérament font appel chez nous à des réponses intuitives également différentes. Avec certains nous n'hésitons pas à utiliser un langage religieux ainsi que le mot Dieu par exemple — à défaut d'un meilleur terme pour désigner l'indicible —, ce Tout d'où jaillit toute forme et toute définition, l'infinité de l'«Etre». De la même manière nous utilisons les noms de Jésus ou Bouddha avec ceux pour qui ces figures historiques incarnent le mieux les plus hautes qualités de l'être : la sagesse et l'amour. Lorsque c'est possible, nous utilisons des techniques de méditation profonde. Et avec la plupart nous explorons la peur ou la colère qui sont à l'origine de la souffrance. Pour certains nous suggérons la technique du «Qui suis-Je ?», l'enseignement Vichara Atman de Ramana Maharshi, appelé «sentier des sommets longeant le précipice» et qui n'est certainement pas destiné à tout le monde; il s'agit d'une puissante confrontation avec la nature même de l'existence. Nombreux furent ceux à qui nous avons fait connaître les écrits de grands enseignants tels que Neem Karoli Baba, Saint Jean de la Croix, Sengstan — le troisième patriarche zen, et Kabir — le poète fou de Dieu du quinzième siècle. Mais sous toutes ces investigations de l'esprit, c'est l'élan du coeur qui constitue l'outil principal de la communication. Nous avons souvent eu recours à la méditation guidée pour atteindre les causes de la souffrance et pour l'accepter avec compassion et pardon envers soi-même; pour s'ouvrir à elle et pour la laisser circuler librement à travers le coeur.

III

Sur les quelques trois mille appels reçus à notre permanence téléphonique durant les trois années passées, une petite portion seulement fut enregistrée. Ce qui suit, par conséquent, représente non pas un choix des «meilleurs cas», mais plutôt ceux que nous fûmes autorisés à enregistrer et à reproduire, et qui nous semblèrent représentatifs de l'ensemble de nos communications.

Dans l'adaptation de ces enregistrements en vue de leur publication, je fus amené à resserrer le texte, écartant les pauses naturelles et les demi-phrases qui font généralement partie du langage spontané. Dans certains cas j'ai condensé des phrases ou des idées, de sorte que lorsque je relis aujourd'hui certains de ces dialogues, j'y perçois un écho de ma propre voix. Cela fait partie du risque et de la difficulté inhérente à la transposition de la parole vivante vers le mot écrit. Bien que le discours spontané soit quelque peu altéré, je crois que le coeur de ces échanges a pu être préservé.

Chaque chapitre ne représente qu'un aspect d'un processus plus long et plus complexe, s'étalant souvent sur une période fort prolongée. Ces histoires ont en effet été reprises de façon à ce que chacune d'elles illustre une situation particulière que nous avons vue se répéter des dizaines de fois. D'une certaine manière, elles représentent chaque fois un archétype de nos diverses approches face à une situation de crise. Certains chapitres regroupent en réalité des interventions venant de plusieurs patients, afin de constituer un ensemble illustrant plus clairement la situation archétypale à laquelle ils se réfèrent.

Je me suis efforcé de ne pas «mettre des mots dans la bouche des autres», de ne pas clarifier ni embellir ce qui a été exprimé. A certains endroits cependant j'ai condensé des mois d'intense travail introspectif en quelques phrases reflétant une profonde prise de conscience.

Introduction

Ce fut donc un travail délicat, d'autant plus que j'étais soucieux de respecter autant que possible la vie privée des intervenants. Les appelants, qui savaient qu'ils étaient enregistrés, furent remerciés de la confiance qu'ils nous accordaient par une modification systématique de tout ce qui aurait pu les identifier. Les noms et les lieux ont été modifiés, ainsi que les circonstances particulières, mais le coeur de l'individu et la qualité de son expression sont restés inchangés.

Ce ne sont pas nécessairement les personnes les plus «évoluées» ou les plus intéressantes qui ont été retenues, mais simplement celles pour lesquelles nous disposions de lettres ou d'enregistrements. Ainsi ce livre ne présente pas la mort comme plus extraordinaire qu'elle ne l'est en réalité, ni ne rend le «mourir» plus facile ou plus difficile que ce que la plupart des gens ne l'expérimente. Ce ne sont ici que des personnes comme nous tous, engagées dans la découverte et le lâcher-prise, exprimant la peur et le courage, le doute mais aussi la confiance dans la valeur de la vie/mort. Pour certains ce processus est miraculeux. Ils en sortent guéris. D'autres pas. Ce qui pour les uns fut la découverte de l'immortalité, fut pour d'autres la mise en ordre très terre à terre de relations non résolues. Mais pour tous l'enseignement ultime fut l'amour. Et pour tous les priorités s'en trouvèrent modifiées.

En quelque sorte, ce sont ici les cas concrets qui feront un complément utile à ceux qui ont été intéressés par mon livre «*QUI MEURT ?*»

IV

Lorsque la question «La mort est-elle réalité ou illusion ?» fut posée récemment à l'un des plus remarquables enseignants de la tradition bouddhiste tibétaine, celui-ci répondit : «La mort est une réalité illusoire». Les récits qui suivent, dans un certain sens, sont également une «réalité illusoire». Ils peuvent être une fausse piste pour celui qui saisit ces mots et les ingurgite tels quels, nourrissant son mental de nouvelles informations et d'une recette de plus pour le contrôle de l'univers. Mais si on considère ces témoignages comme une possible voie d'approche pour la maîtrise du mental et l'ouverture du coeur, alors la «vérité» qu'ils recèlent émergera en vous comme si elle était vôtre. Ces récits sont réels dans la mesure où ils expriment l'expérience directe de différentes personnes dans leur confrontation avec la vie et la mort, la douleur et le chagrin, la guérison et le lâcher-prise. Mais ils sont illusoires si on considère ces situations comme étant «plus réelles qu'elles ne le sont en réalité». Ce serait faire preuve d'étroitesse d'esprit que de ne voir en ces patients que leur personnalité présente plutôt que de les reconnaître comme des êtres en perpétuelle évolution, qui ne correspondent jamais exactement aux mots qu'ils prononcent. Il ne faut en effet pas prendre ces mots pour la réalité elle-même; ils ne font que nous indiquer les voies que nous pouvons emprunter dans le cheminement vers notre propre découverte.

Ces récits ne sont pas ceux des autres; ils proviennent de chacun de nous dans notre travail de purification et de croissance vers un plus-être. Un processus de croissance qui ressemble à un apprentissage dans l'art de chuter. Il se mesure à la gentillesse avec laquelle nous nous reprenons par la main pour nous relever, encore et toujours, à la légèreté avec laquelle nous nous époussetons, à notre volonté à reprendre la route et à faire le pas suivant vers l'inconnu, au-delà de nos limites, au-delà de nos acquis, vers l'extraordinaire mystère de l'«être». En allant au-delà du mental, nous allons au-delà de la mort. Dans le coeur réside l'immortel.

Chapitre 1

S'OUVRIR AU CHAGRIN

DOROTHEE, MERE D'UN ENFANT MOURANT

Un matin nous eûmes un appel de Dorothée dont la fille de neuf ans mourait d'une lymphangite. Après six semaines d'une maladie qui s'était déclarée par surprise, les ganglions avaient commencé à éclater «comme des pop-corn». «Il nous semble, à moi-même et aux médecins, qu'il est déjà trop tard pour une quelconque intervention», avait-elle ajouté.

S: «Ta fille comprend-elle ce qu'il lui arrive ?»
D: «Non, pas tout à fait. L'autre jour elle m'a demandé : «Maman, je suis vraiment très malade, n'est-ce pas ?» et j'ai dit : «Normalement les petites filles de neuf ans n'attrapent pas un corps aussi bosselé».»

Et Dorothée ajouta : «Nous allons prendre les choses calmement et faire ce qu'il y a moyen de faire. Elle a manqué l'école, mais je n'en ai pas fait un problème. Elle m'a demandé pourquoi ils faisaient ces tests et je lui ai dit que c'était pour dépister un éventuel cancer. Elle m'a dit : «Est-ce qu'on peut mourir de cela ?» Et j'ai dit : «Cela arrive, comme cela arrive qu'on meure en traversant la rue». J'ai tenté d'être très décontractée avec elle.»

Je demandai à Dorothée si son angoisse à ce moment-là ne l'avait pas empêchée de vivre un moment de vérité. Si sa fille n'avait pas essayé de voir au-delà de cette barrière de mère-protectrice, et d'exprimer ses peurs et sa confusion devant ce qui l'attendait.

D: «A ce stade-ci, tant qu'elle est active, je ne veux pas lui détailler ce qui se passe. L'avant-dernière nuit, deux ganglions dans l'aine se sont mis à enfler et il y a trois jours il y en a eu un dans son cou. Elle m'a dit : «Pourquoi j'attrape ces grosses boules, maman ?»

J'exprimai à Dorothée qu'elle me semblait très terre à terre. Plutôt que de se retenir, et malgré la douleur, peut-être pouvait-elle explorer davantage ce qu'elle ressentait. Je lui demandai : «Et si votre fille mourait ce soir ? Que resterait-il d'inexprimé ? Que ne lui avez-vous pas dit que vous auriez souhaité lui dire ?» A quoi elle répondit : «Au début je pleurais la nuit, mais durant la journée je m'efforce d'y faire face avec objectivité.» Je lui signalai que sa fille ne la voyait que durant la journée, et que cela pourrait lui faire du bien de voir sa mère exprimer quelques unes de ces larmes, afin qu'elle puisse aussi recevoir une partie de cette tendresse exprimée dans la solitude de la nuit. Dorothée dit : «J'ai décidé d'éviter tout cela.»

S: «Pensez-vous qu'on puisse comme cela décider de ses émotions ?»

D: «Dans une large mesure, oui, du moins quant à leur expression.»

S: «Pourquoi le fait d'exprimer votre émotion vous semble-t-il inapproprié ?»

D: «A ce stade-ci, j'aimerais rester aussi normale qu'humainement possible.»

S: «Que signifie «normale» pour vous ? N'est-il pas normal dans les circonstances que vous vivez d'exprimer votre chagrin ? N'y a-t-il pas là une possibilité d'approfondir votre relation, de mettre un baume sur ce sentiment de détresse et d'isolement qui vous effraye tant toutes les deux ? Il vous sera impossible de franchir la porte avec elle, mais vous pouvez l'accompagner plus pleinement jusqu'à cette porte.»

D: «Je me suis sentie si seule ces dernières semaines, et elle aussi je suppose. J'ai déjà tant perdu dans ma vie. Mon mari est mort d'un cancer il y a trois ans. J'ai perdu deux autres enfants du cancer également. Il y a une telle souffrance que je ne sais par où commencer. Je pense qu'essentiellement nous sommes toujours seuls. Cela ne me plaît pas mais je ne vois pas ce que je peux y faire.»

S: «Vous avez laissé tant de choses s'amonceler au fond de vous-même qu'il vous semble impossible de ramener tout cela à la surface. Voilà un cadeau que vous fait votre fille: tout chagrin demande à être reconnu. La douleur autour de votre coeur est son appel. Percevez-vous cette sensation autour du coeur au creux de votre poitrine ?»

D: «Non.»

S: «Aucune lourdeur ?»

D: «Si, peut-être...»

J'explorai avec Dorothée la possibilité de trouver chez elle un endroit calme où elle pourrait commencer à se concentrer sur cette sensation dans sa poitrine, à s'ouvrir à toute douleur qui y émergerait, car le coeur se barricade solidement, et son travail à elle sera de l'ouvrir à la vérité du moment présent. En se concentrant sur cette sensation, celle-ci se ferait progressivement plus précise. Elle pourrait commencer à respirer en dirigeant l'énergie vers cette douleur, comme si il y avait un conduit d'aération menant à son coeur. La douleur en serait la porte d'accès. En y pénétrant, toutes sortes d'images jailliraient en elle, liées aux autres deuils et aux larmes trop longtemps retenues. Je l'encourageai à s'ouvrir à cette peur, à voir à quel point elle formait une coquille protectrice autour de chaque respiration crispée. Aller au devant de cette peur, la pénétrer, la dépasser, et atteindre cet océan d'amour qui s'étend juste au-delà. Si elle désirait que sa fille et elle se rejoignent dans un même élan de coeur, il fallait qu'elle se penche sur ses anciennes blessures qui y faisaient obstacle. Je lui dis que ce n'était pas le moment de se réfugier dans des attitudes sécurisantes, car de toute évidence il n'y avait aucun moyen de protéger sa fille de l'expérience qu'elle était en train de vivre. Tout ce qu'elle pouvait faire était d'abord avec le plus d'amour possible les instants précieux qui lui restaient.

S: «Comme nous pouvons être durs avec nous-mêmes ! Nous sommes si peu attentifs lorsque nous érigeons toutes ces protections, comme on nous a dit de le faire depuis notre plus jeune âge. Votre fille vous donne l'occasion de vous débarrasser de cette souffrance qui encombre votre coeur. Si comme dans le passé vous évitez de saisir cette chance, vous vous retrouverez avec un voile de plus masquant votre coeur, et une occasion manquée de partager avec votre fille un moment privilégié. Je sais, ce n'est pas facile.»

Dorothée m'exprima sa peur de s'ouvrir à ses émotions. «Lorsque j'étais enfant, je reçus un petit chien pour mon Noël, un petit cocker épagneul. C'était comme une poupée, mais en mieux puisqu'il était vivant. Deux mois plus tard il fut écrasé par une voiture et la même semaine ma grand-mère mourut. Personne ne voulut entendre parler de mon petit chien et nous ne pouvions non plus parler de ma grand-mère. Je suppose que ces événements me forcèrent à étouffer complètement mes émotions. Quelque chose se referma en moi. Je me suis toujours efforcée d'oublier chaque décès le plus rapidement possible. Je ne pleure quasiment jamais. J'aimerais bien me débarrasser de tout ce chagrin, mais cela me semble être un tel fiasco !»

S: «N'est-ce pas davantage un fiasco d'être coupée du monde ? Et de votre fille, à un moment où elle a tant besoin de vous ? Nous voulons tellement nous protéger, nous voulons tellement paraître forts et équilibrés, que nous nous éloignons des autres dans une espèce de somnolence aveugle et laissons filer la vie sans y participer.»

D: «Mais cela m'a toujours paru bien plus facile d'éviter toute cette souffrance.»

S: «C'est ce qu'on nous a toujours encouragé à faire. Mais, savez-vous, ce n'est pas facile d'embrasser quelqu'un qui serre les lèvres. Comment ressentez-vous cette rigidité ? Vous laisse-t-elle une sensation de douleur ? Quelle sécurité vous apporte-t-elle ? Vous ne pourrez éviter de mourir un jour, mais vous pouvez éviter de souffrir. Tout ce que vous obtenez c'est une douleur accrue, de plus en plus insupportable, et en apparence insoluble. Vous devez faire vous-même exactement ce que vous souhaitez que fasse votre fille: vous détendre autour de l'endroit douloureux, et entrer en contact avec ce qu'il y a d'essentiel. Tout ce que vous avez gardé en vous durant toute votre vie est focalisé sur les événements que vous vivez actuellement. Il est temps de vous traiter avec plus de douceur, de profiter de ces jours ou de ces semaines pour approfondir votre ouverture à la vie, tout simplement en étant vraiment avec elle et en lui ouvrant votre coeur.

Pendant que nous parlons, vous pouvez fermer les yeux et vous laisser doucement glisser dans cette sensation de douleur. Laissez l'armure de votre coeur se dissiper. Ce que vous partagez avec votre fille est tellement vaste ! Une union sans limite s'ouvre devant vous lorsque vous libérez votre coeur. Laissez la douleur pénétrer jusqu'en son centre. Relâchez toute résistance, qui de toute manière ne vous apporterait que de fausses protections. Accédez à l'immortalité en vivant pleinement le moment présent, quelle que soit l'expérience qu'il vous offre. Laissez-vous aller au-delà des barrières érigées par votre mental. Vivez au coeur même de l'instant présent. Il vous offrira une existence bien plus riche que celle conditionnée par l'attachement craintif à votre carapace. Voilà le travail que nous avons tous à faire et qui nous effraie tellement. Il est clair que la mort n'est pas notre ennemie. L'ennemi c'est notre manque de confiance. Notre oubli de la vraie nature de l'être qui habite ce petit corps en ce moment. Et je ne parle pas seulement du petit corps de votre fille. Je parle du vôtre également. Pénétrez-le en douceur. Laissez peu à peu ces émotions et cette souffrance revenir à la surface. Avec toute la douceur que vous pouvez y mettre, rappelez-vous comment la dureté, à chaque fois, pousse le coeur à se refermer dans sa coquille.»

D: «Vous savez, alors que mon mental se bat contre ce que vous dites, au niveau de la poitrine j'ai l'impression que mon coeur est sur le point d'éclater. Je n'ai qu'une envie c'est de pleurer !»

S: «Très bien. Laissez-le éclater. Libérez cette souffrance qui vous empêche de vivre. Pouvez-vous vous entendre maintenant ? Votre coeur est grand ouvert et la douleur est bien là. C'est exactement ce qu'il faut faire: ouvrir les yeux, avec amour, sur ce qui se passe réellement en vous.

Il n'y a aucune urgence, aucun besoin de précipiter ce processus d'ouverture. Commencez progressivement à faire une petite place pour vous-même dans votre coeur. Ce soir, peut-être allez-vous vous asseoir auprès de votre fille et lorsque vous ressentirez cette douleur, vous lui en parlerez tout simplement.»

Nous avons parlé de cette résistance à la vie qui fausse toutes nos perceptions, qui nous éloigne de ceux que nous aimons et nous laisse cet amer sentiment de solitude. Je l'encourageai à aspirer vers son coeur tout l'amour qu'elle ressentait et à l'expirer ensuite en direction de sa fille. Son lien profond avec elle deviendrait plus apparent au fur et à mesure que tomberaient les barricades qui si souvent l'avaient tenue à l'écart de l'instant présent. «Votre souffrance a le droit d'exister. Sachez la reconnaître et vous ouvrir autour d'elle. Ouvrez-vous de façon à sentir la douleur de votre fille aussi bien que la vôtre. Vous savez, si la douleur pouvait émettre un son, l'atmosphère ferait un perpétuel bourdonnement. Ce que vous vivez avec votre fille est vécu en ce moment même par des dizaines de milliers d'autres. Il vaut mieux que cela se passe dans l'amour plutôt que dans la peur. Faites que sa transition baigne dans votre amour et votre présence attentive, au-delà de toute crainte. Accueillez sa mort comme une nouvelle naissance, tant pour elle que pour vous.»

D : «J'ai du mal à parler, ma poitrine me fait si mal. Mais dans mon coeur j'entends ma fille me dire «merci».

Avant que la fille de Dorothée ne meure, elles eurent de nombreuses conversations «jusque tard dans la nuit», sur la mort de son père et de ses frères. Au début Dorothée se disait être «terriblement mal à l'aise de remuer tout cela». Mais elle avoua que sa fille s'en sentit apaisée. «Nous avons parlé longuement du cancer et de Dieu. Et je lui ai dit que je l'aimais si fort que même si je la perdais cela ne diminuerait pas. Je ne pense pas avoir jamais pu reconnaître de façon aussi directe mes sentiments envers quelqu'un. C'était terrifiant. Et merveilleux.»

Depuis la mort de sa fille, Dorothée a beaucoup travaillé son chagrin. «Ou plutôt,» dit-elle, «le chagrin m'a beaucoup travaillée. Mon plus jeune fils me répète sans arrêt : «Je t'aime, Maman». Je pense que nous n'avons jamais été aussi démonstratifs. J'ai moins souvent peur, mais j'ai plus souvent mal qu'avant.»

Elle a depuis adopté deux enfants handicapés, et les a accompagnés jusqu'au «seuil». La dernière fois que nous nous sommes parlé, Dorothée m'a dit : «Vous aviez raison, la mort n'est pas une ennemie. L'ennemie, c'est la peur. Vous savez, je ne me suis jamais sentie aussi bien de toute ma vie. Et pourtant je n'ai jamais eu aussi mal.»

Chapitre 2

ACCUEILLIR LA MORT

DORIS, FILLE D'UNE MERE MOURANTE

Doris, une avocate de trente-huit ans, nous appela un matin en nous demandant de prendre sa mère en thérapie. «J'aimerais que vous parliez à ma mère,» dit-elle. «Elle souffre d'un cancer avancé et je veux qu'elle poursuive son traitement. Elle prétend qu'elle en a assez, que ces traitements la rendent malade, et elle refuse de se rendre à l'hôpital et de poursuivre la thérapie que les médecins lui ont prescrite.»

Doris avait deux enfants. Elle était agacée et attristée par ce «refus de se prendre en charge et de se soigner» qu'elle croyait percevoir chez sa mère, Barbara. Celle-ci, à soixante-cinq ans, souffrait d'un cancer depuis bientôt trois ans. Elle avait subi toutes les voies proposées par la médecine pour le traitement de son cancer. Après une intervention chirurgicale elle suivit une chimiothérapie et un traitement complet par radiations. Et maintenant les médecins proposaient une nouvelle chimiothérapie qui «pourrait avoir des effets positifs». Mais le traitement la rendait malade et Barbara n'aspirait qu'à rentrer chez elle, dans son lit à elle, «pour voir venir la fin avec plus de sérénité et sans ces affreuses nausées.»

Je dis à Doris qu'il n'était pas dans nos habitudes, ni dans nos intentions, de nous adresser à quelqu'un qui ne nous en faisait pas la demande. De plus, si les souhaits de sa mère étaient tels, il nous semblait pour le moins indiqué de la traiter avec la dignité qu'elle demandait, alors qu'elle n'avait peut-être plus que quelques jours, semaines ou mois à vivre.

D: «Mais si vous ne lui parlez pas, elle est capable de se laisser mourir ! Elle est tellement têtue. Elle refusera de faire ce que je lui demande. Si elle ne veut pas le faire pour elle-même, elle pourrait au moins le faire pour moi.»

S: «Vous savez, Doris, plus vous persistez à lui imposer vos désirs, plus votre coeur se ferme à elle. Tant que vous désirez obtenir quelque chose d'elle, elle n'est pour vous qu'un objet parmi d'autres, destiné à vous satisfaire. Et non un être vivant qui traverse une étape difficile... Son heure est venue. Et c'est aussi votre heure de mettre les choses au clair avec elle. Pourquoi ne faites-vous pas confiance à sa perception de ce qui est bon pour elle ?»

D: «Je ne veux pas qu'elle meure.»

S: «Mais elle est en train de mourir. Comment allez-vous arrêter cela ? En quoi votre désaccord améliorera-t-il cette situation, pour vous comme pour elle ?»

D: «Je pense que même dans cette situation nous continuons à apprendre et à grandir. C'est pour cela que je veux l'encourager à continuer. Parce que j'ai besoin d'elle, je l'aime et je ne veux pas la perdre.»

S: «Mais plus vous insistez, plus vous vous éloignez d'elle. D'une certaine manière, vous la perdez déjà, avant même qu'elle ne meure. Imaginez la sensation que vous auriez en vous apprêtant à sauter d'un plongeoir si, juste au moment où vos pieds quittent la planche, tout le monde autour de vous s'écriait : «Ne plonge pas ! Ne plonge pas !» Que pourriez-vous faire ? Impossible de retourner sur le plongeoir, et la gravitation vous attire irrémédiablement vers la piscine. Le plongeon sera maladroit et peu naturel. Lorsqu'une personne meurt tandis que ses proches s'efforcent de l'en empêcher, elle meurt dans la solitude, privée de l'amour qui pourrait lui être d'un soutien essentiel et lui procurer ce sentiment d'accomplissement au terme de ses soixante-cinq années bien remplies. Vous dites que vous ne voulez pas qu'elle meure. Mais c'est pourtant ce qui est en train de se produire. Vous ne pourrez pas arrêter ce processus. Vous ne pouvez qu'être cette présence d'amour à qui elle peut se confier et où elle peut se décharger de tout ce qui l'encombre pour la prochaine étape de son existence.»

D: «Je peux accepter qu'elle meure. Mais je ne veux pas qu'elle meure maintenant.»

S: «Je comprends que vous désiriez être avec elle le plus longtemps possible. Mais en réalité vous cessez d'être avec elle lorsque vous refusez d'entendre ce que son être profond lui dit de faire. Vous dites que vous acceptez sa mort, mais j'ai le sentiment que cela n'est pas entièrement vrai. Et cette ambiguïté sera perçue et sera pour elle une préoccupation supplémentaire. Mourir est une étape suffisamment délicate pour ne pas devoir en plus protéger ceux de votre entourage qui ont peur d'être abandonnés.

Il est parfaitement naturel que vous ressentiez ces émotions, mais peut-être pourriez-vous les examiner de plus près et les reconnaître pour ce qu'elles sont, sans en transmettre la tension à votre mère, qui en ce moment a davantage besoin de paix que de conflit. Elle a besoin de faire ce pas vers l'inconnu en toute confiance, et certainement pas avec quelqu'un qui s'accroche à elle dans l'espoir de l'arracher à cette irrésistible force d'attraction.»

D: «J'aimerais qu'elle aille à l'hôpital, mais elle veut rester à la maison. Chaque semaine de gagnée est une telle richesse en plus, mais elle prétend que c'est terminé, que tout cela ne sert plus à rien. J'ai tant besoin de son amour. C'est ce qui m'a nourrie toute ma vie.»

S: «Voyez-vous à quel point sa mort vous pousse à ouvrir les yeux sur la non-permanence des choses, et même sur votre propre mortalité ?»

D: «Oui, mais néanmoins j'ai besoin d'elle.»

S: «Pensez-vous que d'une certaine manière vous vous

efforcez de la maintenir en vie pour vous maintenir en vie vous-même ? Ce que vous vivez là est difficile, je le sais. Ce n'est jamais facile de perdre un parent. On a la sensation d'être un bateau à la dérive. Cela nous insécurise et réveille en nous nos angoisses et nos sentiments d'incapacité. C'est effrayant, mais cela aussi fait partie de votre croissance personnelle, comme vous disiez tout-à-l'heure. Sans doute traversez-vous un moment difficile de solitude et d'abandon, mais cela est vrai pour elle également. Permettez-lui de mourir comme elle le souhaite.»

D: «Ce que vous dites doit être vrai, mais je ne veux pas qu'elle quitte le navire trop tôt.»

S: «De quel navire parlez-vous ? De son corps ?»

D: «Oui. Je ne veux pas qu'elle meure plus tôt qu'il n'est nécessaire, c'est tout.»

S: «Lui demandez-vous de mourir pour vous ? Car en réalité, il lui suffit de faire ce qui lui semble juste. Quel que soit le temps qu'il lui reste à vivre, il ne sera jamais suffisant si vous continuez à craindre sa mort plutôt qu'à lui offrir votre soutien.»

D: «Je comprends, mais cela me fait si mal de la perdre.»

S: «Vous comprenez, mais vous ne l'admettez pas encore entièrement. Et cela aussi, c'est normal. Mais tout comme vous n'aimiez pas, étant enfant, qu'elle vous dise comment vous deviez vivre votre vie, croyez-vous qu'elle apprécie que vous lui disiez comment elle doit mourir ?

Quoi qu'il arrive, elle mourra. Ce sera peut-être dans un mois, ou dans une semaine, ou dans un jour. Et si vous ne respectez pas ses souhaits, si vous vous opposez à sa mort plutôt que d'honorer sa vie jusqu'à la fin, qu'aurez-vous accompli ? Quel arrière-goût cette expérience vous laissera-t-elle ?»

D: «Je ne sais plus quoi faire. Tout est si confus.»

S: «C'est parfaitement normal. Ce genre de situation amène la plus grande confusion que la vie puisse vous offrir. La perte d'un enfant, la perte d'un parent, de ce miroir qui si souvent a reflété votre beauté, qui vous a tant sécurisé. Mais vous ne pouvez l'empêcher de mourir, comme vous ne pouvez l'empêcher de vivre. Pas plus que vous ne pouvez empêcher vos propres enfants de vivre. Vous ne pourriez obtenir que davantage de séparation. Votre mental crée un gouffre que votre coeur tôt ou tard devra franchir. Sa mort vous apporte peut-être la plus grande occasion d'intimité de votre vie. L'accompagner au moment de sa mort et lui offrir tout votre amour sera pour vos coeurs l'occasion de s'étreindre comme jamais auparavant. Mais si vous rejetez sa décision, c'est elle que vous rejetez, et elle mourra seule. Et vous en resterez plus orpheline que vous ne le croyez.»

D: «Ne dois-je rien faire pour la maintenir en vie ?»

S: «Accordez-lui ce qu'elle demande, et ne la forcez pas à rester en vie. Aimez-la, tout simplement, et passez ces derniers jours avec elle dans la joie et la confiance plutôt que dans la peur et l'hésitation. Pour vous aussi il y a là une occasion unique de vous guérir du passé, de tous les ressentiments, les non-dits, les disputes mal clôturées, les blessures non cicatrisées. Tout cela peut être mis au clair maintenant si vous vous autorisez un élan profond l'une envers l'autre.»

D: «Peut-être que si vous lui en parlez elle se rendra compte de l'intérêt de rester encore un peu.»

S: «Désire-t-elle me parler ?»

D: «Non. Quand je lui ai dit que j'allais vous appeler, elle m'a répondu: «Je te souhaite une bonne conversation. Et tant que j'y pense dis-lui que j'ai vu sa photo au dos d'un livre et qu'il a de beaux yeux».»

S: «Et dites-lui qu'elle a un coeur formidable et une fille charmante. Mais comprenez-vous que plus vous l'encouragez à ne pas «quitter le navire», plus elle aura tendance à s'y agripper et plus mourir sera pénible. En fait, vous l'encouragez à sombrer avec le navire plutôt qu'à voguer librement sur l'océan de la vie. En quelque sorte, son navire s'apprête à appareiller et vous la rappelez, alors qu'elle vous signale qu'elle doit profiter de la marée pour quitter le port le plus facilement.

Encore une fois, ce que vous ressentez est parfaitement normal. C'est le tout premier choc du deuil. Il m'est souvent arrivé d'accompagner des mourants que leur famille encourageait à «tenir bon». Parfois je suis le seul dans la pièce qui accepte réellement que le malade soit mourant. Et il y a alors entre ce malade et moi un lien profond et plein d'amour, précisément parce que je suis le seul à lui dire que tout est bien, qu'il est sur la bonne voie, et c'est exactement ce dont il a besoin devant cette grande inconnue qu'est la mort. Votre mère a tant d'amour à vous donner, pour peu que vous lui laissiez suivre sa voie.»

D: «Je sais que je m'accroche à elle. Mais je ne m'étais jamais rendue compte que je la freinais dans son évolution. Je suppose que vous avez raison. Mais j'ai tellement peur de la laisser partir !»

S: «Je comprends. La perte d'un être aimé, quel qu'il soit, est une expérience difficile. Mais cela fait partie du contrat que nous avons avec tous ceux que nous aimons. J'ai le même avec mes trois enfants: soit je verrai leur mort, soit ils verront la mienne.»

Nous avons discuté longuement cet aspect de contrat engagé par la naissance. Inévitablement, un des deux sera témoin du départ de l'autre. Et pour la plupart des gens cela représente l'étape de croissance la plus intense de leur vie. Douloureuse comme l'enfer. Incroyablement douloureuse. Mais c'est la souffrance qui force le coeur à s'ouvrir à la vie, lui permettant ainsi de découvrir une tendresse nouvelle, d'approfondir l'existence, de s'ouvrir au changement pour mieux goûter l'infinie richesse de chaque instant. «Lorsque vous ressentez la perte de votre mère, vous touchez aussi ce point en vous où toutes vos pertes passées se sont accumulées. C'est la confusion de la petite fille de cinq ans qui, regardant le ciel, se demande : «Que signifie tout ceci ?» Toutes ces interrogations, toutes ces amitiés brisées, les animaux morts, les amours perdues... Ce que vous ressentez en ce moment, ce n'est pas seulement le chagrin envers votre mère, c'est tout le chagrin de votre vie. Et dans la mesure où vous tentez de vous protéger de ce chagrin, c'est la vie elle-même que vous reniez.»

Nous avons alors parlé du chagrin et de son extraordinaire potentiel de guérison profonde. Un processus qui plonge notre conscience dans ce très ancien réservoir de peurs et d'attachements que nous conservons en nous. Un lieu enfoui loin en dessous de notre conscience habituelle, mais d'où surgissent la plupart de nos sentiments de méfiance et de séparation. «Maintenant que vous avez accès à ces émotions profondes, imaginez à quel point un état d'acceptation et d'amour envers vous-même pourrait guérir ce résidu de confusion et de souffrance. Accueillir ces émotions avec acceptation et pardon, ne fût-ce qu'une fraction de seconde, peut nous libérer de leur emprise et nous rendre d'autant plus disponibles à la vie.

Et souvenez-vous également que vous n'êtes pas seule à être en deuil. Votre mère aussi est en deuil. Vous perdez un être cher, mais elle perd le monde entier.»

D: «Voulez-vous dire que je devrais la laisser mourir ?»

S: «Je veux dire que vous devriez la laisser vivre. Laissez-la aborder cette nouvelle étape comme elle le souhaite. Car même si elle devait vivre encore un an, qu'auriez-vous gagné si cette année était vécue dans la tension. Si vous lui fermez votre coeur, elle est déjà morte pour vous. Et vous l'abandonnez avant même qu'elle ne quitte ce monde.»

D: «Comment puis-je la laisser mourir alors que je l'aime tant ?»

S: «Comment pouvez-vous l'empêcher de mourir si vous l'aimez tant ? Comprenez que ce n'est pas sa mort qui vous sépare, car en réalité elle est aussi vivante au moment de sa mort qu'elle ne l'était à sa naissance. Ce qui vous sépare c'est la peur, l'attachement. Faites en sorte qu'elle puisse sentir tout l'amour que vous avez pour elle. Rayonnez cet amour, afin qu'elle puisse effectuer cette transition dans les meilleures conditions.»

Au fil de la conversation, Doris sembla peu à peu refaire surface et se laisser pénétrer par les mots. «Cela me fait mal de penser à sa mort, mais cela me fait mal aussi de penser que ce que vous dites est peut-être vrai et que je suis peut-être en train de l'abandonner exactement comme je crains moi-même d'être abandonnée, que j'augmente ses difficultés en l'empêchant de suivre son chemin, alors qu'elle aurait tant besoin d'une présence encourageante. J'essaierai.»

Quelques semaines plus tard, Doris m'annonça que sa mère était décédée. «Lorsque j'ai relâché toute pression, que je l'ai laissée être elle-même, quelque chose de remarquable s'est produit. L'amour nous a envahies. Je suis si contente qu'elle soit morte à la maison. Son sens de l'humour était incroyable. Un jour, peu avant sa mort, elle m'a remerciée de ne pas l'avoir «poussée» davantage. Elle m'a dit: «Mourir est suffisamment bizarre comme cela ! Je n'ai aucun besoin d'être malade de cette chimio et d'avoir une tête comme une poubelle. J'ai eu plus que ma dose de cette nausée.» Nous n'avons pas arrêté de rire ces dernières semaines. Je n'aurais jamais cru qu'il pouvait y avoir d'aussi bons moments de bonheur avec un mourant. Tellement d'amour. Et savez-vous, la veille de sa mort elle avait des fourires continus. Et lorsque je lui ai demandé pourquoi, elle m'a dit: «Rien n'est trop bon pour être vrai !» Je lui ai demandé de préciser ce qu'elle entendait par là, et elle m'a répondu qu'elle était heureuse et que «tout était bien». Et elle nous renvoyait à nos occupations journalières, nous encourageant à continuer la vie normalement. J'ai eu la chance d'être avec elle au moment de sa mort. C'était un après-midi, et juste avant qu'elle ne ferme les yeux, elle s'est redressée dans son lit et avec un large sourire m'a dit: «Ton père est là pour m'accueillir». Mon père est mort il y a quinze ans. Nous avons ri et pleuré. C'était très beau.»

Doris nous appelle encore de temps en temps pour nous dire comment elle et ses enfants évoluent et combien elle se sent plus proche d'eux. «Je pense que je suis moins protectrice qu'avant. Et je dirais même que je les aime encore plus, si c'est possible.»

Chapitre 3

LE PARDON GUERISSEUR

CASSIE, PATIENTE CANCEREUSE

Quelques jours avant Noël 1979, Cassie appela pour la première fois, nous parlant de ses difficultés à accepter son cancer. «Il est très possible que je n'y sois plus pour Noël 1980. Mais le pire c'est que je viens d'apprendre que mon cancer est de ce type très peu répandu dont précisément Mark, mon mari, est un spécialiste mondial. De tous les cancers que j'aurais pu avoir, et il y en a une bonne centaine, il aura fallu que j'attrape celui-ci! Mon mari en est le chercheur le plus renommé. Il vient d'ailleurs d'obtenir de nouveaux subsides pour poursuivre ses travaux. Lorsque mon médecin m'a communiqué son diagnostic final, il fit une drôle de moue et me dit: «Et bien, votre seul espoir c'est votre mari. Il n'y a dans le pays qu'une vingtaine de cas semblables, et tous attendent les résultats de ses recherches dans l'espoir d'un traitement».»

Il y eut un lourd silence, puis elle poursuivit: «Mon mari et moi avons de sérieux problèmes depuis un an environ. J'avais découvert que ce salaud se tapait des filles depuis des années lors de ses nombreux déplacements... Pensez-vous que d'une certaine manière je sois en train d'attirer son attention? Ce n'est pas vraiment la meilleure manière de m'y prendre. En fait j'ai l'impression que notre relation me tue. Et sans doute y parviendra-t-elle.»

Je lui posai quelques questions concernant sa communication avec Mark et le blocage qu'elle avait à lui exprimer sa détresse et son sentiment d'abandon. Plus tard au cours de la conversation elle admit: «Je ne suis même pas sûre d'être disposée à suivre son traitement. Lorsque je lui ai annoncé le résultat du diagnostic il est devenu pâle comme un linge. Je pense que même s'il me propose quelque chose, j'essaierai d'abord toutes les autres solutions.»

Nous avons exploré son sentiment de colère et parlé de l'importance du pardon. Cet état d'esprit engendre une force capable d'aborder la peur et la colère avec davantage de calme et d'ouverture. Ce fut une de ces conversations dont on ignore à quel point l'interlocuteur entend ce qui est dit. Mais malgré cela les mots sortent tout seuls, comme si ils savaient d'eux-mêmes comment faire pour obtenir la guérison.

Une vingtaine de minutes plus tard, devenant progressivement plus calme, elle me dit: «Mon mari a eu deux attaques cardiaques depuis dix-huit mois, et il refuse de parler de l'éventualité de sa mort. Il pourrait mourir et m'abandonner sans traitement. Tant de choses restent à résoudre entre nous que je me demande si nous y parviendrons dans le temps qu'il nous reste à vivre. Peut-être allons-nous mourir tous les deux, et nous ne savons même pas lequel s'en ira le premier. C'est vraiment une période épouvantable !»

Elle dit ensuite que son mari s'apprêtait à repartir en «voyage d'affaire», et que chaque fois qu'il la quittait, elle avait l'impression qu'elle ne le reverrait plus. Mais ils n'en avaient jamais parlé, car les ressentiments accumulés durant les vingt années de mariage avaient «dressé un mur» entre eux. A mesure que progressait la conversation, l'amour sous-jacent et les liens créés par ces années de vie commune commencèrent à transparaître clairement. Malgré la peine causée par la tromperie des dernières années, les fondements restaient intacts, reposant sur le long chemin parcouru ensemble, sur l'éducation de leurs deux enfants et le développement mutuel «d'une fin d'adolescence vers un début de maturité».

Je lui suggérai d'utiliser la méditation du pardon telle qu'elle est décrite dans mon livre *Qui Meurt ?*, et de reprendre contact lorsqu'elle le jugerait utile.

Elle appela trois semaines plus tard. «J'ai enregistré la méditation du pardon sur une cassette. Je l'utilise chaque jour, et cela marche. J'essaie de rouvrir cette partie de mon coeur. Je l'avais complètement emmurée dans un espace gros comme mon poing, et maintenant je l'approche en douceur et l'invite à s'ouvrir. J'avoue avoir eu quelques crampes au muscle du coeur.

Le plus beau dans tout cela fut que je parvins à être pleine d'amour pour Mark avant son départ. Et il fut capable d'aborder un peu la question de la mort. Je pense que ses palpitations d'il y a quelques semaines ont débloqué quelque chose en lui. L'indéniable se fait plus évident, pour chacun de nous. Et peut-être le pardon perce-t-il peu à peu à travers tous ces ressentiments. Il se peut même qu'il accepte de parler de sa propre mort. Il m'a dit qu'il pensait que son attirance pour les femmes depuis une douzaine d'années était liée à sa peur de la mort. Il parlait de cela comme s'il s'agissait du passé, et il m'a semblé que nous abordions là le vrai fond du problème, ce qui n'a pas empêché mon coeur de se raidir — peur et méfiance ! Cette fois-ci, grâce à ce qui a changé en moi, nous avons parlé de tout cela de façon très terre à terre. J'ai pu rester ouverte et aimante et accueillir les larmes, les siennes comme les miennes. Ce fut un des plus beaux moments de ces dernières années. Mon coeur me fait mal.»

S: «Lorsque le coeur s'ouvre, il arrive que la tension et la douleur que nous y avons maintenues si longtemps enfermées deviennent si perceptibles que nous craignons qu'il éclate. Mais en réalité ce n'est que la prise de conscience de cette souffrance intérieure. C'est la douleur de la guérison. Si elle vous effraie, faites faire un contrôle médical. Tout ceci est très nouveau pour vous. Allez-y progressivement. Cette guérison du coeur peut être douloureuse, certes, mais elle est si joyeuse.»

Deux jours plus tard, elle appela pour dire: «Après notre dernière conversation, une chaleur s'éleva de mon coeur vers le côté gauche de ma tête, et cela provoqua un certain relâchement de la tension. La douleur au coeur persiste, mais un examen médical a démontré qu'il était en bonne forme. Je poursuis donc le traitement que j'avais décidé de suivre. La méditation du pardon me permet de m'ouvrir beaucoup plus rapidement que je ne l'aurais cru. Je pense que j'abandonne petit à petit mes ressentiments. Je préfère les apprivoiser que les laisser me tuer.

Je suppose que dans ma tête mon scénario prévoit que ce traitement me remettra en état. J'aurai alors l'énergie qu'il me faudra pour changer ma vie. Ce qui veut dire que soit je quitte Mark, soit nous parvenons à nous entendre. Tout change tellement vite maintenant. Aucun de nous deux n'a plus un instant à perdre. Mais je ne suis pas encore certaine qu'après tant d'années passées avec un «mur» entre nous, un moment d'ouverture puisse définitivement guérir l'abîme qui nous sépare.»

Je l'encourageai à s'ouvrir à sa colère, de façon à accéder à l'amour qu'elle porte en elle, et nous avons parlé des différentes manifestations de la colère, comment celle-ci referme le coeur, de la solitude que nous ressentons lorsque la colère nous domine, de l'amertume et de la négativité qu'elle génère en nous. Tout en parlant, des sanglots se mêlèrent à ses cris de rage. Mais au milieu de cette agitation une lueur se maintint, la lumière d'un coeur qui s'ouvre, une capacité d'amour qui sans doute l'avait accompagnée durant la plus grande partie de sa vie. Elle put également vérifier à quel point sa colère avait le pouvoir de refermer son coeur, de renforcer le sentiment de séparation, de fermer la porte à la vie.

S: «Vous savez, Cassie, lorsque nous parlons de l'ouverture du coeur, ce n'est pas tout à fait exact. En réalité le coeur est toujours là, dans toute sa splendeur, mais c'est nous qui devons apprendre à nous ouvrir à lui.»

Une semaine plus tard je reçus une lettre. «Je me suis fort calmée depuis mon dernier appel. Mark est rentré de voyage et nous avons eu ensemble plusieurs conversations franches et profondes. Cela ne veut pas dire que tout est résolu entre nous, mais à chaque fois, malgré nos petits jeux habituels, nous étions honnêtes et nous écoutions l'autre attentivement.
Mon traitement à l'Interféron ne se passe pas bien. Nous le poursuivons encore une semaine pour en être tout à fait sûrs, mais il semble que cela n'ait pas d'effet. C'est un échec et je suis terriblement déçue. J'en attendais beaucoup. Le médecin reparle de chimiothérapie, une nouvelle formule, et je me sens de plus en plus acculée, le dos au mur. Une femme à l'hôpital m'a demandé ce que j'allais faire maintenant, et je n'ai su quoi répondre. Quelle ironie que les travaux de Mark soient mon seul et unique espoir. Et que peut-être nous nous dirigeons tous les deux vers la mort. Que nous n'aurons même pas l'occasion de guérir notre relation alors que nous en avons la possibilité grâce à cette honnêteté retrouvée.
Je sais, je parle comme une mourante. Mais tout le monde me dit que j'ai l'air en excellente forme. Mark a obtenu sa subvention et travaille sur l'approche thérapeutique qu'il pense être la plus appropriée pour moi. Notre relation étant nettement plus paisible, je résiste beaucoup moins à l'idée de me soumettre à son traitement. Le rapprochement semble inéluctable. Je pense que c'était vous qui aviez mentionné «le chorégraphe divin», et que de toute façon nous savons toujours comment exécuter la danse.»

Notre communication se poursuivit au fil des mois. Les effets de la méditation du pardon ainsi que l'exploration en profondeur de sa rage, de sa tristesse et de l'amour sous-jacent, lui donnèrent l'impression de vivre ce qu'elle appela «une nouvelle vie», même si en apparence elle se dirigeait vers la mort.
Un jour de mai elle me dit : «Mark et moi avions pensé, il y

a quelques années, écrire un livre sur l'amour et le mariage. Nous avions même commencé à rassembler quelques notes. C'était peu avant que je ne découvre qu'il s'était mis à courir les filles, mais déjà quelque chose en moi me disait que son amour n'était pas entier. Je réalise aujourd'hui à quel point nous étions aveuglés en imaginant pouvoir aider les autres. Imaginez un instant que nous l'ayons publié, ce livre ! La portée sous-jacente de ce que nous y aurions mis n'aurait apporté que davantage de confusion chez les lecteurs. J'ai dû croire que nous avions quelque chose à dire sur l'amour pour avoir été capables de vivre ensemble malgré tant de conflits. Mais mon cancer et les accrocs cardiaques de Mark m'ont forcée à voir à quel point nous tournions le dos à la vie. Notre projet de livre n'était qu'une manière de plus de nous illusionner. C'était un peu comme si on envoyait des voeux de bon rétablissement à quelqu'un qui se trouvait à la morgue.

Et comme par hasard, poursuivit-elle, j'ai rencontré de nombreux mourants ces derniers mois. Il y a quinze jours un ami très proche est décédé dans mes bras. Il avait été malade fort longtemps et se trouvait en clinique. Sa femme m'appela pour m'avertir que la fin était proche. Elle était terrifiée à l'idée de se rendre seule à cette clinique et de se retrouver seule avec son mari mourant. Elle me demanda de l'y accompagner. Je n'avais jamais accompagné quelqu'un dans ses derniers instants, mais j'ai tout de suite senti ce qu'il fallait faire. Je l'ai pris dans mes bras tandis qu'il s'efforçait laborieusement de respirer. Il avait été comme un père pour moi pendant tant d'années, et j'eus l'impression que c'était un peu moi-même étendue sur ce lit. Soudain sa lutte pour respirer s'intensifia et je lui dis : «Laisse-toi aller, Dieu a ses bras autour de toi.» Et ce fut tout. Il ne fit pas d'autre inspiration. J'avais du mal à croire ce qui venait de se produire. Puis je pris peur. Je craignais que ses intestins ne se relâchent, qu'il y ait des odeurs insupportables, et d'autres idées stupides de ce genre. Et puis soudain un parfum de fleurs emplit la pièce, poussé par un courant d'air depuis la fenêtre. Je mis ma tête sur l'oreiller à côté de la sienne et lui parlai comme dans les méditations de l'après-mort reproduites dans votre livre *Qui*

Meurt ? Je lui dis de regarder autour de lui, de ne pas avoir peur et d'aller vers la lumière. J'ai fait l'expérience de la lumière dans mes méditations ces derniers mois et je connais sa valeur. Il m'était donc naturel de lui dire de se diriger vers elle. Le mois dernier je me suis sentie entièrement unie à la lumière lors d'une de mes méditations, et cette expérience m'a donné la force de poursuivre ce traitement qui me semblait inutile. J'ai du mal à retrouver cet état plus régulièrement, mais lorsque j'y suis je sens que cela produit sur moi un effet de guérison. Je ne peux pas dire exactement ce qui se passe, mais, quoi que ce soit, cela me fait du bien.»

Le travail que firent ensemble Cassie et Mark modifia profondément leur existence. Tous deux semblèrent s'ouvrir de plus en plus à la vie autour d'eux, y compris à l'éventualité de leur propre mort. Ce fut une période extrêmement riche, une période de «charme retrouvé», selon l'expression de Cassie.

Le jour du «Thanksgiving» (NDT: fin novembre), Mark s'éteignit, avec Cassie à ses côtés lui tenant la main. Elle appela le lendemain soir pour dire: «Il y avait tant de choses à travailler entre nous qu'il y a un an il nous semblait impensable de nous retrouver comme nous l'étions dans le passé. Mais à mesure que je parvenais à lui ouvrir mon coeur, à mesure qu'il abandonnait ses anciens comportements à mon égard, sa désinvolture sexuelle, son refus de la mort et même son refus de la vie, quelque chose se passa. Vous savez, nous aurions pu parler indéfiniment sans que cela nous fasse progresser d'un pas. Ce n'aurait été que du bavardage supplémentaire, des marchandages pour obtenir l'approbation réciproque. Mais à la fin de l'été dernier, lorsque j'ai commencé à l'accepter comme il était, nos conversations ont pris une tournure entièrement différente. Il y eut des moments où nous n'avions plus rien à dire parce que nous ressentions les mêmes choses. Il y avait un amour incroyable. Et si cela ne l'a pas sauvé de la mort, peut-être que, dans un certain sens, cela lui a sauvé la vie. Je ne sais pas. Mais maintenant il me manque plus que je n'aurais jamais pu le croire. Notre vie ensemble est terminée. Je ne sais pas ce que je vais faire ni ce qui arrivera, mais je sais que je n'ai plus besoin de lui pour me guérir. Je vais me guérir seule. Et d'ailleurs je ne sais pas vraiment ce que cela veut dire. La vie est si imprévisible !»

Deux semaines plus tard elle rappela pour dire que son coeur lui faisait mal «comme avant, mais plus profondément encore», qu'elle ne s'était jamais sentie aussi seule et pourtant «en totale union avec les choses de la vie». Nous avons parlé du «chagrin de toute une vie» qu'elle portait en elle et du fait que sa douleur n'était pas seulement due à la perte de Mark mais à toutes ces années perdues ensemble. Et que peut-être elle ressentait par anticipation le déchirement de sa propre mort. Son esprit était léger, mais la tristesse évidente. Juste avant que nous ne terminions elle dit en riant: «Je dois vous raconter une histoire. Je sais que c'est horrible de trouver cela drôle, mais je dois vous la dire. Il y a une semaine mon beau-frère du Minnesota, au fond de la dépression, décida de se suicider. Il prit un fusil, le chargea et traversa son jardin pour se rendre dans le bois, de l'autre côté de sa clôture. Mais en grimpant par dessus celle-ci, le coup partit et — comme il le dit lui-même — arracha la jambe avec laquelle il se donnerait un coup de pied au cul s'il l'avait encore. C'était une manière comme une autre de le faire ! Toujours est-il que son attitude a radicalement changé, bien qu'il soit encore à l'hôpital, assez vilainement arrangé d'ailleurs. Il paraît plus clair et plus chaleureux qu'il ne l'avait été depuis longtemps. Dans un sens, il a tiré sur sa dépression et l'a abattue d'un coup sec. Il a tué en lui ce qui le retenait et maintenant il peut se remettre au travail. Il faut croire que c'est dans la famille.» Elle termina en disant que depuis une huitaine de jours elle s'était mise à écrire comment cette année s'était passée pour elle. Elle nous enverrait ce texte prochainement.

Juste après la nouvelle année je reçus une lettre. «Je voudrais vous exprimer comment mes pensées et mon vécu concernant la mort et la vie ont évolué depuis que nous avons commencé à travailler ensemble, il y a un peu plus d'un an. Lorsque je vous appelai la première fois, à Noël l'année dernière, j'étais plutôt insouciante. Regarder la mort en face était quelque chose d'assez «dans le vent». Je me souviens que je ne pouvais parler de ma mort qu'en riant, en blaguant. C'était quelque chose qui se profilait dans un avenir plus ou moins lointain. Je n'avais pas à y faire face dans l'immédiat. Mais je ne prévoyais pas non plus de conserver longtemps une bonne santé qui me permettrait de vivre ma vie pleinement. Donc en fin de compte je n'étais ni vraiment mourante ni vraiment en vie.

Lorsque les choses commencèrent à s'arranger entre Mark et moi, quelque chose d'autre intervint qui me rendit la vie plus supportable. J'étais si mal préparée à la vie, même à cinquante ans. Et c'est pourquoi j'étais si mal préparée à la mort. Ma vie fut si souvent une lutte que je n'imaginais pas la mort autrement. Mais alors je renonçai à cette lutte et j'eus l'impression de rencontrer Mark pour la première fois. Sa mort fut, si je puis dire, une des expériences les plus importantes de ma vie. Nous n'avions jamais été aussi proches. Quel moment privilégié que de partager l'instant de la mort avec quelqu'un qu'on aime, quelqu'un avec qui on a vécu tant de choses ensemble. C'est drôle mais cela me faisait l'impression de revivre une nouvelle cérémonie de mariage.

Au printemps, lorsque je vins à votre séminaire Vivre Conscient/Mourir Conscient, je me mis à flirter avec l'idée de ma mort. J'essayai d'approcher de plus près sa réalité. Un des moyens pour y arriver fut d'observer attentivement les effets perturbateurs que provoquait la maladie sur mon organisme. Par exemple, un côté de mon corps est engourdi et plus faible que l'autre, ou les trous de mémoire et les pertes de concentration. Je pensais qu'en me concentrant sur cette manière progressive de mourir, je réaliserais mieux ce qui m'arrivait. Mais lorsqu'une des participantes au séminaire devint si malade que tout le monde se mit à craindre qu'elle ne meure sur place, je n'eus pas la force d'aller la voir. Je me sentis effrayée à l'idée de me retrouver bientôt moi-même dans ce lit de mort.

Une chose se produisit qui eut un effet important sur mon attitude par la suite. Ce fut lors d'une méditation guidée avec vous. Vous me disiez de laisser émerger mes pensées sans les arrêter, de façon à ce qu'elles ne s'attardent pas plus longtemps que le temps d'une respiration. Je m'efforçais (sans doute beaucoup trop) de suivre ces instructions, d'abord en renforçant ma respiration, ensuite en abrégeant mes pensées. Après un temps j'abandonnai et laissai les choses se faire d'elles-mêmes, le processus se poursuivant de manière bien rythmée. Puis, le temps d'une respiration, il n'y eut plus aucune pensée. Les pensées s'étaient entrecroisées dans ma tête comme les fils d'un tissage, puis soudain je tombai dans un autre univers, juste le temps d'apercevoir l'espace qui s'ouvrait devant moi avant que mon mental ne se remette à tricoter. Des mois plus tard, en parlant avec Mark à une époque où il était déjà fort affaibli, nous eûmes l'occasion de partager la même perspective. Je compris que tout ce qui se trouve en dehors de mon expérience de vie dans l'instant présent n'a pour moi aucun intérêt. La seule chose qui compte pour moi est l'expérience de vie qui s'offre à moi au moment où elle s'offre à moi. Mark et moi partagions le même point de vue sur cette question et ce fut un moment très privilégié. Cela nous rendit tous deux plus disposés à prendre des risques. Notre sens des priorités s'en trouva modifié, notre appréciation de ce qui est important et ce qui ne l'est pas.

Quelques mois plus tard je me souviens que vous avez cité les paroles du Troisième Patriarche Zen: «La voie royale n'est pas difficile pour ceux qui n'ont aucune préférence. Le malaise mental résulte d'une confrontation entre ce qu'on aime et ce qu'on n'aime pas.» Ces phrases ont continué à faire écho dans ma tête. La nature même de la maladie s'en trouva éclairée d'une nouvelle lumière, une lumière parfois aussi éclatante que celle que j'avais vue lors de cette méditation quelques mois plus tôt.

Ensuite vint le jour où vous m'avez guidée dans une variante de la méditation du «Livre des Morts Tibétain». Je ne sais pas exactement ce qui s'est passé. Je n'ai rien entendu des lectures; mais je vois encore l'endroit où je m'imaginais être. C'était l'instant de ma mort, je flottais librement dans la lumière, au-dessus d'un paysage pastoral idyllique. Cette expérience m'a marquée. Après cela, la mort ne me parut plus si terrible, et des deux c'est la vie qui m'apparut comme étant la plus difficile.

Encore que je me souvienne également du Patriarche Zen qui a dit: «Lorsque surgit le doute, pour retrouver l'harmonie de votre réalité, rappelez-vous simplement «pas deux !» Dans ce «pas deux» rien n'est séparé, rien n'est exclu». Je me rappelle donc régulièrement qu'il n'y a pas «la vie» ou «la mort» mais l'«être» tout simplement, que ce soit dans un état ou dans l'autre. Je réalisai au cours de cette méditation qu'il était bien plus facile de mourir que de naître. Je compris mieux ce que j'avais à faire et cela, peut-être davantage que tout le reste, me motiva à laisser tomber tout ce passé conflictuel avec Mark et à laisser se rencontrer notre potentiel d'amour sur ce terrain que vous appelez «je ne sais rien».

J'ai depuis lors utilisé plusieurs fois cette méditation. Et quand je parviens à bien rentrer dedans, quelque chose en moi me dit: «Ne pense pas. Ne lis pas. Ressens, tout simplement. Respire et ressens.» J'oublie souvent de «laisser mes pensées se penser toutes seules», comme vous le dites, mais lorsque j'y parviens je me sens plus pleine de vie que jamais.

Aujourd'hui je peux me trouver dans une salle avec cent personnes et savoir que je ne suis pas moins en vie que la plus saine d'entre elles. Mon mental me dit: «Tant que je ne suis pas morte, je suis vivante. Pleinement vivante». Plus jamais je n'ai comme avant l'impression d'être peu à peu en train de mourir, de m'observer mi-morte mi-vivante.

Aujourd'hui je considère ma chimiothérapie comme un moment de vie. Hurler de douleur est un moment de vie. Etre folle de solitude, c'est vivre, vivre, vivre. Et bien entendu les moments de joie et de plaisir sont des moments de vie aussi — cela tout le monde le sait — mais ce que j'apprends c'est de ne pas trop faire la différence. La voie royale est en effet moins difficile lorsque mes préférences n'interfèrent pas et n'opposent pas systématiquement ce que j'aime à ce que je n'aime pas. Tant que je ne suis pas morte — et qui sait ce que cela veut dire réellement — je suis vivante. Pleinement vivante.

Maintenant je médite tous les jours. Parfois quelques minutes, parfois vingt minutes, parfois quarante. Et il m'arrive même de perdre toute notion du temps. Mais quelle que soit sa durée, lorsque je me lève je me dis que c'était une bonne méditation, ne fût-ce que parce que j'ai pris un moment avec moi-même, le coeur ouvert et la conscience en éveil.

Voilà Stephen. Ce sont les dernières nouvelles. Peut-être qu'un jour je vous enverrai un mot en disant : «Lorsqu'on est mort on est vraiment mort». Mais peut-être que non. Qui sait ?»

Deux Noëls ont passé depuis cette lettre. Régulièrement nous recevons un mot d'elle témoignant de la poursuite de sa guérison. A mesure que s'approfondit sa pratique de la méditation, elle découvre «une sensation accrue d'être vivante,» dit-elle, «et qu'arrive ce qui doit arriver. Et peut-être même qu'alors je serai encore vivante. C'est en tout cas le sentiment que j'ai. Je ne peux concevoir de fin à cette sensation d'exister.»

Ses conversations sont pleines de vie et d'un sens renouvelé de son existence. Souvent elle parle davantage de son nouveau petit ami, ajoutant des «n'est-ce pas mignon», que de sa maladie qui continue à évoluer positivement. Son coeur déborde et son univers semble s'ouvrir chaque jour davantage à la vie.

Chapitre 4

LE CHAGRIN GUERISSEUR

KAREN, MERE D'UN ENFANT NOYE

Karen appela deux jours après que son fils se fut noyé au cours d'un pique-nique à la mer. Elle beurrait les sandwichs lorsqu'elle vit son fils de douze ans se heurter la tête au tronc d'arbre qu'il utilisait comme pirogue, et disparaître sous une grosse vague déferlant au-dessus de lui. Tous s'étaient jetés à l'eau, mais rien n'y fit. La blessure à la tête était importante et les longs efforts de réanimation restèrent vains.

Karen parla longuement avec Ondréa de ce moment horrible où elle vit disparaître son fils sous les flots, du désespoir de son frère qui s'était précipité vers l'endroit où Martin se trouvait, mais n'avait pas pu retrouver le corps et se sentait un peu responsable de la mort de son neveu. Elle évoqua l'intense solitude que provoquait en elle la disparition de son aîné. Elles restèrent plus d'une heure en ligne, explorant les émotions et permettant à l'extrême douleur que ressentait Karen de s'exprimer. Durant leur entretien on sentait qu'elles abordaient des niveaux d'une grande profondeur. Après avoir raccroché, Ondréa se tourna vers moi et dit : «Quelle beauté ! Elle semble être de ceux qui vont utiliser la souffrance comme outil de guérison. Cela renforce son pouvoir.»

Trois semaines plus tard elle appela de nouveau et nous approfondîmes longuement le phénomène de son chagrin.

K: «J'ai l'impression de ne pas avoir arrêté de parler, lire et réfléchir ces trois dernières semaines. Et cela m'a beaucoup aidée. Mais ce fut réellement un deuil éprouvant. La perte n'en fut que plus évidente. Je viens de faire mes adieux à ma soeur qui a passé quinze jours avec moi et qui traverse un certain nombre de choses semblables aux miennes. Nous avons fait beaucoup d'auto-analyse, explorant les parties de nous-mêmes que nous avions toujours évitées, qui ne nous semblaient pas acceptables. Lorsqu'elles pointent le bout du nez elles nous effraient, mais ma soeur et moi les avons débusquées l'une après l'autre. C'est comme si j'y avais passé ma vie entière. Maintenant cela sort nettement plus vite.»

S: «Quelle douloureuse bénédiction ! En général on pense qu'une bénédiction vient d'en haut, mais en réalité elle fait partie de notre nature originelle. Il n'y a rien de tel que la souffrance pour nous arracher aux refuges mentaux dans lesquels nous restons coincés, à cette superficialité qui nous empêche d'atteindre notre être profond. Vous voilà forcée à vous ouvrir à vous-même. Peu de moments dans la vie vous offrent autant de possibilités de confronter ce qui en vous se maintient rigide et confus, ce qui maintient le sentiment de séparation, ce qui limite vos relations et réduit votre perception de la vie.»

K: «Je passe des profondeurs du désespoir aux sentiments d'exaltation et d'émerveillement face à la vie. Une des choses qui a changé depuis la mort de Martin c'est que je n'ai plus qu'un seul désir: je veux qu'il revienne. C'est un problème énorme; cela me rend misérable la plupart du temps. Mais tous les petits désirs ont disparu, ce qui fait que sous mon désespoir il y a aussi un énorme sentiment de libération. Parfois je me sens vraiment comblée, et lorsque c'est le cas je me sens culpabilisée. Comment puis-je me sentir bien alors que mon fils, que j'adore plus que tout au monde, a disparu ?»

S: «Parce que vous traversez la plus grande expérience de guérison de votre vie. Vous accédez à des dimensions de vous-

Le chagrin guérisseur

même qui ne vous étaient pas accessibles avant. Le mental se chargeait de tenir tout cela bien sous contrôle, mais maintenant la souffrance est telle que le contrôle n'est plus possible et les paravents s'effondrent. Les fonctions mentales qui vous rendaient la vie peut-être intolérable sont aujourd'hui à la disposition de votre conscience, grâce au fait que vous soyez descendue dans les profondeurs de vos envies et de vos peurs, au-delà de vos processus de contrôle.»

K: «Cela me donne plutôt la nausée. Toutes ces ordures qui remontent à la surface !»

S: «Le gros de tout cela ne remonte pas de très loin. Cela semble profond parce que ce fut longtemps refoulé. Ce que vous appelez «ordures», les envies, les peurs, les égoïsmes, ont toujours été là mais sont aujourd'hui exposées au grand jour. Ne les confondez pas avec votre identité profonde. Il n'y a aucune raison de plaquer de l'or sur vos «ordures». Et j'utilise le mot «ordures» non pas comme quelque chose à rejeter ou à éviter à tout prix, mais plutôt comme des déchets empilés dans les recoins sombres de notre mental. Ce ne sont vraiment des ordures que tant que nous les craignons. Lorsque nous en prenons conscience, elles sont instantanément compostées et transformées en riche terreau qui nourrit notre croissance. La croissance est le processus du lâcher-prise de nos barrières et limitations, la redécouverte de notre nature originelle. Tous ces anciens désirs peuvent être vus sous un angle différent grâce au fait qu'aujourd'hui quelque chose de plus important s'impose à vous. Cela ne veut pas dire que vos anciennes habitudes ne ressurgiront pas un jour. Mais vous les verrez d'un autre oeil lorsqu'elles réapparaîtront. C'est cela la guérison. C'est cela accueillir la vie avec l'ouverture de coeur et d'esprit qui permet à l'amour et la sagesse de se manifester plutôt que la peur et la tricherie.»

K: «En fait, mes envies refont déjà surface, et je me surprends à désirer certaines choses, comme un nouvel élément pour ma chaîne stéréo, mais lorsque cela arrive, je me dis : «Est-ce vraiment ce que je veux ? Quelle importance cela a-t-il réellement ?» Cela ne m'obsède plus comme avant, et je m'en sens moins dépendante.»

S: «C'est que l'amour est devenu la priorité, plus que jamais auparavant.»

K: «J'aimerais croire que j'ai toujours été quelqu'un d'aimant, et en fait c'est ce que je crois. Mais maintenant l'amour est devenu une vraie force qui me propulse. C'est comme si cette perte m'avait accordé le droit d'aimer les autres. On peut avoir un élan et serrer quelqu'un dans ses bras pour réduire à néant toute une série de barrières auparavant infranchissables. Je me sens littéralement transportée par cet amour.»

S: «Bien sûr. Ce qui est étonnant c'est que nous ayons besoin d'être ainsi «transportés» pour devenir ouverts et vulnérables comme vous l'êtes en ce moment, réceptifs à l'amour, capables d'embrasser et de serrer quelqu'un sur notre coeur. Tout cela est pourtant si naturel. Comme il est naturel que vous désiriez plus que toute autre chose que Martin revienne. Votre mental veut le voir et le toucher. Mais ce qu'il a à faire ici est terminé, pour l'instant. La classe est finie. Vous savez, nous travaillons souvent avec les parents d'enfants décédés. Certains ont été assassinés, d'autres sont morts inopinément, leur destinée prenant subitement une autre direction. Et nous avons remarqué que pas mal d'enfants meurent entre l'âge de onze et treize ans. Probablement — c'est ce qui apparaît dans certains cas — ont-ils accompli ce pourquoi ils sont nés. Et souvent ils ont pris un réel épanouissement six mois ou un an avant leur mort.»

K: «Il y a deux ans environ, la naissance d'Eric affecta profondément Martin. Il aimait tellement son petit frère que durant ces deux dernières années cela semble l'avoir considérablement ouvert.»

S: «C'est exactement ce dont il avait besoin. Tout comme votre amour pour lui vous permet de vous ouvrir.»

K: «Il me manque terriblement. Il y a des moments où j'ai désespérément besoin d'être avec lui. Où je n'espère qu'une chose c'est de le retrouver. Qu'il y ait au moins une possibilité que nous nous retrouvions un jour.»

S: «Cette possibilité existe. Mais probablement devrez-vous pour cela mourir vous-même. Et lorsque vous mourrez, il se peut que vous ayez un regard fort différent sur la vie et sur l'urgence que vous ressentez maintenant. Vous le retrouverez peut-être avec des sentiments très différents, lui disant bonjour le plus simplement du monde et allant avec lui faire un bout de promenade.»

K: «Vous savez, il m'arrive d'avoir vraiment envie de mourir.»

S: «Bien sûr.»

K: «Et en même temps j'ai encore un petit peu peur. Surtout la nuit, dans le noir.»

S: «Peur de quoi ?»

K: «De mourir.»

S: «Oui, bien sûr. Tout est là. Cela commence seulement à faire surface. C'était toujours présent, sous-jacent, mais maintenant c'est à découvert. Ce n'est pas comme si le mental découvrait quelque chose de neuf.»

K: «Je sais, ce n'est pas nouveau, j'en suis consciente. Tout cela n'est pas vraiment neuf pour moi. Ma soeur et moi en parlions l'autre jour. Et lorsque nous parlons, il arrive que nous ne soyons plus grande soeur/petite soeur. Ce sont les mêmes choses essentielles que nous partageons. C'est vraiment étrange. Parfois je ressens une douleur épouvantable et puis tout à coup je suis heureuse. C'est difficile à expliquer.»

S: «C'est votre coeur qui s'ouvre. Vous vivez quelque chose de pénible, mais en même temps vous découvrez une dimension plus profonde de vous-même. Une dimension qui se situe au-delà du plaisant et du déplaisant. Un lieu d'ouverture et de compréhension. C'est la douleur en quelque sorte qui vous pousse à vous rendre au-delà de ce que vous croyez être. Et ce que vous ressentez, ce n'est pas seulement la souffrance causée par la perte de votre fils, mais aussi celle causée par la perte de vos anciennes sécurités, la perte de celle que vous pensiez être, des illusions que vous entreteniez sur le déroulement de votre vie. Nous avons tendance à penser que la vie est contre nous quand nous n'obtenons pas ce que nous désirons, et qu'elle est avec nous lorsque nos désirs sont satisfaits. Mais peut-être comprendrez-vous maintenant que ces points de vue sont aussi faux l'un que l'autre. La vie n'est ni contre ni pour nous. Nous sommes la vie.

Rien ne nous sépare de ce processus qui est en même temps d'une éblouissante complexité et d'une déconcertante simplicité.»

K: «Je sais. Je refuse la vie et j'essaye quand même d'en profiter. Avoir près de moi ce petit être si beau, si pur ! Quand il est mort je savais que je n'aurais plus jamais une relation comme celle-là avec quelqu'un d'autre. J'aurai d'autres choses, mais pas ce que j'avais avec Martin. Vous voyez ce que je veux dire ?»

S: «Vous pouvez trouver chez un autre la même profondeur d'amour et de confiance, mais le contenu en sera différent, bien entendu. Vous pouvez ressentir la même chose, mais pour une «raison» différente.»

K: «Je travaille à me libérer d'une série de choses qui au début rendaient mes journées insupportables.»

S: «N'oubliez pas que vous n'êtes qu'au début de votre deuil. Il y a à peine quelques semaines. Soyez douce avec vous-même. Il n'y a pas d'urgence. En fait il n'y a pas de bon ou de mauvais comportement, mais il y a un temps juste pour faire ce qu'il faut faire.»

K: «Je me sens épuisée en ce moment. Et pourtant je ne veux pas perdre une minute de ce que je ressens. C'est la dernière expérience que je partage avec Martin. Et même si je me sens bien, je me dis: «Es-tu vraiment bien ou es-tu en train de faire semblant ?» Parfois je me sens réellement bien.»

S: «Evidemment, et alors vous vous sentez coupable de vous sentir bien. Le mental peut être si cruel. Mais c'est OK de se sentir en pleine forme, comme c'est OK de se sentir moche. Le deuil est une période où il y a des hauts et des bas, une vraie montagne russe.»

K: «C'est vrai. C'est aussi ce qui arrive au père de Martin, mon ex-mari. Vous savez, je me suis souvent demandée s'il s'était passé quelque chose lorsque Martin était en visite chez son père, quelque chose qui me ferait le haïr pour de bon. Mais son père est sorti très rayonnant de cette expérience. Il a une très forte personnalité et un énorme charisme. Soit il vous propulse au septième ciel, soit il vous enfonce complètement. Je me suis efforcée pendant des années de lui faire admettre que j'étais bien comme j'étais. Car lorsque nous étions ensemble, il était courant qu'il me dise, avec le plus parfait dédain : «Regarde-toi !» Et chaque fois je le faisais. Je me regardais, et il y a cinq ans je me suis dit qu'après tout je n'étais pas si mal. C'est alors que je l'ai quitté. Mais j'étais encore suffisamment accrochée pour avoir besoin de l'en convaincre. Et puis à un certain moment j'ai arrêté d'avoir besoin de le convaincre. Et c'est alors que les choses ont commencé à aller mieux. Nous nous accrochions encore de temps en temps, mais dans l'ensemble cela se passait bien. Lorsque Martin mourut, il vint me voir et nous nous sentîmes très unis dans notre douleur plutôt que séparés par notre mental. Là aussi il nous sembla être arrivés à un aboutissement.»

S: «A vous entendre, on a l'impression que même au milieu de cette douleur énorme, les choses ont tendance à reprendre leur juste place.»

K: «Oui, ce n'est pas vraiment neuf dans ma vie. Mais cela s'amplifie. Et parfois il me semble que ce que j'ai à apprendre c'est d'accepter ma condition de personne tout à fait ordinaire et de ne pas penser que je dois être je ne sais qui d'autre, ou que je dois faire quelque chose de particulier. Peut-être que la plus grande difficulté est d'être simplement soi-même.»

S: «Absolument. Soyez vous-même sans plus, sans aucun masque derrière lequel vous abriter. La douleur nous arrache tous ces masques et nous expose au grand jour. C'est peut-être pour cela qu'on souffre tellement.»

K: «Vous savez, je travaille comme psychothérapeute et je rencontre chaque jour des gens qui vivent leur vie sans en comprendre les mécanismes. J'ai toujours tenté de les aider à «déchiffrer» leur vie. De leur proposer une explication qui les satisferait. Mais maintenant je me demande si «expliquer» n'est pas une manière de plus de se débiner et d'esquiver le vrai travail qui doit être fait. Une prison supplémentaire.»

S: «Lorsque le mental est confronté à ce qu'il ne connaît pas, à ce qu'il ne peut contrôler, comme lors d'un deuil ou d'une crise, il a tendance à se créer des «explications». Ce phénomène constitue une première réponse face au mystère en perpétuel mouvement qu'est la vie. La réalité s'habille de nos pensées.

Nous nous évertuons à donner une explication à cette flèche qui vient de nous terrasser: elle est faite d'une tige de bois et de plumes rouges ! «Tiens, c'est le rouge du Shiva destructeur, et le bois de chêne du sacrifice druidique !» Et nous évitons ainsi d'explorer notre douleur, au risque de nous laisser mourir sans même tenter d'y faire quelque chose. Dans un premier stade, ces «explications» sont la réponse du mental au premier contact avec l'inconnu. Mais ultérieurement cette recherche d'un «sens» nous permet de progresser au-delà de nos appréhensions au changement, à concevoir la grandeur du jeu auquel nous participons.

A bien des égards la vie ressemble à une école dont il faut obtenir le diplôme. Lorsque vous reprendrez votre activité professionnelle, peut-être verrez-vous les choses un peu différemment et ne chercherez-vous plus à donner à vos clients des «explications» à chaque événement de leur vie. Tâchez au contraire de leur faire voir la vie comme un processus. Peut-être commencez-vous à percevoir qu'aucune explication ne peut valablement rendre compte de l'ensemble, que la vie comporte davantage que ce que notre mental peut concevoir. Mais votre rôle est tout aussi valable si vous parvenez à partager cet émerveillement devant le mystère de la vie et cette capacité de dire : «Je ne sais rien».

Il arrive au mental, surtout lorsqu'il se sent menacé, d'imposer une «explication» à la vie en concluant insidieusement une sorte de marché intellectuel avec l'inconnu. Il est clair que cette «explication» n'est qu'un moyen de plus de se masquer la réalité. Il permet d'éviter le processus du lâcher-prise. C'est d'une certaine manière ce même mécanisme mental qui maintient chez vous l'idée que Martin est «mort», qu'il est quelque chose de complètement séparé, alors que si vous relâchiez tous ces efforts de compréhension intellectuelle, vous lui permettriez d'exister et de vivre dans votre coeur où il se trouve réellement. Vous toucheriez là l'essence même de votre existence partagée, l'essence de l'être. Vous savez, lorsqu'on aime quelqu'un, ce sentiment ne vient pas de lui. Il agit comme un miroir pour cet amour qui est en nous. Et lorsque nous perdons l'être cher, le miroir s'effondre. Nous perdons notre lien avec notre nature originelle, qui est amour. Nous pleurons la perte de contact avec cette partie de nous-même que cet être nous permettait de voir. Nous nous pleurons nous-même.»

K: «Et bien, j'ai fait comme Ondréa me l'a suggéré; j'ai tenu un journal. Au départ je pense que j'attendais de ce journal qu'il me révèle le sens de ce qui était arrivé à Martin. Mais la plus grande partie de ce que j'écrivais au début exprimait ma douleur. Cela évolue un peu, quoique certains jours il m'arrive d'avoir en tête quelques «idées» que j'ai envie d'exprimer, l'une ou l'autre conception ou prise de conscience, mais ce qui sort finalement c'est la douleur et l'aigreur. Et de nombreux aspects de moi-même que j'avais gardés bien cachés font surface. Mes peurs, mes relations, mes doutes. J'ai montré ce journal à ma soeur et certains passages, en particulier ceux qui la concernaient, lui faisaient mal et lui donnaient l'impression d'avoir été odieuse avec moi. Cela nous fit bien rire. Mais si on cache ces sentiments ils deviennent de terribles secrets.»

S: «C'est alors qu'ils forment notre «mental caché», le réservoir de tous les jugements négatifs que nous portons sur nous-même, qui nous poussent à nous cacher et nous séparent de la vie.»

K: «Je ne veux plus vivre dans mes ombres. Je veux être dans la vie, quelle que soit l'expérience qu'elle ait à m'offrir, et elle semble vouloir m'offrir à peu près tout ce que je pourrais imaginer, ou tout ce que je pourrais craindre. Parfois je ne parviens à voir que de la souffrance, où que je porte mon regard, mais à d'autres moments je n'éprouve que cet incomparable sentiment de bien-être.»

S: «Vous pourriez même connaître des moments d'extase, car une autre dimension de vous-même est en contact avec le grand mystère de la vie et le sait, et frémit de joie d'être dans la vérité. Observez bien les apparitions et disparitions de ces états de conscience. Toute la gamme des sentiments, des émotions et des pensées va ressortir et faire le grand jeu dans votre mental. Vous pouvez en être quasiment certaine.»

K: «Je ne pense pas que j'aie le choix. J'accepte ce qui vient.»

S: «Laissez les choses se faire. Efforcez-vous seulement

d'être aussi douce et compréhensive que possible envers les idioties de votre mental. Même celle qui exige le retour de Martin. Le mental ne sait plus à quel saint se vouer dans un tel moment de frustration, alors il saisit tout ce qui lui paraît susceptible d'arrêter sa souffrance.»

K: «J'ai donné tous ses vêtements à un home pour orphelins. Je ne voulais pas les donner à des gens que je connaissais car je ne voulais pas voir quelqu'un les porter. Mais lorsque j'ai fait les colis, c'était vraiment très dur. Je me suis dit : «Bon, s'il revient, tu lui en rachèteras des nouveaux». Je savais que c'était parfaitement stupide, mais c'était la seule manière pour moi de le faire.»

S: «Ce que vous découvrez, c'est la manière dont on marchande avec les capacités les plus douteuses de notre mental, et nous faisons cela toute notre vie. Ce qui a changé maintenant c'est que tout est beaucoup plus clair. C'est pour cela que vous souffrez tellement. Le deuil et le chagrin sont une occasion extraordinaire pour faire remonter à la surface des aspects de nous-même que nous gardons profondément enfouis. C'est pour cette raison que le deuil recèle un tel pouvoir de guérison.»

K: «C'est en tout cas un apprentissage à la dure !»

S: «Terriblement dur. Mais voyez comme cette «dure école» s'avère bénéfique. Et même si je sais que quelquefois vous vous demandez : «Comment Martin se sent-il en ce moment ? Est-il bien là où il est ?» d'une certaine manière la reconnaissance ou la croyance en une vie après la mort n'est pas réellement essentielle. Même s'il n'y avait rien après la mort, la valeur de l'amour dans cette vie-ci n'en est que plus évidente. En fait, la mort n'est pas ce qui arrive quand on quitte le corps, c'est ce qui arrive lorsqu'on vit sa vie sans coeur, dans la confusion, l'agressivité et la peur. Dans un sens nous sommes tous partiellement morts, et il n'y a rien de tel qu'un deuil déchirant pour nous le rendre évident, pour nous ouvrir les yeux sur notre manque de vie, car notre attention est rivée sur l'instant présent. Paradoxalement, le passage de la mort est probablement un des moments de la vie où nous nous sentons le plus vivants.»

K: «Parfois je me demande comment ce fut pour lui de mourir

de cette façon. Et en y réfléchissant je me suis souvenue qu'il m'était arrivé de me blesser et de ne ressentir aucune douleur, que la douleur n'apparaissait que plus tard.»

S: «Exactement. Mais son «plus tard» à lui n'était pas dans le corps physique. Probablement que tout ce qu'il eut fut le choc de l'événement, ce qui sans corps physique doit être ressenti fort différemment de ce que vous imaginez. Il a reçu un coup. Puis il y eut le choc consécutif au coup. Cela ne fut peut-être pas pire que s'il avait reçu une balle de base-ball sur la tête au cours d'un match. «Sonné» pendant quelques instants et puis c'est passé, puis la sensation de se fondre dans autre chose, la paix, la chaleur... En fait de nombreuses personnes qui ont été cliniquement mortes et ensuite réanimées ont déclaré avoir assisté paisiblement aux efforts pressants de réanimation tout en se disant : «Hé, du calme ! du calme ! Il n'y a aucune urgence !»»

K: «Quand je pense à cela, je me souviens de l'histoire de votre ami qui, après un accident de voiture, avait observé l'équipe de secours extraire son corps de l'amas de tôles. Il planait à quelques mètres au-dessus du lieu de l'accident et assista au transport de son corps vers l'ambulance, en se demandant même s'il allait y entrer aussi ou s'il allait rester dehors. Il se réveilla l'instant d'après dans un lit d'hôpital en se rendant compte que la question était devenue sans objet.»

S: «Tout ce que vous pouvez faire maintenant est de permettre à ce qui vous trouble et vous chagrine d'émerger le plus entièrement dans votre conscience. Et non de l'étouffer, ni de tenter de l'éluder par des solutions ou explications mentales. Votre chagrin est comme un bourgeon, un tout petit bourgeon encore, mais il fleurira.»

Nous avons parlé des jours à venir, lorsque des dizaines de fois elle verrait Martin passer à vélo. Un garçon avec le même genre de cheveux et de blouson filant sur un cyclomoteur, et elle croira le temps d'un instant que c'est lui. Partout elle aurait tendance à le chercher, poussée par un désir irrationnel. Le mental émotionnel cherchera à le retrouver tout en sachant qu'il n'est pas là, pour la simple raison qu'à un autre niveau il sait parfaitement qu'il n'y a que le corps qui meurt. Mais le corps de Martin est bien mort en effet, et le restera. Et sa vie à elle ne sera plus jamais vraiment pareille. Qu'elle s'ouvre à ces émotions plus que jamais auparavant, et si cela fait mal, que cela fasse mal. Et si cela lui déchire le coeur, qu'il en soit ainsi, en douceur. Il n'y a rien à protéger. Nos coeurs ne sont que trop protégés. Que son expérience en soit une de grande ouverture, si pénible soit-elle. La situation est difficile, mais il suffit de la laisser fleurir. «Lorsque vous avez envie de pleurer, pleurez, et si vous n'en avez pas envie, surtout ne vous forcez pas !» Nos émotions et nos pensées se succèdent par vagues, mais aucune ne reste longtemps — elles changent en permanence.

Qu'elle observe simplement tout ce que son mental projette comme déchet dans sa conscience. Qu'elle soit douce avec elle-même, et qu'elle se traite comme si elle était son unique enfant, avec une tendresse toute attentionnée. Et lorsque ses pensées se font plus dures ou se fâchent, que dans la mesure du possible elle les laisse se relâcher. Sans utiliser la force, car la force ne fera qu'intensifier la confusion. Et la force referme le coeur. La plus haute expression de son amour serait de pouvoir dire «adieu», sachant que cela ne signifie pas un abandon, mais «que Dieu soit avec toi». Car en effet cette dimension-là de son coeur a envie de lui dire d'aller vers la lumière et de découvrir son nouvel univers, le coeur et l'esprit ouverts. «Tout ce que vous pouvez faire est de lui souhaiter bonne route.» C'est comme un voyageur dans un train qui s'ébranle: on peut courir à côté du train sur le quai et crier : «Ah, si seulement nous pouvions dîner ensemble une fois encore ! Ah, si seulement nous pouvions nous parler une seule fois encore !» Mais le voyageur est irrémédiablement emporté par son train. Et il reste avec un sentiment de quelque chose d'inaccompli, à cause de cette demande après que le train se soit mis en route. Par contre, même si ces idées sont dans sa tête, elle peut exprimer dans son coeur, au moment où le train s'en va : «Je t'aime. Va avec Dieu. Va vers ce qui t'attend et qui te réserve la plus parfaite possibilité d'évolution.» Tous les «j'aimerais ceci» ou «je voudrais cela», c'est terminé ! S'il y a un temps pour lâcher prise, c'est celui-ci. Et lâcher prise sur lui, c'est en effet la plus grande expression d'amour qu'elle puisse lui offrir. Cela ne veut pas dire qu'elle l'abandonne; cela signifie simplement qu'elle fait confiance au processus. «Le vôtre comme le sien.»

K: «C'est vrai. Tout ce que je peux encore faire pour lui c'est l'aimer. Je ne peux plus lui faire ses repas ou le conduire chez un copain. Je ne peux plus que l'aimer. Et parfois cet amour change et je perçois tout le manque d'amour dont j'étais capable dans le passé. Mais parfois aussi je me sens en parfaite union.»

S: «En fait, la seule chose que vous puissiez encore lui dire, avec tout votre coeur, c'est : «Tôt ou tard nous te rejoindrons tous. Ce passage, tu l'as déjà traversé de nombreuses fois, et t'y revoilà une fois de plus. Que Dieu soit avec toi. Et que rien ne te retienne dans ta progression. Fais bonne route, mon amour».

K: «Je lui parle beaucoup, très régulièrement. Dans mes bons jours cela se passe bien, je m'assieds en espérant qu'il puisse lire mes pensées, pour qu'il sache que même si je me sens bien je ne l'oublie pas. Et le soir avant de me coucher je dis une prière pour que tout aille bien pour lui. C'est ma seule manière de le border.»

S: «Je pense que c'est exactement ce qu'il faut faire. Et le fait que vous vous sentiez bien avec cela ne signifie aucunement que vous l'abandonniez.»

K: «Mais c'est un sentiment affreux que de devoir le laisser seul, et le plus dur c'est de me dire que dans dix ans j'aurai oublié comment il était.»

S: «Il sera avec vous toute votre vie. En fait le deuil ne s'arrête jamais, mais la douleur disparaît progressivement en passant du mental, où nous nous sentons si séparés de ceux que nous aimons (même lorsqu'ils sont en vie), au coeur, où nous prenons conscience de notre lien essentiel avec eux. L'amour ne meurt jamais. Dans les années à venir, il vous arrivera de le revoir dans l'une ou l'autre de ses attitudes, ne fût-ce que dans un flash de mémoire.»

K: «J'ai reçu un appel téléphonique d'une femme qui avait perdu sa fille dans un accident de voiture il y a sept ans. Elle avait perdu son mari dix ans auparavant et était restée seule avec cinq enfants. La fille qui fut tuée était la plus jeune. Elle vécut le même genre d'expérience d'avoir cette enfant jeune, rayonnante et heureuse et puis de la voir disparaître d'un coup. Elle me dit : «C'était comme si je tenais un plat brûlant et que je n'avais aucun endroit où le déposer, aucun moyen de m'en débarrasser.» Elle dit qu'à la longue elle a trouvé un endroit, mais que cela ne s'est jamais refroidi. Et occasionnellement elle s'y brûle encore les doigts. Mais elle parlait de sa fille avec tant d'amour et tant d'humour aussi.»

S: «Le fait de parler avec Martin vous sera utile, je pense, au moins dans un premier temps. Mais ne le faites pas d'une manière trop rationnelle. Votre raison vous dira que vous ne faites qu'un dialogue de sourds avec votre propre mental, mais tâchez d'écouter avec votre coeur. Laissez-le sonder ses profondeurs, et peut-être y percevrez-vous le son de sa voix. Ne cherchez pas à entendre des mots, cela peut être si simple et si évident que vous aurez peine à y croire. Mais ce sera là.»

K: «Parfois quand je lui parle j'ai l'impression de dérailler complètement. Je suppose que cela bloque ma réceptivité.»

S: «Parlez-lui comme s'il appelait d'un autre continent. Vous pouvez même lui demander comment il va ou «et alors, quoi de neuf ?» Que ce soit joyeux et léger, cela fait partie du processus de guérison.

Il est délicat d'affirmer avec certitude ce qui se passe après la mort, mais il me semble à moi, sans l'ombre d'un doute, que la conscience survit au corps physique. Au moins cela je puis l'affirmer sur la base de mon expérience directe au cours de mes nombreuses années de méditation et de travail avec les mourants. Mais ce qui se passe exactement après cette remarquable séparation des corps, je ne puis le dire. Rappelez-vous néanmoins que si vous lui demandez de mettre ses bottes, il se peut qu'il vous réponde quelque chose dans le genre : «Maman, j'hésite à te le dire, mais en réalité je fais trois mètres de haut et j'ai quatre bras et quatre jambes. A quelles jambes veux-tu que je mette ces bottes ?»

K: «Nous sommes vraiment de drôles de créatures !»

S : «Oui, nous avons tendance à réfléchir en termes très étroits. Notre mental a tendance à ne fonctionner que dans les limites de ce qu'il connaît, mais il y a bien des choses au-delà de ces limites.»

K : «Je n'ai pas eu l'occasion de rire avec Martin depuis longtemps. Cela ne me ferait pas de mal de m'y exercer un peu.»

S : «Exercez-vous à faire confiance à votre intuition. Vous n'avez rien à imaginer. Tout est là. Votre raison peut s'en méfier mais votre coeur n'aura rien à fabriquer de toute pièce. Tout est là déjà. Le manque de confiance vous fera peut-être dire : «Est-ce moi qui ai imaginé cela ?» Mais si vous y regardez de plus près, vous verrez que c'est bien son ton, son attitude. Que c'est bien lui, quelle que soit la part de projection que vous y ayez mise ou la part d'inconnu que vous y ayez trouvée. Faites simplement confiance et ouvrez-vous au mystère en acceptant votre ignorance. Cela n'a rien d'«extra-ordinaire», et ne requiert aucune compétence mystique ou occulte. C'est une réalité toute simple, il n'est plus dans son corps physique, mais il est toujours dans votre coeur. Et peu importe d'où cela vient exactement, dans votre coeur la communication se poursuit et vous pouvez compléter tout ce qui doit être dit et lui adresser autant de mots d'amour et d'au-revoir que vous le désirez. Car il peut y avoir des parties de vous-même qui n'ont pas encore fait leurs adieux, quoique le don de ses vêtements soit un pas important dans ce sens. Mais il n'y a pas d'urgence. Ne vous forcez pas. N'essayez pas d'être «comme il faut». Il n'y a pas de «comme il faut». La seule bonne manière, c'est de le faire avec le coeur, au moment où cela vous est naturel. Ce qui est bon pour une personne peut ne pas l'être pour une autre. Pour l'une il sera utile de sortir faire un jogging, de hurler et de frapper le sol, car c'est là l'expression de l'énergie qu'ils ont autour du coeur. Alors qu'une autre aura besoin de parler calmement à quelqu'un, de sangloter et d'être tenue dans les bras. C'est vraiment la méthode braille: progresser en tâtonnant d'instant en instant, et rien ne rend cela plus évident que la souffrance du deuil.»

K : «Oui, je crois que je vais adopter cette méthode pendant quelques temps.»

S: «Il se peut qu'en parlant avec lui vous ressentiez bien plus de chaleur et de gaieté que ce que vous imaginiez. Car il est dans une situation bien plus libre que la vôtre. Il sait, lui, qu'il n'est pas son corps.»

K: «Il avait une si belle énergie. J'ai toujours adoré parler avec lui. Il avait un superbe sens de l'humour.»

S: «Et bien, s'il a perdu son corps, je doute qu'il ait perdu son sens de l'humour. Sentez sa présence d'amour là dans votre coeur.»

Durant les derniers mois de travail sur ce manuscrit, Karen a appelé à plusieurs reprises, et à chaque fois elle exprima davantage de profondeur. Il est difficile de dire exactement ce qu'elle va pouvoir retirer de cette expérience, mais de toute évidence, son intuition et l'acceptation de son deuil lui ont procuré une nouvelle ouverture sur le monde. Elle vit la période de purification la plus intense de sa vie, mais son acceptation du processus la rend plus confiante et capable d'éviter les mécanismes de fuite.

Chapitre 5

S'OCCUPER
D'UN PARENT MOURANT

TOM, FILS D'UN PERE MOURANT

Tom appela un soir de novembre. «Mon père a eu une attaque il y a quelques mois. Ensuite d'autres complications s'y sont ajoutées, dont un cancer et divers problèmes au foie. Depuis trois jours il est dans le coma.» Le père de Tom était professeur d'histoire dans une grande université et avait exprimé ses dernières volontés: un document datant de quelques mois plus tôt et précisant son désir de ne pas être soumis à des traitements «spéciaux ou héroïques» pour le maintenir en vie au cas où son corps serait sur un déclin irrémédiable. Maintenant son père était dans le coma et présentait une infection respiratoire qui pourrait l'emporter si des antibiotiques appropriés n'étaient pas administrés.

«Le médecin insiste pour que j'autorise une injection de pénicilline afin de remédier à ce problème respiratoire. Il dit que cela n'a rien d'un «traitement spécial» mais qu'au contraire il s'agit d'un remède courant appliqué dans un cas courant. Je ne sais pas quoi faire. Je veux respecter les volontés de mon père, mais tant de personnes dans mon entourage me conseillent de lui laisser ses chances de guérir. Qui sait s'il peut s'en sortir ? Qui sait quel nouveau traitement peut être découvert ?»

Tout en parlant avec Tom, j'entendis en sourdine mes propres enfants vociférant leurs chants de guerre de jeunes adolescents encore débordants de virilité et de bruyante confusion. J'étais leur père et ne pouvais m'empêcher de penser qu'ils seraient peut-être un jour appelés à prendre la même décision angoissante que celle à laquelle Tom était confronté à ce moment. La boucle était fermée. Nous étions l'un l'autre.

S: «Votre père vous a-t-il dit qu'il ne voulait pas être maintenu en vie par des moyens artificiels ?»

T: «Oui. Il m'a dit : «J'ai eu ma vie et elle fut bonne. Je ne veux pas finir avec une série de tubes sortant de mon nez et de mes intestins. Quand mon temps sera venu, laisse-moi rendre le souffle avec élégance.» Mais ma mère, sa femme, insiste pour que nous fassions tout ce que nous pouvons pour le maintenir en vie. Et comme il ne peut plus parler lui-même, avec son habituelle éloquence académique, tout repose sur moi. Comment laisse-t-on mourir son père ?»

S: «Comment l'empêcher de mourir si le processus est déjà entamé ? A quel point peut-on lutter contre la force de gravitation et tenter de garder un objet en l'air lorsque sa nature le pousse à retomber sur terre ?»

T: «Ils disent qu'il pourrait durer encore des années comme cela. Peut-être avec une pneumonie ou une autre infection du même genre qu'une bonne dose d'antibiotiques éliminerait pour lui accorder six mois de plus de souffrances non désirées. Je sais que moi je n'en voudrais pas, et à plus forte raison si j'avais explicitement demandé qu'on m'épargne ce genre de situation.»

S: «Oui, ce n'est certainement pas facile. Et il n'y a pas de bonne ou de mauvaise réponse. Tout dépend de ce que votre coeur vous dit de faire. Votre mère, bien sûr, aimerait que son mari soit «guéri». Mais comme cela n'en prend pas le chemin, ce qu'il y a de mieux pour elle c'est qu'au moins il reste en vie. Il est naturel qu'elle ait ce sens profond de vouloir protéger et prendre soin de son mari. Nombreux sont ceux qui croient que protéger quelqu'un c'est, au minimum, le maintenir en vie. Mais cela ne nous évite pas la grande question «Survivre à quel prix ?» L'opinion courante du «survivre à tout prix» se trouve parfois en conflit avec notre souhait de «qualité de la vie», et à plus forte raison si on se trouve en présence d'une qualité insupportable.

Ce n'est pas une question à laquelle on peut répondre pour un autre. Mais lorsque quelqu'un a clairement exprimé qu'il ne voulait aucun traitement «spécial» pour prolonger artificiellement sa vie, il semble indiqué de respecter la légitimité morale et spirituelle d'une telle décision. La loi précise même que toute personne a un droit légal d'exprimer de tels souhaits.»

T: «Mais le médecin insiste; il dit qu'il ne s'agit pas d'un traitement «spécial», et il a même menacé de ne plus soigner mon père si nous refusions les antibiotiques. Il nous met vraiment au pied du mur.»

S: «Vous permettraient-ils de le ramener à la maison ?»

T: «Je n'en sais rien, mais ils mettent vraiment une pression énorme pour que «j'aide mon père». Cela me rend fou.»

Nous avons parlé de ses deux frères et de sa soeur, et de leur opinion sur la question. Un de ses frères et sa soeur étaient d'avis que «papa serait mieux mort». Mais l'autre frère avait dit : «Comment pouvez-vous le laisser mourir alors qu'il y a peut-être encore un espoir ?» Tom précisa que selon lui ce dernier était plus préoccupé par le bien-être de leur mère que par le terrible dilemme devant lequel ils se trouvaient.

S: «Mais dans un cas comme dans l'autre, il semble que votre mère ne retrouvera pas avec votre père la vie qu'ils connurent avant. Il pourrait être utile de faire une petite réunion de famille où chacun puisse partager son chagrin face à la situation, de façon à ce que le dilemme soit plus clairement cerné. Il se peut que l'idée de le laisser mourir selon ses souhaits soit confondue avec l'idée de sa mort elle-même. Le désir de le garder en vie, voire même de l'empêcher d'être malade, se trouve peut-être projeté dans cette logique qui préfère «la vie à tout prix». Je pense qu'il est temps de faire une réunion de famille, de s'asseoir et d'écouter les sentiments de chacun concernant l'état de votre père.»

T: «Ce n'est pas une mauvaise idée. Le seul problème est que nous vivons très éloignés les uns des autres. Nous n'avons pas encore eu l'occasion de nous réunir tous ensemble autour de papa... Mais en y réfléchissant je dois admettre que nous n'avons pas vraiment parlé et que ce serait certainement utile de le faire. Lorsque papa devint malade, il m'exprima ses sentiments et me dit aussi sa préoccupation de «protéger» le restant de la famille. Je suis l'aîné, et la charge me revient donc de veiller à l'exécution des désirs de mon père et d'en expliquer les raisons aux autres. Je deviens un vendeur de mort et cela ne me plaît pas du tout. Je ne veux pas être un intermédiaire. Si cela dépendait de moi, je l'emmènerais à la maison et je m'occuperais de lui aussi longtemps que ce serait nécessaire. Ma femme est d'accord, et même si c'est difficile par moments, nous pourrions nous débrouiller. Ses petits-enfants l'adorent et je suis sûr qu'ils donneraient un coup de main également. Mais comment puis-je faire cela alors qu'il a dit qu'il ne voulait pas vivre dans ces conditions ? Une bête injection de pénicilline est devenue la plus grande crise morale de ma vie.»

Il fut décidé que Tom convoquerait au plus vite une réunion familiale, et que tous seraient présents autour de leur mère pour approfondir un peu cette affaire.

Plus tard dans la soirée, la mère de Tom appela, furieuse: «Que diable avez-vous raconté à mon fils ? Qu'il doit tuer son père ? !»

Sa colère était une expression très naturelle de toute la frustration et la détresse qu'elle avait supportées depuis un mois. Je m'en souvins et écoutai avec le coeur, entendant l'être souffrant derrière les mots exprimés. Nous parlâmes un peu de la difficulté de perdre un être cher tout en respectant ses décisions et en lui accordant la dignité de faire face à sa maladie de la manière qu'il a lui-même souhaité. Rapidement sa colère se mua en lourds sanglots. Elle aussi était «épuisée de devoir trouver une solution», coincée entre le modèle d'épouse fidèle et celui de compagne compréhensive respectant les souhaits de son mari. En parlant davantage de ses fils, de sa fille et de leur attitude face à la situation, elle dit : «Oh, vous savez, je parle à l'un puis à l'autre. Nous ne nous sommes pas vus tous ensemble comme vous l'avez suggéré à Tom. Du moins pas de la manière qu'il faudrait envisager maintenant. Je me demande si nous pouvons attendre une ou deux semaines pour réunir tout le monde, car l'état mon mari exige une solution d'urgence. Je ne veux pas qu'il meure par notre faute d'avoir été incapables de nous décider.»

S: «Je sais, la vie nous prépare très mal à ce genre de situation. Du moins pas de manière explicite. Mais au fond de votre coeur, si vous pouvez vous y ouvrir et tendre l'oreille, l'amour qui existe entre vous et votre mari vous murmure ce qu'il faut faire. Chaque instant recèle sa vérité, chaque situation est différente, et tout ce que nous pouvons faire est de laisser notre coeur nous donner la réponse appropriée. Même si l'instant d'après la voix cruelle de notre mental nous culpabilise de n'avoir pas choisi l'autre solution...»

M: «Excusez-moi de vous interrompre, mais en vous écoutant je regarde par la fenêtre la première neige qui tombe sur la pelouse. Frank adorait les premières chutes de neige. Il se promenait souvent dans le bois de bouleaux derrière la maison. Il rentrait enivré par «cette extraordinaire beauté» comme il disait. Mais il ne retournera plus jamais dans ces bois. En fait il ne peut même plus voir la neige et je me demande à quoi la vie ressemble pour lui en ce moment. Que faisons-nous en le maintenant en vie ? Ce qui l'attend vaut peut-être bien plus que des bois de bouleaux !»

S: «Quelle que soit votre décision, que c'en soit une à laquelle vous adhérez entièrement. Ecoutez votre coeur, et si un sentiment de colère ou de peur vous tourmente après, qu'il soit reconnu. Dans ces circonstances, il est naturel que la colère, la confusion, la culpabilité, la frustration soient le plus souvent à fleur de peau. Cela n'a rien de surprenant. En fait, c'est cette même confusion et culpabilité qui pousse le personnel de l'hôpital à vous dire : «Si vous ne faites pas comme nous voulons, vous partez». La compassion n'a rien à voir avec des propos faussement rassurants qui nient la réalité de la douleur. Cela, au mieux, c'est de la pitié: la peur de la douleur, chez soi comme chez l'autre. La compassion, c'est la capacité de garder le coeur ouvert face à la souffrance de l'autre. La seule directive à suivre pour la décision que vous avez à prendre, c'est de faire confiance au choix que votre coeur vous indique. Il n'y a pas une bonne et une mauvaise décision. Il n'y a que l'amour faisant ce qu'il peut face à une question impossible.»

Le lendemain midi, Tom appela, scandalisé: «Cette nuit ils ont décidé eux-mêmes d'administrer les antibiotiques. Ils s'en moquent qu'il souffre ou non, tout ce qu'ils veulent c'est qu'on exécute leurs ordres.»
Nous lui avons parlé de notre travail avec des patients comateux (voir plus loin le chapitre «A l'écoute du coeur»). Nous lui avons suggéré de s'asseoir près de son père, de lui parler doucement à l'oreille, de coeur à coeur, et d'être à l'écoute des «chuchotements les plus profonds». Qu'il laisse simplement son coeur recevoir ce qui se présente, sans chercher à expliquer ou à en définir l'origine. «Etre simplement dans le coeur de l'instant».

Il rappela trois heures plus tard: «J'étais assis à côté de mon père et je lui parlais doucement, lui disant combien je l'aime et lui parlant de ma difficulté devant cette situation. Et puis une assistante sociale est entrée dans la chambre pour dire combien nous avions de la chance que notre père aille mieux maintenant. C'en était vraiment trop. Je me suis fâché. Ils se foutent pas mal de mon père, ils sont dans leur «trip» médical et ne regardent pas plus loin que le bout de leur nez. Ils sont plus bornés que tous les autres sur ce que la vie signifie réellement. Comme une bande de mécaniciens qui s'acharnent à faire tourner un moteur alors que la voiture n'est plus qu'une épave. Ils ne voient que leur égo. Cette assistante sociale était complètement à côté de la plaque.
Mais ce qui est amusant, c'est que lorsqu'elle sortit et que je

me retournai vers mon père, j'eus une forte impression de l'entendre rire et dire : «Tiens-la à l'oeil, celle-là ! Sa prochaine proposition sera de me cryogéniser» (la surgélation du corps après la mort, dans l'attente de découvertes médicales futures qui permettront la réanimation et l'application de nouveaux traitements). Je fus un peu surpris de l'entendre, et sur ce ton là en plus. Mon humeur changea instantanément. Maintenant je sais ce que j'ai à faire. Ma femme et moi avons pris la décision il y a quelques instants, au téléphone, de l'emmener chez nous et de le laisser suivre sa propre voie. Lorsque je me suis assis près de mon père et que je lui ai parlé de cette décision, tout ce que j'ai ressenti c'était un grand «oui». J'ai même eu l'impression de ressentir une profonde appréciation. C'est très étrange. Je n'ai jamais eu de telles expériences avant.»

S: «Il semble que vous ayez réussi à prendre une décision en suivant votre intuition de ce qui est juste, plutôt que d'anciens schémas de pensée et de comportement. Progressez pas à pas, bien à l'écoute de la situation, et évitez de prendre des décisions basées sur la peur ou la culpabilité. Si vous l'emmenez chez vous dans un élan d'amour, c'est certainement pour lui le meilleur environnement possible. Mais si vous le prenez par obligation, ou par crainte qu'il n'ait pas ce qu'il lui faut, ce n'est pas certain qu'il recevra ce dont il a besoin. Que ce soit votre amour qui prenne la décision.»

Une semaine plus tard, Tom appela de nouveau. «J'ai fait transporter mon père chez moi il y a cinq jours, et je pense qu'il y était mieux. Comme par hasard, ils ne lui avaient pas donné assez d'antibiotiques, et ses difficultés respiratoires ont repris plus fort qu'avant. Nous ne sommes pas intervenus. Il est mort hier soir, et je me sens surtout soulagé qu'il soit sorti de ce «piège», comme il aurait dit lui-même. J'ai le sentiment d'avoir fait ce qu'il fallait. Ces derniers jours se sont très bien passés. Tout le monde chez nous y a mis du sien, et j'ai le sentiment qu'il en était conscient. Le dernier jour tout le monde était là.

Par moments, on avait l'impression qu'il avait des difficultés, mais dans l'ensemble il semblait simplement progresser pas à pas. Et les dernières heures, ma femme, qui n'est pas particulièrement portée sur les religions, n'a pas arrêté de pleurer et de répéter : «Gloire à Dieu ! Gloire à Dieu !» Elle m'a dit depuis qu'elle ne pleurait même pas de tristesse, mais parce que l'intensité de ce qui se produisait la bouleversait. «Mourir paraît si facile» me dit-elle. Elle est enchantée qu'on l'ait ramené à la maison. Il ne fait pas l'ombre d'un doute dans mon esprit que nous avons fait ce qu'il fallait faire.»

Une dizaine de semaines plus tard nous eûmes un appel de la mère de Tom, pour nous dire à quel point la mort de Frank avait été belle, entourée de tous les siens. Elle s'était installée chez son fils pendant ces cinq jours, et avait énormément apprécié de se retrouver avec son mari dans une maison chaleureuse. «C'était pareil à ce que nous vivions avant qu'il ne devienne malade. Nous étions là ensemble, ayant chacun notre journée, présents l'un pour l'autre, nous reposant de nos efforts par une bonne nuit de sommeil pour nous retrouver le matin en nous embrassant au petit déjeuner. C'était tellement plus confortable comme cela, même au moment de sa mort. Pourtant cela me faisait très peur, mais nous avions tellement plus le sentiment d'être ensemble que lorsque nous étions à l'hôpital, avec plein de personnes s'affairant autour de lui pour le maintenir en vie. Il me manque énormément, mais nous avons partagé toute une vie ensemble — trente ans de mariage ! — et je n'ai aucun regret.»

Chapitre 6

LE SEUL TRAVAIL QUI COMPTE EST LE TRAVAIL INTERIEUR

NANCY, THERAPEUTE POUR MALADES SUICIDAIRES

Un soir nous reçûmes un appel de Nancy, une psychothérapeute de Los Angeles qui avait participé à plusieurs de nos séminaires organisés par un hôpital de sa région. Elle était fort ébranlée par le fait qu'un de ses clients avait «tiré sur sa femme et sur l'homme qui se trouvait avec elle, avant de se tirer lui-même une balle dans la tête.» «Je pleure la perte d'un enfant. Ce client était mon enfant. Je l'aimais vraiment, cet homme. Il était d'une grande beauté, et le fait que ses émotions aient pris le dessus et qu'il ait massacré ces gens me fait un choc terrible. Je me souviens de ce que tu disais, Stephen, à propos de ce genre d'événements, comment ils pouvaient vous «broyer» le coeur, le rendant ainsi profondément vulnérable et nouvellement disposé à s'ouvrir sur le monde. C'est vraiment ce que je sens.»

Nous avons parlé de ce «point de rupture» où toute croissance se produit, croissance résultant toujours du lâcher-prise envers nos attaches et notre territoire connu en dehors duquel nous avons tellement de mal à nous aventurer. Ce territoire connu est notre cage, une prison imaginaire en réalité, dont les barreaux sont nos vieilles conceptions de ce que nous croyons être ou ce que nous croyons devoir être. Ce sont les limites que nous nous imposons qui définissent ce que nous considérons comme «terrain sûr». Mais c'est notre ouverture à explorer l'inconnu et à rencontrer nos angoisses naturelles qui nous permet d'aller au-delà, vers ce que nous sommes réellement, vers notre guérison profonde.

De toute évidence, Nancy traversait la version thérapeute de la «crise thérapeutique». La limite au-delà de laquelle le thérapeute se sent incapable «d'aider». Elle semblait proche de la grande leçon que nous offre le sentiment d'impuissance totale. Et malgré toute sa bonne volonté, ses anciens conditionnements menaçaient de la récupérer et de trouver une échappatoire à cette vulnérabilité inaccoutumée, abordant celle-ci comme un problème à résoudre, à évacuer.

S: «Je me demande si tu ne pleures pas également la perte de toi-même en tant que bonne mère ?»
Le silence à l'autre bout de la ligne fut éloquent. Je pouvais presque entendre la respiration de Nancy s'arrêter tandis qu'elle se scrutait, à la recherche d'une bouée de sauvetage. Puis elle reprit avec un profond soupir.

N: «Sur le plan émotionnel, j'avais l'impression de ne rien pouvoir faire. J'ai tenté de l'aider mais ce n'était pas suffisant. Du moins pas comme je l'aurais voulu, car il en retira tout de même quelque chose.»
S: «Tu parles comme une mère sous le choc de la mort subite de son enfant. Tu dis: «Je n'ai rien pu faire, mais n'aurais-je pas dû faire quelque chose ?» Tu as le sentiment de ne pas avoir été capable de faire ce qu'il fallait faire. Et ce désir de «faire quelque chose» pour tes patients t'éloigne d'eux. L'attente que tu fais peser sur eux devient un obstacle à leur propre cheminement intuitif vers la guérison. Ton mental devient le navigateur à la place de ton coeur. Peux-tu voir cela ?»

Ce que je disais paraissait évident, mais l'expérience nous a appris qu'en général les plus fortes évidences sont nécessaires pour entamer une remise en question des «a priori» du mental. Je lui demandai si elle faisait confiance à son intuition. «La seule chose que tu puisses réellement faire c'est d'être réceptive à ce dont ton patient a besoin. Peut-être cela émergera-t-il comme une inspiration soudaine d'où jailliront les mots nécessaires et l'élan d'amour envers le patient. Et bien entendu il n'en recevra que ce qu'il veut et peut en recevoir.»

Ainsi que nous l'avions déjà fait précédemment, je l'encourageai à s'ouvrir, à s'asseoir un instant avec elle-même et à explorer cette limite qu'elle venait d'atteindre. A percevoir l'angoisse, le doute, la colère. Et même à laisser s'exprimer cette petite voix intérieure très négative qui susurre: «Comment peux-tu te considérer comme une thérapeute si tu es incapable d'aider ceux qui viennent vers toi?» Qu'elle laisse bien se préciser tout ce vécu intérieur afin d'examiner clairement ce «point de rupture» qui la fait se replier sur des sentiments de doute et d'impuissance. Qu'elle observe cet instant où la frustration se mue en colère ou en peur, lui faisant rencontrer le moment présent avec dégoût plutôt qu'avec perception intuitive, l'instant où sa peur de n'être pas à la hauteur étouffe son savoir intuitif et son amour naturel.

N: «Cela me fait très peur.»
S: «Cela te fait peur, mais c'est exactement ce que tu demandes de faire à tes patients. Tu ne peux pourtant pas leur demander de faire ce que tu n'es pas disposée à faire toi-même. Tu risquerais de te sentir dépassée et incapable d'aller plus loin. Tes sentiments d'incompétence doivent être reconnus si tu ne veux pas qu'ils bloquent ta capacité d'amour et renforcent cette idée de devoir être «comme il faut». Sinon, tu risques de transmettre subtilement à ton patient que ta solution est la seule bonne, et cela serait aussi mauvais pour toi que pour lui.»

On pouvait presque entendre les anciens conditionnements

s'insurger dans son esprit. Une vague de peurs et d'auto-protections, l'appréhension à s'effacer devant sa dimension intuitive, à se mettre à l'unisson avec le patient plutôt que de rester à l'écart, bien à l'abri derrière les vieilles théories et la confiance du «je sais ce que je fais». Cela signifiait pour Nancy qu'il fallait qu'elle meure à elle-même face à chacun de ses patients. Qu'elle ressente dans son corps, dans son esprit et dans son coeur le prochain pas à faire; qu'elle explore l'agonie du mental récalcitrant et accepte cela comme une invitation à une nouvelle croissance.

S: «Lorsque tu fais une suggestion thérapeutique, si tu penses que tu possèdes «la seule vérité», tu ôtes à ton patient la possibilité d'explorer et d'accéder lui-même à cette conclusion. Tu lui donnes «la» solution et l'encourages à ne plus poser de questions. Certains thérapeutes ont une extraordinaire confiance en eux-mêmes. Ils ont eu quelques résultats spectaculaires, et en ressentent une fierté qui se répand sur leurs clients, ce qui provoque pas mal de confusion. Le thérapeute devient Dieu (ce qu'il est en réalité, mais pour de toutes autres raisons) plutôt qu'un pèlerin parmi les autres. Le thérapeute n'est qu'un autre rameur, embarqué dans le même vieux bateau, en route vers la liberté. Comme les autres il poursuit sa guérison. Si un de ses compagnons sur le bateau se sent un peu faible, tout ce qu'il peut faire c'est offrir un peu de son expérience et de son dévouement pour l'aider, de façon à ce que le navire garde le bon cap et reste dans le bon courant. Non pas submerger l'autre de sa supériorité et de sa force, mais explorer avec lui les jeux de cache-cache qui déguisent nos faiblesses derrière des apparences de force pour mieux échapper à l'harmonie naturelle que nous recelons au fond de nous-même. Nous ne pouvons qu'accompagner l'autre comme on accompagnerait un être cher, avec tendresse, jusqu'à la lumière de la prise de conscience.

Ce que tu as donné à cet homme fut peut-être exactement ce dont il avait besoin. Apparemment il avait un gros travail à faire, plus qu'il n'en était capable, et il a explosé.»

N : « Oui, je sais. Et je me sens furieuse envers lui. Comme s'il ne m'avait pas laissé l'occasion de faire mon boulot. Nous commencions à peine à voir quelques premiers résultats et puis il se tire sans laisser la moindre chance au processus entamé. »

S : « Oui. Et maintenant c'est toi qui es devenue le patient. En l'espace d'un instant tu deviens celle qui a l'esprit embrouillé, celle qui perd les pédales. C'est une expérience extrêmement utile si tu ne l'évacues pas trop rapidement. En explorant ce que tu ressens en ce moment, c'est le coeur de tous ceux avec qui tu travailles que tu as l'occasion d'explorer. Cela peut être très enrichissant pour toi, douloureux mais très utile. »

N : « Je connais ma tendance à être « équilibrée » et au-dessus de tout cela, à ne m'occuper que de ce qui va bien. »

S : « Cette tendance à rester bien contrôlée et « bien équilibrée » peut n'être qu'un masque cachant des sentiments d'impuissance. C'est au contraire la capacité de lâcher-prise qui procure la force de l'harmonie et libère du besoin de contrôler. C'est la confiance en cette partie de nous-même qui « ne sait pas » qui permet à la vérité d'émerger et à l'intuition de trouver sa juste place. Paradoxalement, ce sont tes modèles, ton savoir, ta formation, qui t'empêchent de devenir la thérapeute que tu as toujours voulu être. Toute formation est une invitation à dépasser l'enseignement donné. C'est l'effort nécessaire pour atteindre le stade où tout devient facile. Il n'y a pas de règles à suivre. Seule l'intuition du coeur procure le geste et le mot appropriés, fluctuants au gré de chaque instant. »

N : « Je n'ai aucune envie de m'accrocher à cette tendance à me maintenir sous contrôle, et je n'ai certainement aucun souhait de transmettre cela à ceux qui s'adressent à moi pour obtenir de l'aide. Mais dans ma vie j'ai été peu encouragée à renoncer, à abandonner ce que je savais, ou à rechercher une vérité plus profonde. »

S : « Ce vieux désir de contrôle et ce besoin d'aider les autres constituent des obstacles à ta propre guérison. Remarque à quel point ce désir de contrôle est profondément ancré en toi. Il te faut l'accepter, si tu ne veux pas que cette crispation continue dans l'ombre à tenir les rênes de ton être. Ton lâcher-prise ne serait qu'un trompe-l'oeil pour ce qui en réalité n'est qu'une mise à l'écart volontaire. Lâcher-prise signifie «lâcher le contrôle», c'est-à-dire «permettre d'exister», accepter ce qui est. C'est un moyen très puissant de s'ouvrir à la prochaine étape dans l'inconnu. Mais on ne peut lâcher-prise sur ce qu'on n'a même pas encore pleinement reconnu. Si j'étais toi, je m'assiérais calmement et laisserais émerger ces sentiments d'impuissance pour mieux les examiner. Peut-être cela sera-t-il désagréable et penseras-tu : «Comment ai-je pu être une thérapeute ?» Mais cette question, tous se la sont posée, même les plus doués et les plus aimants parmi eux, et ils en ont trouvé la réponse dans leur coeur, à l'écoute de l'autre. Ils travaillent non pas sur base de leur savoir, mais depuis ce lieu en eux-mêmes qui «ne sait rien» et qui est ouvert à tout. Chaque patient est pour eux un miroir reflétant l'immensité de leur propre nature. Pour ces thérapeutes-là chaque rencontre avec un patient est un travail réciproque de guérison et de croissance. Va vers la vérité, au-delà du mental. L'amour est la passerelle obligée.»

N: «Ma première réaction fut : «Je laisse tomber cette profession».

S: «Bien entendu, les vendeurs et les plombiers n'ont pas le même genre de problèmes. Mais c'est peut-être pour cela que tu es rentrée dans cette profession.»

N: «Oui, je suppose. Je savais que tôt ou tard quelque chose de ce genre pouvait arriver. Mais je ne pensais pas que je serais mêlée de cette manière à un meurtre et un suicide.»

S: «Si tu fais ce boulot, tu dois être prête à toute éventualité. Lorsqu'on travaille avec la souffrance, les choses peuvent prendre n'importe quelle direction. Et ce ne sera pas toujours pour te confirmer dans ton rôle de sauveteur. Tout cela est une question de travail sur toi-même.»

N: «C'est là mon point faible. Comment une chose pareille fut-elle possible ? Je n'avais pas le moindre soupçon que cela pouvait se produire. Je savais qu'il était capable de se suicider, mais je n'imaginais pas qu'il pourrait tuer quelqu'un... Je suppose que c'est une question de juste perception de sa souffrance et de son angoisse.»

S: «Voilà l'endroit délicat où tu hésites à examiner ta propre douleur. Tu te dis : «Grands Dieux, je n'ai aucune envie de mettre mon nez dans toute cette merde !», mais en réalité tu ne pourras t'en débarrasser que si tu permets à ces émotions d'éclore et de fleurir en toute quiétude, afin que tu puisses relâcher le contrôle et te laisser être aussi dérangée que les autres. Et ce faisant, du fait que ton regard sur toi-même ne comporte aucun jugement mais seulement un désir de mieux connaître les mécanismes pervers du mental, alors fleurissent également les qualités du coeur. Toutes les peurs, les colères, toute la détresse et même la rage sont libres d'aller et de venir dès lors qu'on est disposé à les voir, qu'on y est ouvert, ce que probablement ton patient n'est jamais parvenu à faire. C'est la prise de conscience elle-même qui se chargera de la dissolution et autorisera la guérison.

Dans un sens, c'est lui ton thérapeute maintenant, ton accès à toi-même. Il te met en contact avec tous ces coins où subsistent des peurs, des crispations, des besoins d'être quelqu'un, d'avoir raison, d'être bon, de garder le contrôle. Et là tu fais l'expérience de ce vaste espace où on ne sait plus rien, où on coopère avec la vérité qu'on rencontre dans le regard des autres.»

N: «J'entends ce que tu me dis, et c'est probablement ce qu'il me faut, car je suis vraiment ébranlée par la manière dont il a tué ces gens. Tu sais, je l'ai vu juste quelques jours avant, et le vendredi il est entré dans la pièce où se tenait sa femme, assise auprès d'un homme en chaise roulante. Il a dû croire que cet homme était son amant, mais en réalité c'était un thérapeute qui était là pour l'aider. Elle reçut trois balles en pleine poitrine, des coups qui auraient pu être fatals mais qui par chance ne le furent pas. Et cet homme qu'il croyait être son amant est mort. Elle avait fondu en larmes sur son épaule, et le mari a cru qu'il y avait quelque chose entre eux. C'est assez confus, mais toujours est-il qu'elle est gravement blessée et que mon client et l'autre thérapeute sont morts.»

S: «Et bien, il semble que ton travail avec lui ne soit peut-être pas tout à fait terminé, au moins en ce qui te concerne. Que fais-tu pour clôturer ta relation avec lui ?»

N: «La nuit d'après j'ai eu une conversation avec lui. Mon

partenaire professionnel a joué son rôle et je lui ai parlé, j'ai crié, hurlé, pleuré. Ensuite j'ai demandé à mon collègue de jouer le rôle de la mère de mon patient, puis de sa femme, et d'autres personnes encore. Je n'ai plus refait cela depuis. J'ai vraiment beaucoup de mal à prendre des initiatives toute seule.»

Nous avons alors échangé quelques points de vue sur cette méthode plutôt «clinique», et sur son utilité pour entrer en contact avec certaines émotions. Mais en creusant davantage je lui suggérai d'essayer une voie un peu moins rationnelle. Quelque chose de moins familier, de moins contrôlable. Simplement visualiser son patient et lui adresser des souhaits de bonne continuation. «Nous ignorons ce qui se passe exactement après la mort, mais leur souhaiter d'aller bien ne peut pas leur faire de tort.» Qu'elle fasse pour lui une méditation du pardon. Commencer en lui envoyant son pardon. Le sentir dans son coeur et l'encourager à s'ouvrir également et à se pardonner à lui-même. «Ce n'était qu'un moment très pénible, mon ami. Maintenant c'est terminé, tout à fait terminé.» L'encourager à ouvrir son coeur, à aller vers la lumière. Maintenant il n'y a plus aucune raison de s'accrocher à cette souffrance. Qu'il laisse aller tout cela et qu'il essaye de se pardonner. Et que Nancy écoute ce qu'il pourrait avoir à lui dire. Sans être trop rationnelle. Qu'elle fasse partie de la thérapie, sans faire la thérapeute. Laisser la guérison s'introduire au plus profond de l'être. Le pardon à lui-même, à elle-même, à cette souffrance, à cette vie déchirée. Qu'elle comprenne que d'une certaine manière il est toujours son client, mais son travail n'est plus de l'aider à mieux s'intégrer dans la société. Son travail est de lui rappeler ce qu'il a de beau en lui et la grandeur de sa vraie nature. Là aussi c'est une «thérapie réciproque», même si le contact n'est plus aussi direct que lorsqu'il était assis dans son bureau. Mais si elle lui avait dit alors : «Va vers la lumière,» il aurait probablement répondu : «Quelle lumière ? De quoi parles-tu ? Es-tu devenue folle ou quoi ?» Il est important de comprendre que plus il était convaincu d'être son corps, plus il risque d'être en ce moment en pleine confusion si la mort est, comme elle semble l'être, une continuation après le retrait hors du corps physique. Et même si ceci était totalement erroné, ce serait au moins une guérison pour elle et une étape importante dans le processus de son deuil. L'inviter depuis son coeur, avec son coeur, à poursuivre sa route dans la lumière et l'amour.

Je me rendais compte que ceci représentait plus que ce que Nancy attendait de moi. Et je lui demandai si ce n'était pas trop, si je n'allais pas au-delà de ce qu'elle était disposée à entendre, si cela lui semblait d'une quelconque utilité. Elle répondit : «Cela me paraît un peu fou, mais j'ai en même temps le sentiment que c'est juste. Je suis prête à m'y mettre.»

Je lui suggérai de le visualiser le plus clairement possible, en faisant quelques respirations lentes et profondes, centrée dans son coeur. D'inspirer en se chargeant d'énergie d'amour, et d'expirer en dirigeant cet amour vers lui. De l'encourager à s'ouvrir à l'amour et au pardon, tant envers lui-même qu'envers les autres. De ne pas hésiter à utiliser son prénom. Mais d'y aller de manière décontractée, sans forcer une approche particulière. «Tu ne peux rien faire de mieux que de l'encourager, quelques minutes chaque jour, à comprendre qu'il est dans un processus évolutif. Qu'il est ce qu'il pense être, et qu'il ne tient qu'à lui de modifier sa perception, de s'ouvrir à d'autres dimensions de lui-même. Ce que tu partages avec lui en ce moment est aussi important que tout ce que tu as fait avec lui précédemment. Rappelle-lui d'être bon avec lui-même, et cela est valable pour toi également. Parle-lui comme si tu parlais à ton propre enfant.»

Nancy m'expliqua quelques antécédents aux problèmes de son patient, notamment la mort de son fils, deux ans auparavant, dans un accident de voiture. Il n'avait jamais vraiment pu l'accepter. Elle pensait que l'approche que je lui suggérais aurait pu être utile à son patient également pour maintenir le contact avec son fils et clôturer sa relation de façon à éviter l'impitoyable torture et culpabilité du mental.

S : «Vas-y et vois ce qui se passe. Et sois à l'écoute de ce qu'il te répond. Il se peut que tu sois perplexe ou que tu n'entendes rien, et puis qu'un autre jour tu ressentes une paix profonde. Tu peux lui être au moins aussi utile qu'avant. Je sais que cela paraît étrange, mais cela recèle pourtant une réelle possibilité de guérison. Je me rends compte qu'il y a beaucoup de tristesse en toi.»

N: «Oui, je me sens triste et angoissée et bien d'autres choses encore. Comme tu disais, c'est «toute la gamme» des émotions que je commence à ressentir plus clairement.»

S: «Bien. Pleure pour lui, si tu en as envie, et pleure pour toi aussi, car tu penses avoir commis une erreur. Mais cela est inexact, tu n'as fait que suivre tes meilleures intentions. Rien à blâmer. Tu as fait ce que tu pouvais faire. Le mental continuera ses petits jeux de culpabilité encore des milliers de fois; il est donc bon de saisir les occasions de voir ce qu'il y a autour, d'explorer la nature même de la culpabilité et ses limites, ses points de rupture. De sorte que si tu travailles avec quelqu'un sur la culpabilité, tu ne te réfères pas à l'une ou l'autre théorie, mais au coeur même de la question, à ta propre expérience.»

N: «Cela m'a l'air tout à fait juste, en effet. Tu sais, j'ai encore un autre mari jaloux parmi mes clients, et ma première réaction, lorsque j'ai appris cette affaire, fut de vouloir l'envoyer chez quelqu'un d'autre. Mais je réalise maintenant que je suis peut-être exactement la personne qu'il lui faut.»

S: «Si tu travailles toi-même tes jalousies, tes peurs, tes mécanismes de défense, alors en effet tu seras la meilleure thérapeute possible pour cet homme confronté aux mêmes difficultés. Cela revient toujours à la même méthode braille: tant que nous n'avons pas recouvré la vue complète, nous devons progresser à tâtons, tout en pratiquant le pardon total et l'auto-analyse afin de nous rapprocher de notre être profond. S'ouvrir et faire confiance à notre intuition; rester détaché du résultat. Tout ce que tu fais n'est essentiellement qu'une occasion de travailler sur toi-même, d'approfondir ta réceptivité, d'ouvrir ton coeur, de relâcher toute peur et tout «savoir», qui n'ont qu'un seul effet c'est de te maintenir isolée.»

N: «Merci pour ces réflexions, ce fut très utile. Je te rappellerai pour te tenir au courant.»

Dans les années qui suivirent cet événement, Nancy a fait d'énormes progrès comme thérapeute. Son style a sensiblement évolué; elle est devenue davantage ce qu'on appelle une «kalayana mita» ou «amie spirituelle» — un concept utilisé chez les bouddhistes d'Asie du sud, qui considèrent que l'idée de «maître» ou de «gourou» quelque part renforce la séparation et le sentiment d'être inférieur, d'être un patient ou un disciple plutôt qu'un compère sur le même sentier, confronté à ses limites et ses leçons spécifiques, et dont chaque pas fait progresser notre guérison collective.

Chapitre 7

REPRENDRE LA VIE APRES UNE GUERISON

KELLY, PATIENT CANCEREUX

Au printemps dernier nous eûmes des nouvelles de Kelly, un patient cancéreux de trente-deux ans avec lequel nous avions déjà travaillé pendant quelque temps. Il pratiquait la méditation afin de se laisser totalement pénétrer par la guérison et faisait de constants progrès dont il venait occasionnellement rendre compte dans nos séminaires. Au milieu de l'hiver il avait appelé pour nous dire que «les méditations et les traitements, ou au moins l'un des deux, donnaient d'excellents résultats», et qu'il était très confiant dans son rétablissement total. En mars il nous écrivit : «Ce fut un long parcours, mais il semble bien que je puisse rentrer chez moi très prochainement.»

Ce jour-là, il appela pour dire que tout s'était bien passé, que sa radiothérapie avait pris fin quelques semaines plus tôt, mais que maintenant il ressentait «un grand vide en lui».

K: «Ce fut rude. J'ai eu toutes sortes d'effets secondaires, comme des nausées, des diarrhées, etc. Cela m'épuisait mais je pense que j'ai assez bien supporté. C'est en tout cas ce que disent les médecins. Et le traitement semble avoir bien marché. Ils avaient découvert une nouvelle tumeur dans le système lymphatique, de la dimension d'un oeuf environ, et à la fin du traitement, mercredi dernier lors d'un contrôle aux rayons X, elle avait complètement disparu.»

S: «Donc il n'y a plus aucune trace de cancer dans ton corps ?»

K: «Non. Pour l'instant je suis propre.»

S: «Super ! Tous les obstacles ont disparu de ta vie alors.» (Rires) «Tu as déjà oublié le nom du radiologue, je suis sûr !» (Nouveaux rires.)

K: «Oui, ma mission sur Terre n'est pas terminée. En réalité, c'est de là que me vient cette sensation de vide. Ma moelle et les cellules blanches dans mon sang ont retrouvé leur état normal, ce qui veut dire qu'il n'y a plus de danger d'infection. Je peux retrouver ma place dans le monde parmi les autres. Il va donc falloir que je définisse ce que je veux faire maintenant.»

On devinait dans la voix de Kelly le conflit intérieur entre cette période heureuse de guérison et de lien étroit avec la vie, et d'autre part l'indispensable réinsertion dans la vie «normale». Il en résultait une crise d'identité comme nous en avons vues plusieurs chez des personnes sortant guéries d'une longue maladie.

K: «Tu sais, je me sentais si bien ! On m'avait offert un boulot de moniteur de plongée, et je m'étais complètement branché là-dessus. Mais j'ai appris qu'un de mes poumons avait été endommagé, qu'il avait rétréci de dix-pour-cent et qu'il fallait que je me repose quelques semaines. Cela m'est vraiment pénible, car je comptais partir et aller plonger tout de suite. Mais à l'évidence il y a là un message qui me demande de rester au calme et de réfléchir à ce qui m'est arrivé et à ce que je veux faire maintenant.»

S: «Donc, le traitement est terminé. Les symptômes ont disparu. Et il faut une fois de plus se tourner vers les causes de tout cela. Que vas-tu faire ?»

K: «Et bien, c'est assez bizarre, car durant tout le traitement je suis resté fort actif. J'ai continué à courir et à faire un peu de plongée. Et maintenant je dois vraiment rester au repos et laisser tout tomber, alors que le problème du cancer est résolu.»

Nous avons exploré les perspectives possibles pour les mois à venir, puisque sa période de convalescence ne durerait que quelques semaines et que bientôt il se sentirait d'attaque pour courir le monde comme il ne l'avait plus fait depuis bien longtemps.

K: «Je suis dans un temps mort maintenant, car je n'ai plus la structure et la régularité que m'imposaient les séances de radiations. Cela me donnait chaque jour l'occasion de rencontrer des gens vraiment super.»

Nous avons constaté ensemble que les nausées des traitements avaient cédé la place à un autre type de nausée. Il dit encore que s'il se réjouissait de ne plus avoir à se plier à un régime alimentaire particulier, cela l'énervait néanmoins de constater qu'il se sentait surtout attiré par le sucre, le fast-food et la bouffe malsaine.

K: «C'est presque comme si je cherchais à remplir ce vide causé par le départ du cancer. Cette boulimie irrésistible va bien au-delà du besoin de manger. Cela m'effraye. Il faut que je choisisse, soit je m'accorde une période où je ne mange que le genre de choses avec lesquelles je me sens en accord, quitte à faire un sérieux travail sur moi, soit je continue à ingurgiter stupidement tout ce qui me passe sous la main comme sucrerie et autre saloperie. On dirait que je cherche à combler ce qui manque dans ma vie. C'est dur ! Par moments la vie me paraît très creuse. Hier je me suis dit : «Je n'ai pas de famille, je n'ai pas de maison, je n'ai pas de boulot, pas même une passion motivante.» Je ne sais pas où aller. Je n'ai aucune idée de ce que je vais faire.»

S: «Très bien, il n'y a pas besoin d'émettre un jugement là-dessus. Prends en note, tout simplement. Aucun blâme. Ce n'est que le mental qui se dirige vers d'autres satisfactions. Peut-être la nourriture représente-t-elle le monde pour toi maintenant, ce qui t'était inaccessible avant et qui maintenant est là, à profusion. As-tu peur de t'empiffrer ? Crains-tu que le monde ne soit bon qu'à te donner plus de diarrhée et à te rendre malade ? Tu entames une nouvelle relation avec un monde neuf, un monde où tu n'es plus un malade du cancer.

Le malade est mort et tu te retrouves avec les désirs et les questions que la maladie avait temporairement détourné de ton attention. Te revoilà nouveau-né à refaire des premiers pas hésitants dans le monde.»

K: «Oui, c'est un peu comme si MacDonald était mon père et Dairy Queen ma mère. (Rires) Et je ne suis pas sûr du tout d'avoir envie de rentrer à la maison !»

S: «Il te faudra peut-être adopter de nouveaux parents. A moins que tu ne parviennes à aimer les anciens sans attendre d'eux qu'ils te donnent tout ce dont tu as envie.» (Rires)

K: «C'est amusant que tu parles d'adopter de nouveau parents. En fait je me sens un peu orphelin. Je devrais me sentir heureux d'être enfin débarrassé de ce cancer, et je me sens au contraire démotivé et sans direction.»

S: «Serais-tu orphelin de ton cancer ? Aurais-tu perdu ton identité de «malade du cancer ?»

K: «Cet hiver fut vraiment difficile, mais en même temps je me sentais moralement en très grande forme. Me rendre dans cet endroit et rencontrer tous ces autres malades fut vraiment extraordinaire. Il y avait une petite fille qui me fendait le coeur. Je la voyais tandis qu'elle poursuivait son traitement semaine après semaine, et puis un jour elle n'était plus là et je ne sus qu'une semaine plus tard qu'elle était morte. Je sentis quelque chose se déchirer dans ma poitrine. C'est comme si toute la résistance que j'avais en moi s'effondrait soudain. Quelques jours plus tard j'ai eu le sentiment d'aller au-delà de ma vie, vers quelque chose de plus universel. Une bonne partie de ma peur de la mort mourut avec elle. Mais en ce moment j'ai presque l'impression que cette peur m'est revenue. Ou plutôt je vois maintenant que ce n'était pas la mort mais la vie qui m'effrayait.»

S: «Penses-tu que tu aies besoin du cancer pour être «quelqu'un» ? Peux-tu envisager de laisser tout cela au passé ? Tu n'as plus besoin de ce cancer. Tu m'as dit plusieurs fois dans le passé combien cette expérience t'avait enrichi et combien tu te sens proche des gens comme jamais auparavant. Il se peut que tu finisses par faire un travail bénévole dans un hôpital. Ta nouvelle voie peut en être une au service des autres. Peut-être auras-tu l'occasion de t'occuper de la prochaine petite fille qui vient se faire irradier. Ton expérience est inestimable. Au milieu de toute cette souffrance et cette détresse le moindre petit rayon d'amour a un tel pouvoir !»

K: «Oui, cela me paraît juste, mais j'ignore quelle direction je dois prendre. Je me sens complètement déboussolé.»

S: «Le sentiment d'urgence a disparu de ta vie. Il arrive que des patients sortant d'une phase «terminale» se sentent perdus: la chose qui avait le plus d'importance dans leur vie — guérir — a soudain disparu. Certaines personnes, deux ou trois ans après avoir été «en phase terminale», m'ont dit que l'intensité de leur vie avait progressivement diminué lorsque la perspective de leur mort s'était estompé. Pour toi aussi, la mort a cessé d'être un miroir de la vie.»

K: «Cet hiver, au service de radiation, les gens, les techniciens, tout le monde était vraiment super-chouette, même les médecins. C'était une excellente expérience, à bien des égards. A un certain moment j'ai eu l'occasion de parler avec un groupe d'infirmières. Elles avaient appris que j'avais suivi plusieurs traitements «parallèles», et elles voulaient que je vienne leur en parler, ce que j'ai fait. C'était super, car cela me donnait l'occasion de mettre mes propres opinions au clair et de les exprimer en mots. Je pense en effet qu'il y a là quelque chose qui me conviendrait bien.»

S: «Kelly, tu me disais que dans le passé tu avais été désespérément à la recherche d'un «maître». Que toutes ces années de yoga ne t'avaient pas permis de «percer» comme tu disais. Que tu avais prié pour trouver l'enseignement qui te mettrait davantage en contact avec ton être profond. Alors vint ce cancer, et tu fus forcé de reconnaître l'emprise de ton mental et l'étroitesse de ton coeur. Le cancer t'a ouvert à la vie. Mais, tu sais, l'enfer n'est pas indispensable pour te mettre en contact avec ton coeur. L'enfer n'est qu'une forme de résistance, de toute manière. Le cancer fut ton maître pour un temps, et peut-être te sens-tu déchiré du fait de son départ. Mais tu n'as plus besoin de ce maître ni de son enseignement. Le cancer n'est pas la voie. La voie c'est toi. Et régulièrement tu marcheras sur tes accotements et frôleras tes limites, ces endroits où tu commences à te crisper. Et tu verras si tu approches la vie avec peur ou avec confiance. Laisse ton maître s'en aller. Remercie ton cancer pour l'enseignement qu'il t'a donné et passe à l'étape suivante, à cette unité que tu ressens si souvent avec les autres.»

K: «Tu sais, quand j'étais avec ces infirmières, je me suis surtout efforcé d'être disponible, je ne pensais pas du tout à ce que j'allais dire. J'ai parlé deux heures et puis j'ai encore répondu pendant une heure à leurs questions. Elles avaient l'air enchanté. J'aurais bien aimé rencontrer quelqu'un comme moi il y a deux ans, lorsque j'ai appris que j'avais le cancer. Quelqu'un d'ouvert aux alternatives thérapeutiques, et disposé à voir cette expérience non pas comme une tragédie mais comme une école extraordinaire. Cela aurait modifié toute mon attitude dès le départ. Les infirmières sont venues me voir après la causerie et m'ont demandé de revenir quelques mois plus tard pour témoigner à un séminaire qu'elles organisaient pour d'autres infirmières. Ce sentiment d'unité était très puissant lorsque j'étais avec elles.»

S: «Il semble que l'enseignement soit bien passé. Je crois qu'il n'y a pas grand chose de plus à ajouter. Le moment est venu pour toi de t'installer dans ta nouvelle vie et d'intégrer ce que tu as appris. A chaque fois que nous parlons ensemble je me rends compte que tu es plus disponible, plus présent.»

K: «Oui, je suppose que j'ai appris pas mal de choses. Les premières fois que j'allais en clinique pour mon traitement, je ne le voyais pas comme cela du tout, car à chaque fois j'étais brutalement confronté au mot «cancer», aux appareils médicaux et aux grands immeubles. Ils te donnent un certificat de «patient cancéreux», une carte d'accès au «parking des patients cancéreux», tu vas au bâtiment du «service de cancérologie», on te donne une carte de crédit pour le payement de tes traitements en cancérologie, et en peu de temps je devins très à l'aise avec ce mot «cancer». Au départ c'était assez effrayant et déshumanisant, mais j'ai fait des progrès depuis cette première fois où nous avons parlé ensemble. Et en faisant les navettes vers l'hôpital, je surveillais ma respiration et notais attentivement les pensées qui émergeaient en moi autour de ces sentiments. Observer ma respiration était presque comme si je regardais dans une boule de cristal. Je voyais clairement les égarements qui se produisaient dans ma tête. Toutes mes peurs, mes doutes. Au début les techniciens me paraissaient froids et inhumains, mais bien vite je me suis rendu compte que je devais m'ouvrir à eux si je voulais vraiment traverser cette expérience en profondeur, et l'intégrer dans ma vie en rejetant toute idée de séparation. Et un jour j'ai laissé tomber mon ancienne manière de voir les choses et, suivant ton conseil, j'ai visualisé les radiations comme s'il s'agissait d'une émanation de l'amour universel, une forme parmi d'autres que prenait l'énergie universelle. Les techniciens m'ont installé, puis ont quitté la pièce et m'ont observé pendant le traitement à travers cette vitre spéciale, et je continuais à développer cette sensation de connexion profonde avec l'univers. Lorsqu'ils revinrent ils me parurent transformés. Ils me demandèrent de quel coin j'étais, et nous finîmes tous les quatre, les techniciens et moi, en bavardant gaiement et en riant. C'était incroyable. J'ai dû me forcer à les quitter, car je n'en revenais pas que mes efforts d'ouverture intérieure aient eu des résultats aussi immédiats dans ce lieu dont je croyais qu'il ne pouvait receler que cancer et maladie. Que l'amour pouvait être présent, au sein même de cet environnement dépressif. Et à partir de ce moment cela n'a plus changé. Je me suis fait une foule de bons amis. Ils y font un boulot vraiment très intense. Un boulot merveilleux, plein d'amour.»

S: «Tu étais simplement ouvert à leur beauté. Tu étais au-delà de celui qui avait le cancer. Tu touchais l'être profond, ta nature essentielle, qui est ressentie comme un état d'amour et d'unité avec tous les autres.»

K: «Tu sais, j'ai toujours été un sportif, me considérant

comme costaud et capable de supporter des situations physiquement éprouvantes. Mais lorsque j'ai eu ce cancer j'ai commencé à détester mon corps, et j'apprends maintenant qu'il y a en moi d'autres forces que celle du muscle. Peut-être bien que je n'ai plus besoin de ce cancer ! Il est probablement temps pour moi de me jeter à l'eau ! J'ai l'impression que cela fait partie de la leçon: il faut que je partage ce que j'ai appris avec ceux qui se débattent dans les mêmes difficultés.»

S: «Pendant ta convalescence, dans les semaines qui viennent tu peux prendre le temps de réfléchir à cette prochaine étape. Quel genre de service ou de jeu te conviendrait. En fait tu pourrais t'amuser à faire le bouddha secret pendant quelques temps. Il y a un travail invisible à faire qui serait d'une grande utilité pour beaucoup de gens. Si cela te tente, tu pourrais aller à cet hôpital où tu te rendais pour ta thérapie et t'asseoir dans la salle d'attente parmi toutes ces personnes souffrantes ou inquiètes pour l'un ou l'autre proche qui vient d'être admis en urgence. Pas besoin de prononcer un mot. Tu t'installes derrière une revue, tu fermes les yeux et tu envoies à tous ceux qui sont autour de toi des pensées d'amour, de tendresse, de compassion. Emplis la pièce de ton amour. Vois ce que cela donne. Parle-leur dans le silence de ton coeur. Dis-leur que ce qui leur apparaît comme une tragédie dans l'immédiat peut s'avérer être une grande opportunité pour progresser dans la vie. Tu le sais mieux que quiconque. Combien de personnes pourraient l'affirmer aussi sincèrement que toi ? Permets simplement à cette présence d'amour que tu ressens si souvent de rayonner vers tous ceux qui en ont besoin — le type qui grille sa dixième cigarette, la femme qui semble absente et fixe ses mains. S'il y a un endroit dans cette ville, ou dans n'importe quelle ville, qui a besoin de paix et d'amour, c'est bien la salle d'attente au service des soins intensifs ou des urgences.»

K: «Je me suis posé la question à propos de ce partage de mon expérience, et je ne savais trop comment m'y prendre. Avec les infirmières, je n'avais qu'à leur raconter ce que j'avais fait et ce que j'avais ressenti. Il semble que les gens aient un tel besoin de quelqu'un qui puisse les inviter à être davantage dans leur expérience, à explorer leur peur, à dépasser la simple question du «qu'est-ce que j'ai ?»

Deux semaines plus tard Kelly rappela pour dire combien il s'était amusé lors de ses visites régulières dans la salle d'attente. Il dit : «C'est peut-être la seule chose que je fasse vraiment bien, rayonner de l'amour.» Et il ajouta en riant : «C'est un boulot dingue, mais il faut bien que quelqu'un le fasse.»

Nous avons parlé alors de la possibilité de suivre une formation en thérapie respiratoire, de façon à ce qu'il puisse aider ceux qui sont dans une situation de panique — celle de ne plus pouvoir respirer. Sa voix véhiculait pleinement toute la générosité de son coeur. Il n'était pas «occupé à aimer», il «était», tout simplement. Et l'amour rayonnait dans toutes les directions. «Tu sais, même ce poumon crevé voulait probablement m'apprendre à quel point je pouvais approfondir ma respiration si seulement je pouvais me laisser être moi-même.» Il termina en disant : «C'est vrai, je n'ai plus besoin de mon cancer. Mais je l'appelle encore toujours «mon cancer». Je pense que la leçon suivante c'est de renoncer à souffrir, d'arrêter de me mettre en enfer.»

Un séminaire de méditation et deux aventures amoureuses plus tard, Kelly appela pour dire : «J'ai trouvé ma nouvelle voie. Je vais monter un centre d'écoute pour ceux qui sont en attente de leur traitement au service de radiologie. Hier j'y suis allé, et j'étais appuyé contre un de ces lits roulants, bavardant avec un type au sujet d'un article dans le magazine Life qu'il tenait en main, lorsque soudain ce qui était réellement en train de se produire m'apparut avec une limpidité parfaite: j'étais lui, et ce dont nous parlions n'avait en réalité rien à voir avec ce magazine. Nous étions simplement deux personnes vivantes. Cela peut paraître simpliste, mais nous étions la Vie elle-même, nous étions tout. Nous étions la prolongation l'un de l'autre. Ma moitié de notre corps avait déjà eu sa radiation, et sa moitié était sur le point de la recevoir. J'étais exactement là où je devais être. J'ai déjà parlé au directeur de l'hôpital du projet de me mêler aux personnes qui attendent leur tour au service de radiologie, et il a dit «faisons un essai».

Aujourd'hui, quelques mois plus tard, Kelly poursuit son travail avec les nombreux patients inquiets qui poursuivent ce traitement. Son rôle de «bouddha secret» va de la distribution de revues ou d'une partie d'échecs à la lecture pour ceux qui sont plus gravement atteints, ou encore rester simplement assis en caressant doucement le front d'un patient, ou en lui chantant silencieusement le pouvoir de guérison de l'amour. Nous l'appelons le «lutin du coeur des rayons-X».

Chapitre 8

APPRIVOISER LA DOULEUR

ANONYME, PATIENTE CANCEREUSE

Un jour nous reçûmes un appel d'une femme qui exprima le souhait de rester anonyme. De toute évidence elle appelait de loin. Elle «envisageait le suicide», nous dit-elle, et ne voulait pas que quiconque s'y oppose. «Mais je veux mourir en terminant au mieux mes affaires. Pouvez-vous m'aider ? Etes-vous disposés à m'aider ?»
Elle me révéla qu'elle souffrait d'un cancer avancé de la moelle qui avait atteint également ses poumons.

S: «Comment vous sentez-vous face à la mort ?»
A: «Je suis prête. Je voudrais mourir rapidement.»
S: «Pourquoi ?»
A: «Parce que je n'en peux plus. C'est la déglingue. Tout semble aller de mal en pis.»

Nous avons parlé des alternatives disponibles pour diminuer la douleur. Elle avait utilisé à un certain moment la mixture de Brompton, un composé assez efficace concocté à l'hospice de Brompton à Londres et contenant de la morphine, de la cocaïne, de l'alcool, et un produit chimique réduisant les nausées. De nombreux patients ont trouvé que cette mixture de Brompton était surtout utile lorsqu'ils décidaient de rentrer chez eux et que les piqûres n'étaient plus très pratiques. Mais pour elle, la mixture de Brompton, qui fut si utile pour tant d'autres, n'eut jamais d'effet vraiment convaincant. Elle l'avait utilisée sans respecter la régularité prescrite et indispensable pour alléger sensiblement et durablement la douleur. Nous avons creusé un peu cette nécessité de régularité qu'exigeaient tous ces remèdes, et avons ensuite parlé du régime plus récent et nettement plus répandu comportant un minutieux dosage de méthadone et un mélange à base de morphine. Ce remède, utilisé par de très nombreux mourants à domicile, diminue la douleur de façon spectaculaire.

A: «Je ne veux pas être assommée. J'ai peur de m'endormir pour me réveiller à l'hôpital, branchée sur une machine qui me forcera à traverser toutes ces douleurs atroces. Je préfère mourir tout de suite. Pourquoi prolonger tout cela plus longtemps ? J'ai des difficultés à parler et même à respirer à cause des tumeurs dans mes poumons. Je ne peux pas marcher parce que ma hanche est rongée par le cancer. S'il n'y avait pas cette douleur, je serais capable d'endurer cela jusqu'à la fin, mais là c'est vraiment trop.»

Il était clair que sa résistance à la douleur ne lui faciliterait pas l'approche de la méditation sur la douleur (voir les cinq méditations sur la douleur dans *Qui Meurt ?*). Néanmoins je sentis que, puisqu'elle en avait fait la demande, nous devions lui offrir tout ce dont nous disposions. «Risquons le tout pour le tout. Fermez les yeux et tentons une petite expérience. Cela ne prendra que quelques minutes. Il se peut que nous n'ayons jamais plus l'occasion de nous parler, donc allons-y.» A quoi elle répondit : «C'est pour cela que j'appelle.»

S: «Pendant que nous parlons là en ce moment, pouvez-vous sentir la tension dans votre corps ? L'endroit qui résiste ?

Laissez votre corps se détendre. Concentrez-vous sur cet endroit où se situe la douleur.

Relâchez les tissus tout autour, de façon à percevoir clairement cette sensation, mais veillez à ce qu'autour d'elle votre corps se détende.

Sentez comme la douleur se fait progressivement moins pointue, plus diffuse.

Laissez se détendre et s'ouvrir toute la région autour de cette douleur, les tissus, les muscles, la chair.

Ne résistez pas à la sensation de douleur. Percevez-la telle qu'elle est. Laissez-la flotter librement, sans tenter de la changer. Simplement détendre, assouplir.

Relâchez toute tension, relâchez doucement votre emprise.

Décrispez lentement les doigts serrés autour de cette sensation. Doucement, libérez la douleur, laissez-la flotter librement, comme une volute de fumée s'échappant d'un brasier.

Relâchez le corps qui s'est tendu autour de cette douleur. Laissez-le s'assouplir, la chair, les muscles, les ligaments. Relâchez la tension.

Laissez-vous pénétrer par cette sensation de douleur, bercez-la doucement, doucement.

Laissez cette sensation être simplement ce qu'elle est. Abandonnez toute résistance et laissez-la évoluer librement. Percevez son mouvement, son changement permanent. Voyez sa forme mouvante s'élever dans l'espace ouvert de votre corps.

Plus aucune résistance. Le corps est détendu et ouvert. La sensation est mouvante, évoluant d'instant en instant.

La plus grande partie de ce que nous percevons comme douleur n'est en réalité qu'une forte résistance face à une sensation d'inconfort.»

Après un long silence elle dit doucement : «Oui, je peux ressentir cela. Mais pourquoi est-ce ainsi ? J'ai toujours cru que si je me battais contre la douleur, j'aurais moins mal. Mais lorsque je me bats, c'est comme si je n'étais plus que douleur et résistance, et c'est diablement épuisant.»

S: «La peur est à l'origine de beaucoup de choses dans notre vie. S'il fallait donner un mot qui définisse l'enfer, ce serait «résistance». La douleur est là, le cancer est là, votre corps est là, mais si vous y regardez bien, vous constaterez que ce qui vous rend la vie intenable, ce qui vous donne envie de mourir, c'est toute cette résistance accumulée depuis longtemps sous l'effet de votre activité mentale.

Remarquez la difficulté que nous avons à nous détendre et à nous ouvrir pour permettre à la douleur de circuler un peu plus librement. Et tous ces efforts de résistance resserrent un peu plus encore les barreaux de notre cage, et nous éloignent davantage de la vie.

Je vous propose de vous ouvrir à cette douleur plutôt que de la laisser étouffée par la résistance du mental. Celui-ci saisit la sensation et en fait une question de survie, alors qu'il ne s'agit en réalité que d'une sensation d'inconfort, un moment parmi d'autres de votre vie, même s'il s'avère moins agréable.»

A: «Mais lorsque la douleur est aussi forte, je n'ai aucune envie de ce moment. Je veux mourir.»

S: «Mourir n'est pas différent de vivre. C'est maintenant que cela se passe. Et si vous vous y autorisez, vous pouvez atteindre ce stade où la résistance commence à faiblir. Vous pouvez relâcher en douceur votre emprise sur ce corps douloureux. La seule manière de le faire est la détente en douceur. Détendre, relâcher, décrisper, assouplir. C'est presque magique. Abandonner toute tension de façon à transformer cette expérience infernale en un moment de transition et d'abandon du corps.

En ce moment même, vous pouvez abandonner votre corps. Votre désir d'en finir vous met dans une position unique. Puisque rien ne vaut encore la peine d'être vécu, vous n'avez plus rien à perdre.

Prenez ce qui vous arrive comme une occasion d'explorer la vérité.

Lâchez-prise maintenant. Sans les médicaments. Sans suicide. En ce moment même. N'attendez pas que la mort vienne vous prendre. Ouvrez-vous à elle, c'est le meilleur moyen de vous ouvrir à la vie.

En fait, ce que je vous propose c'est que vous appreniez à mourir. Que vous accordiez à votre corps l'autorisation de mourir, en ce moment même. Que vous relâchiez également votre mental et vous ouvriez à toute la douceur que contient votre coeur.

Laissez le corps se détendre. Laissez-le fondre.

Il est parfaitement normal que ce soit douloureux par moments lorsque le corps se sépare. Mais vous n'êtes pas ce corps. Ce corps est malade, mais vous-même, votre être essentiel, n'est pas malade. La conscience qui entend ces mots n'est pas malade. La conscience qui perçoit la douleur n'est pas malade. Elle observe la maladie, elle a tendance à s'y identifier car elle a longtemps été conditionnée à se tromper sur la nature exacte de son identité. Elle s'imagine être ce corps malade et ces sensations douloureuses, mais en réalité celle que vous êtes, celle que vous avez toujours été, depuis bien avant votre naissance, n'est pas malade du tout.

Si vous pouvez vous détendre et prendre ne fût-ce qu'un millimètre de recul, de façon à mettre un minimum de distance entre la douleur et vous, vous apercevrez la conscience qui fait l'expérience de tout cela. Et comme la conscience de la douleur n'est pas la douleur elle-même, elle est ce qui existait avant que vous n'entriez dans ce corps et qui continuera à exister après que vous l'aurez quitté. Elle est immortelle.

Même avec de telles douleurs, il y a en nous des moments d'ouverture sur cet espace sans limite et sans contrainte.

Je sais que tout ceci peut paraître fort étrange et même peut-être inaccessible dans cet état d'inconfort qui est le vôtre, mais pourtant il y a en vous une dimension qui se situe au-delà du cancer, au-delà de la douleur.

Lorsque vous dormez, le corps peut être dans le même état d'inconfort, mais comme votre conscience n'est pas en contact avec lui, vous ne sentez pas la douleur.»

A: «C'est exact. Je ne ressens aucune douleur lorsque je m'éveille.»

S: «La douleur arrive-t-elle dès que vous commencez à penser à votre condition ?»

A: «Oui. Et à mesure que je m'éveille mon corps devient dur comme de la pierre, de la pierre en fusion. Chaque matin, dans les minutes qui suivent mon éveil, je me redis qu'il serait tellement mieux que je sois morte et que tout cela soit terminé.»

S: «Aussitôt que vous y portez votre attention, la résistance resserre sa poigne. La crispation autour de la sensation s'intensifie. C'est comme si vous serriez les doigts autour d'une braise ardente: plus vous serrez, plus vous vous brûlez. Alors que si vous encouragez cette main à se détendre et à s'ouvrir, il n'y aurait qu'un seul point de contact avec la braise, un seul endroit douloureux plutôt que votre être entier absorbé par cette douleur. Lorsque vous serrez la main autour de la braise, c'est l'ensemble de votre expérience de vie qui devient douloureuse, et non plus un seul aspect de cette vie.

Je ne veux en aucune manière minimiser la réalité de votre inconfort, je pense seulement qu'il y a moyen d'y faire quelque chose. Je ne dis pas que votre douleur est imaginaire, mais ce qu'elle représente réellement est peut-être moins pénible que toute cette tension qui l'entoure et l'amplifie. C'est la peur qui transforme cette sensation en un véritable enfer.

Le fait que je vous parle vous détend-il ? Comment ressentez vous votre douleur en ce moment ?»

A: «Elle diminue. Ou peut-être est-elle pareille, mais elle me pose moins de problèmes. Continuez.»

Nous avons entamé alors l'étape suivante qui consistait à explorer la douleur à travers la méditation. Lorsque la détente se fit plus profonde, je pus entendre sa respiration se faire plus lente, plus détendue, et la tension dans sa voix baissa également. Après une vingtaine de minutes de relaxation, d'ouverture et d'exploration de la douleur, de cette prison infernale qui l'avait poussée à des idées de suicide et de «sauve qui peut», elle lâcha : «AAhhh... Cela va beaucoup mieux. J'ai même l'impression que mes poumons se sont ouverts. Il y a une éternité que je n'ai plus respiré aussi profondément.»

Après une bonne heure de conversation, nous avons clôturé en abordant la question du suicide.

S : « Ce n'est pas à moi de dire ce qui est juste pour vous, ni pour personne d'autre. Mais j'ai le sentiment qu'agir sur la base de cette aversion ne ferait que la renforcer. Lorsque vous quitterez le corps physique, vous constaterez tout d'abord que vous n'avez jamais réellement été ce corps, et que nous avons cultivé en nous une capacité impressionnante de résistance non seulement à la douleur mais également à la vie elle-même, en lui fermant notre coeur par peur de souffrir. Combien de fois ne devrons-nous pas revenir dans un corps pour apprendre à nous ouvrir à nos peurs et à nos résistances ?

Ce n'est pas qu'il y ait un quelconque interdit moral contre le suicide, c'est simplement que cela semble être un choix peu intéressant. Chaque instant que vous pouvez consacrer à vous ouvrir, à vous relâcher, rachète et libère des années de crispation. C'est dans un moment comme celui-ci, lorsque le lâcher-prise est le plus difficile, que la moindre douceur, le moindre apaisement prend toute son importance. Chaque instant devient si précieux, même s'il s'avère être l'expérience la plus difficile de votre vie.

Vous faites là un travail que nous devons tous accomplir. Personne ne peut dire quelle est la bonne attitude. Il n'y a aucun reproche, aucun jugement. Mais le moment est peut-être venu où le travail de toute une vie trouve son accomplissement. Chaque jour a sa valeur. Non pas pour supporter davantage de souffrances, non pas pour s'endurcir, mais pour s'ouvrir, pour apprendre, pour relâcher ne fût-ce qu'une fraction de seconde, le temps de laisser pénétrer l'évidence que ce lâcher-prise est la seule chose qui compte réellement. Que le corps et le mental soient libérés, que le coeur puisse s'ouvrir, même à cette situation apparemment impossible. »

A : « La douleur est supportable en ce moment, mais je sais qu'elle reviendra, et alors je n'aurai plus qu'une seule envie, c'est de mourir. Puis-je vous appeler quelles que soient mes intentions ? Je veux dire, pourrais-je utiliser cette détente pour faciliter ma mort ? Pourrais-je me détendre dans mon suicide ? »

S: «Je sens bien cette attente craintive qui intensifie tant notre souffrance. Mais la détente, l'ouverture, vous aidera dans tout ce que vous faites. Et quoi que vous fassiez, nous sommes avec vous. Quoi que vous fassiez, sachez qu'aucun de vos actes ne peut vous exclure de votre être profond, ni de Dieu, même pas le suicide. Tout participe de la même union. Vous pouvez entrer dans la mort avec la même allégresse que celle avec laquelle vous accouchez et donnez naissance à un nouveau petit être. Si vous vous donnez la mort, faites-le avec amour et pardon envers votre propre geste. Car en effet il est bien difficile de naître dans ce monde et d'accepter de ne pas résister à la douleur. Non pas en vous apitoyant sur votre sort, mais avec une réelle acceptation. Plus votre décision est consciente, plus le résultat sera conscient.

La mort ressemble tellement à une naissance. Nous sommes bien en sécurité dans la matrice, et puis l'heure de vérité approche et nous ne pouvons plus rester, quelle que soit l'idée que nous nous faisons de ce qui nous attend. Lorsque nous sommes arrachés à la chaleur du placenta, nous émergeons à la vérité de l'autre côté. D'après mon expérience et ma compréhension des choses, au moment où nous émergeons de notre corps physique, la conscience se sépare de cette vieille carcasse, et nous découvrons alors que nous possédons un autre corps, identique mais plus subtil, et que c'est dans notre conscience que réside notre vraie nature. Ce que vous êtes réellement apparaît alors devant vous sous la forme d'une grande lumière. Cet instant vous offre l'occasion d'une fusion avec votre être essentiel. Ce peut être également un moment où vous découvrez le pouvoir du pardon, ou la valeur de l'amour. Dans les instants qui suivent le moment de la séparation du corps physique, vous pouvez ressentir la plus intense ouverture à la vie que vous ayez eu l'occasion de connaître.

Plus vous pouvez vous ouvrir à tout ceci, plus la transition sera facile, quoiqu'il arrive. Mais il vous est possible de lâcher prise dès maintenant, de découvrir en ce moment même la lumière de votre être essentiel. Votre désir de mettre fin à vos jours vous donne en effet la motivation nécessaire pour miser le tout pour le tout, pour ne plus vous raccrocher à rien. Mourez à votre peur, de façon à être d'autant plus présente à ce qui émergera lorsque vous quitterez le corps physique. Vous savez, dans le livre sacré hindou *La Bhagavad Gita*, il est écrit : «Si vous pensez que vous tuez, ou si vous pensez que vous vous faites tuer, vous ne me connaissez pas». C'est là une manifestation de notre nature divine exprimant le fait que nul ne naît et rien ne meurt.

Dans la mesure où nous croyons que nous sommes nés et que nous allons mourir, une notion comme celle du suicide devient une loupe nous permettant de voir à quel point nous tentons d'échapper à la vie. Et je ne prétends pas qu'à votre place je n'essayerais pas d'en faire autant. Je n'en sais rien. Je suggère seulement que vous mettiez ces jours à profit pour approfondir votre perception des choses, pour ouvrir votre coeur, pour vous décrisper et vous mettre au clair avec vous-même.»

Nous avons terminé la conversation par un «au revoir» plein d'amour et de tendresse. De toute évidence, sa décision n'était pas encore prise. Je ne pouvais que lui souhaiter une transition dans les meilleures conditions, quelle que soit la voie pour laquelle elle opterait.

Cinq jours plus tard elle rappela. «Je suis toujours là !» dit-elle en riant.

S: «Comment ont été ces cinq derniers jours ?»
A: «Ils furent très différents. Ma douleur est toujours présente, mais j'ai fait cette méditation trois ou quatre fois par jour et cela m'a beaucoup aidé. Ma respiration est un peu plus facile et ma douleur un peu plus supportable. Mais j'ai toujours peur de ce qui m'attend. Je pense que vous aviez raison — mon principal problème n'est pas la douleur ni même ma difficulté respiratoire, c'est la peur de ce qui va m'arriver après.»
S: «C'est toujours là notre limite, la peur de l'inconnu, notre attachement à ce qui nous paraît sécurisant dans l'immédiat, même si c'est l'enfer. Et cela risque d'être pareil au moment de la mort. Nous mourons comme nous avons vécu. Et si nous avons

peur, nous risquons d'avoir encore peur. Surprise: voilà que cela recommence ! Mais nous pouvons accueillir cette peur avec douceur et compréhension. Le courage n'est pas l'absence de peur, le courage réside dans notre capacité à accorder à notre peur sa juste place, sans nous crisper autour d'elle. La reconnaître, l'explorer, rester ouvert, c'est cela le vrai courage. Il peut alors y avoir de la peur dans le mental sans pour autant que vous soyez le moins du monde effrayée.

Depuis quand êtes-vous malade ?»

A: «Depuis deux ans.»

S: «Lorsque votre voix se casse, est-ce la douleur ou l'émotion ?»

A: «C'est l'émotion. Je crois qu'il y a autant de peur que de rage. J'enrage que Dieu me laisse dans cette situation. Tout se mettait si bien dans ma vie. Les choses semblaient s'arranger. Je pensais qu'enfin la vie deviendrait agréable. Et puis ce cancer m'est tombé dessus.»

S: «C'est parfaitement compréhensible que vous soyez enragée. Il n'y a pas lieu de juger ni de résister. Soyez seulement attentive à la façon dont cette rage et cette peur augmentent votre souffrance et votre sentiment d'isolation. Comportez-vous avec votre rage et votre peur exactement de la même façon qu'avec votre douleur physique. Vous vous y ouvrez, vous en prenez conscience, vous vous détendez autour d'elles. Vous les laissez flotter librement en vous, telles qu'elles sont, sans essayer de les changer. Et vous commencez à percevoir mieux l'espace dans lequel tout cela se déroule.»

A: «Oui. Ces deux derniers jours j'ai vécu des instants qui m'ont fort étonnée. Tout me paraissait bien, je ressentais une paix totale. Et je ne sais même plus si je ressentais encore de la douleur. Il y avait une certaine pression, il y avait une intensité, mais sans que je sache comment je me sentais bien. Est-ce à cela que ressemble la mort ?»

S: «Ce qu'est exactement la mort n'a pas grande importance. Vous la découvrirez de la même manière que vous découvrez l'instant présent. Exactement comme lorsque vous vous éveillez le matin, quand la peur n'a pas encore repris possession du terrain et que la douleur est encore assoupie. Comment ressentez-vous à ce moment-là cette ouverture, cette dimension plus vaste de votre être ? Cet état-là reste accessible à chaque instant, même dans les profondeurs tourmentées de la souffrance et du cancer. Si vous restez crispée autour de votre douleur, quel genre de réponse serez-vous prête à donner lorsque vous serez confrontée aux mondes inconnus qui vous attendent ? Vous savez, je pense que la mort n'est pas ce qui se passe lorsqu'on quitte le corps physique, la mort c'est lorsqu'en réponse à la vie nous fermons notre coeur et résistons à tout ce qui nous semble désagréable. D'une certaine manière, beaucoup de gens meurent bien avant de quitter leur corps, tandis que d'autres ne meurent jamais et restent conscients tout en cheminant à travers les méandres de leur vraie nature.»

A: «Par moments je peux comprendre cela. Lorsque je suis réellement capable de me détendre, je me sens plus vivante que jamais. C'est comme si j'étais en train de fondre. Je ne suis plus ce bloc rigide dans lequel me fige la douleur. Et le nouveau remède m'est également utile. Même si parfois j'en reste «groggy», je m'efforce de suivre la ligne que vous m'avez indiquée. Et curieusement, je me sens plus proche du monde et de mes enfants.»

S: «Avez-vous toujours l'intention de vous suicider ?»

A: «Je ne sais pas.»

Nous avons poursuivi et clôturé la conversation avec une méditation de détente, explorant une fois encore la douleur, ouvrant l'espace autour pour la ramener à sa juste dimension, de façon à pouvoir prendre les décisions les plus appropriées.

Durant les trois semaines suivantes, nous nous sommes parlé tous les deux ou trois jours. Sa capacité à travailler sa douleur était impressionnante. Son ouverture à la vie s'approfondissait. Elle me révéla que son nom était Cynthia. Quelques jours avant notre dernière conversation elle appela à quatre heures du matin, la voix étouffée par la douleur. Nous avons repris ensemble la méditation, amenant la conscience à s'étendre au-delà du corps, à s'ouvrir autour de la douleur pour la laisser flotter plus librement, et une fois de plus je pus entendre sa respiration s'apaiser et se faire plus profonde. Après une quarantaine de minutes durant lesquelles elle suivit la méditation sans exprimer un mot, elle dit : «Merci. Cela va beaucoup mieux maintenant. Je suis très contente d'être restée assez longtemps pour faire l'expérience de ce genre de lâcher-prise.»

Environ une semaine plus tard sa fille appela pour dire que Cynthia était morte deux jours plus tôt d'une mort naturelle, en tenant sa main. Ses derniers mots avaient été: «Je t'aime tellement. Prend bien soin de toi.»

Chapitre 9

A CHACUN SA MORT

GAELLE, INFIRMIERE AUPRES D'UN AMI MOURANT

Certains patients et thérapeutes avec lesquels nous travaillons régulièrement s'engagent avec nous dans un travail approfondi d'ouverture à la vérité de l'instant présent. Nous appelons cela le «contrat de vérité» ou l'engagement à «pousser jusqu'au coeur des choses». Ceux avec qui nous avons un tel accord ont bien entendu exprimé le désir de rompre avec les convenances d'usage et de nous permettre d'aller «droit au but». Nous nous efforçons de renoncer à toute image de nous-mêmes qui ferait obstacle à cette approche directe. Non pas que nous prétendions connaître la vérité, ni même que la vérité puisse être connue, car en effet personne ne peut «connaître» la vérité, on ne peut que «être» la vérité. Nous nous engageons mutuellement dans cette «expérience de vérité», où émotions et sentiments sont libérés de leurs «protections» et mis à nu pour être mieux compris, de façon à déjouer les obstacles mentaux qui se dressent devant la sagesse intuitive du coeur.

Cet engagement n'est pris que par un pourcentage relativement restreint des personnes avec lesquelles nous travaillons.

Bien que cette «vérité» soit à l'origine de nos relations les plus étroites, la grande majorité de nos patients maintiennent un désir de rester masqué et protégé. Rares sont ceux qui acceptent de «mourir à la vérité», malgré que ce soit là en effet le travail que nous devons tous accomplir. Si souvent notre mental s'élève en défenseur et prétend nous protéger alors qu'en réalité il nous emprisonne dans nos peurs et renforce notre isolement.

Parmi ceux avec qui nous avions ce genre de convention, il y avait Gaëlle. Elle était infirmière et nous l'avions rencontrée quelques mois plus tôt lorsque nous animions une formation à l'hôpital où elle travaillait. Gaëlle nous appela en nous disant qu'un de ses amis, qui avait été pour elle un vrai «maître» quelques années auparavant, se mourait d'un cancer et que c'était pour elle un moment particulièrement difficile. De nombreuses personnes autour de lui l'encourageaient à s'accrocher à la vie, alors qu'en réalité il n'y avait «pratiquement plus rien à quoi s'accrocher». Elle était en plein désarroi.

G: «Cet homme était pour moi une telle lumière il y a quelques années. Je suis effondrée par la manière dont il approche sa mort et dont tout le monde le pousse à tenir bon. Ses amis et ses médecins gardent l'espoir, envers et contre tout, et lui infligent souffrance sur souffrance. La situation devient chaque jour plus misérable, et ils continuent à entretenir l'espoir. Mais l'espoir de quoi ? Je crois que j'en veux à ces médecins. Je suis révoltée contre cette stupide tendance à rajouter «encore un jour de misère et de souffrance en plus». Et lui se laisse faire.»

S: «Lorsque tu auras le cancer, ce sera à toi de décider. Mais maintenant, c'est de la mort de ton ami et maître dont il s'agit. C'est à lui de décider. Penses-tu que tu veuilles lui montrer à quel point tu es une bonne élève ? Peut-être désires-tu obtenir son approbation ?»

G: «J'aimerais qu'il cesse de s'accrocher comme cela, qu'il puisse lâcher prise et être en paix.»

S: «Très bien, pourquoi ne commences-tu pas par toi-même ? Je ne t'entends pas lâcher prise et être en paix. Où pourrait-il donc voir un exemple de quelqu'un qui fait cela ? Tu ne peux exprimer ton amour dans la colère et la frustration. Et paradoxalement, tu renforces son désir de rester accroché à la vie en manifestant ton amertume de voir la vie n'être pas ce que tu voudrais qu'elle soit. Peut-être ta frustration face aux comportements et aveuglements médicaux a-t-elle pour effet de provoquer davantage d'agitation dans cette chambre. S'il y a la guerre en toi, comment veux-tu qu'il y ait la paix autour de toi ?»

G: «Je voudrais seulement améliorer la situation.»

S: «Il n'est pas certain que tu puisses l'améliorer. Tout ce que tu peux faire c'est t'ouvrir toi-même à ces qualités que tu voudrais voir apparaître. Laisse-le se préoccuper lui-même de son propre développement. Tu sais, cela me fait penser à ce passage du «Yi King», le livre chinois des transformations, que tu étudiais l'année dernière, au chapitre intitulé «l'Armée». Il y est écrit qu'on ne peut jamais vaincre l'ennemi avant de s'être débarrassé soi-même de ce qu'on trouve méprisable chez l'autre. C'est à toi de mourir en paix, maintenant. Accepte de tout abandonner pour rencontrer l'instant qui vient, laisse-toi être ce lieu où ton ami peut venir et s'abandonner à son tour, s'il le veut et comme il le veut. Ne le pousse pas à mourir ta propre mort à ta place.»

L'attitude de Gaëlle était : «Oui, mais...» — une lutte constante avec les détails concrets pour que la réalité se conforme au modèle qu'elle s'en était fait. Face au flot naturel des événements elle se réfugiait dans sa stratégie mentale, cherchant à «améliorer la situation». Et chaque résistance supplémentaire fermait davantage son coeur à la perfection du moment présent. A l'évidence, elle était persuadée que la «dignité» exigeait de mourir d'une manière bien précise. Nous avons creusé cette aspect de dignité, et constaté qu'elle exigeait essentiellement qu'on laisse la personne être ce qu'elle est. Laisser mourir quelqu'un dans la dignité implique de lui laisser jusqu'au choix même de refuser la mort. Le seul travail à faire dans cette chambre était son travail sur elle-même, ouvrir son coeur pour accueillir les événements tels qu'ils se présentent, avec amour et compréhension.

G: «Cela me semble très injuste. Je veux dire que certains apparemment portent une charge bien plus lourde que les autres. Rien n'est réparti de manière égale dans ce monde.»

S: «J'ignore pourquoi il en est ainsi, mais je constate en effet que certains reçoivent un enseignement plus intensif que d'autres. S'il n'y avait rien à apprendre, il n'y aurait probablement pas de souffrance. Il est dit quelque part qu'on pourrait naître lépreux, aveugle, au milieu d'un tourbillon de feu, et néanmoins être au ciel si l'esprit reste concentré sur la vérité et la grandeur de l'existence. La souffrance ne peut prendre racine que là où nous sommes en retrait par rapport à la vie. Lorsqu'un quelconque événement traverse librement l'espace paisible de l'être, rien ne s'y attache et il n'y a pas de souffrance. Nombreux sont ceux qui évoluent et deviennent plus présents et plus aimants grâce à des situations que la plupart qualifieraient de tragiques. Cette «Vallée des Larmes», comme dit le poète, semble être le niveau d'existence où nous pouvons apprendre à aimer. Il faut croire que le ciel ne parvenait pas à nous enseigner ce que ce lieu de souffrance peut nous apprendre. Je ne veux pas intellectualiser la souffrance, je vois simplement l'ouverture qui se produit lorsque la souffrance devient intense. Il m'est impossible d'expliquer pourquoi certains percent la paroi de cette souffrance et s'en dégagent, tandis que d'autres se recroquevillent et restent meurtris. Pour certains la peur enseigne le courage, la colère enseigne l'amour, le dépit envers nous-mêmes nous enseigne à quel point nous sommes impitoyables pour nous-mêmes. La question du «Pourquoi ?» ne peut que nous enfoncer davantage. Seules les questions «Que se passe-t-il ?», «A qui cela arrive-t-il ?» semblent nous aider à progresser. «Qu'est-ce que je ressens ? Quelle est cette expérience ? Qui fait cette expérience ? Qui suis-je ?» Voilà les questions qui peuvent nous éclairer. Elles nous aident à découvrir la vraie nature de notre souffrance.»

G: «Mais comment puis-je venir en aide ?»

S: «Sois simplement toi-même, ce sera suffisant. Si ce que tu donnes est motivé par un sentiment d'insuffisance ou d'obligation, tu ne dépasseras pas le petit moi inquiet et misérable, tu n'accèderas pas à cette dimension immortelle de l'être où plus aucune peur ne subsiste, où plus rien ne doit être protégé ni prouvé, où tu peux être ce que tu es, infiniment présente. Là, tu es toujours dans ton mental, dans ta personnalité, dans la densité de quelqu'un qui «garde le contrôle».

Dans la mesure où tu exiges de ton vieux maître d'être celui que tu penses qu'il devrait être, tu te lamentes de ne pas être toi-même celle que tu penses devoir être. La distance que tu mets entre lui et toi est pareille à celle qui t'éloigne de toi-même. N'essaye pas d'être «bien». Sois ! Explore ce que tu es réellement afin de savoir ce qu'un autre peut être réellement. Etre «bien» ne signifie pas que tu sois capable de modifier le cours des choses. Cela exige en réalité que tu t'ouvres au «bien» que recèle chaque instant.»

G: «Je ressens chacun de tes mots comme un défi, comme une balle que je dois renvoyer au-delà du filet, hors de mon terrain. Mon mental s'efforce de prouver que tu as tort. Plus je lutte, plus je me sens mal. Quelque part en moi je sais que tu as raison. Mais ma frustration me dit que tu te trompes. Qu'on doit pouvoir aider.»

S: «Je ne dis pas que tu ne peux pas aider. Je dis simplement que venir en aide n'implique pas que tu interviennes pour modifier les choses, ni que tu aies des attentes quant aux conséquences de tes efforts. Cela signifie seulement que tu fais ce que tu fais parce qu'il n'y a rien d'autre à faire. Et non que tu t'attaches au résultat. Venir en aide, c'est offrir un espace disponible. Autour de ton maître, des gens s'affairent pour l'encourager à ne pas mourir. Mais toi tu peux créer une atmosphère de paix dans la pièce. Fais de la place dans ton coeur pour qu'il puisse y mourir. Sois l'espace vers lequel tu aimerais qu'il aille.»

G: «J'entends ce que tu dis. A contre-coeur, mais j'entends. Je ne désire certainement pas qu'il ressente lui aussi la frustration que je ressens, moi, en ce moment. Mais c'est si difficile d'abandonner ce sentiment qu'on devrait le laisser en paix et lui permettre de mourir. Je sais, tu as raison, je ne le laisse pas en paix moi non plus.»

S: « Cela me fait penser à Mère Theresa lorsqu'elle ramasse un de ces mourants sur les trottoirs de Calcutta où il croupit depuis des jours. En le soulevant avec précaution pour l'installer sur une civière, sa peau colle au sol et se déchire. Elle dit qu'elle voit en ces êtres « Jésus dans son vêtement de détresse ». Si tu parviens à voir en ton maître « Jésus dans son vêtement de détresse », tu commenceras à voir la vie non pas comme quelque chose contre laquelle il faut lutter, mais comme un prodigieux enseignement intérieur. Tu percevras une plus grande ouverture envers ta propre mort, pénétrant directement dans la réalité de la vie au présent. Ce monde, l'ensemble de ce plan d'existence, est en quelque sorte la vérité dans son vêtement de détresse. Mais la vie n'est pas une opération de survie, de « sauve-qui-peut », même si elle est souvent pénible parce qu'on veut désespérément qu'elle soit différente de ce qu'elle est. Tu sais, cette leçon d'impuissance peut te déchirer le coeur, mais elle peut aussi, par la même occasion, te faire progresser plus que tu ne le penses vers ce que tu es. »

G: « En t'écoutant, j'entends ce que je disais au début à propos de tous ces gens qui s'opposent à sa mort. Et je vois maintenant que je m'y suis opposée aussi, d'une certaine manière. J'essaye de faire en sorte que sa mort me convienne. »

Une semaine plus tard Gaëlle rappela pour dire: « Je me sens enfin capable de rester simplement avec lui. Je pense que je suis prête à le « laisser » mourir. Et je constate qu'il est beaucoup plus à l'aise avec moi, maintenant que j'ai moins d'attentes envers lui. »

S: « C'est évident. »

G: « Mais c'est encore difficile, car mes anciennes pensées sont toujours très présentes, même si elles sont déjà plus à l'écoute de ce que j'ai à apprendre dans tout cela. Et ce que j'apprends, c'est à quel point j'ai tendance à insister pour que les choses se fassent comme je le veux. Pas seulement envers lui, mais dans toute situation. Tu as dit dans un de tes séminaires que pour aimer quelqu'un il fallait le laisser être comme il est. C'est peut-être cela que je retire essentiellement de cette expérience. Le laisser être comme il est, et me laisser moi-même être comme je suis. Quelqu'un m'a dit un jour qu'il en avait assez des « tu devrais ceci, tu devrais cela ». Moi aussi je crois. »

S: « Oui. Assez c'est assez. C'est là l'apprentissage du pardon, l'abandon de tout jugement. Quand cela a-t-il commencé à changer pour toi ? Quand as-tu remarqué que tu laissais les choses être ce qu'elles sont ? »

G: « Ma perception a changé il y a quelques jours. Je me suis rendue compte, chaque fois que j'entrais ou que je sortais de sa chambre, que mon mental répétait : « Ta volonté soit faite, pas la mienne. » Je répétais cela comme un mantra. Chaque fois que j'approchais de sa chambre, je sentais mes anciens attachements refaire surface et je les laissais à la porte. Et lorsque je le quittais je faisais le point, j'observais mes désirs de contrôle et les faisais taire en répétant : « Ta volonté soit faite, pas la mienne ». Je pense que j'apprends ce qu'est la soumission, le lâcher-prise. Je suppose que c'est mon macho de père qui m'a inculqué l'idée que la soumission est une défaite, une sorte de faiblesse. Mais je vois maintenant ce que cela exige comme travail de coeur et comme courage pour désamorcer les pièges du mental. Je commence même à me soucier de ces médecins et infirmières surmenés contre lesquels j'étais tellement en colère. Je pense que, me découvrant moi-même, je découvre les autres. La situation n'a pas vraiment évolué comme je l'aurais aimé, mais je l'apprécie telle qu'elle est pour ce qu'elle m'apporte. »

S: « Lorsque Platon était proche de la mort, on dit qu'il aurait eu une période de coma, et lorsqu'il en est sorti, les disciples qui étaient à son chevet lui demandèrent quel était son dernier enseignement. Il répondit : « Apprenez à mourir ». Tu sais, Gaëlle, j'ai l'impression que c'est ce que tu fais en ce moment. En restant ouverte à ce que chaque nouvel instant t'apporte de neuf et d'inconnu, tu te libères des barrières mentales qui se dressent contre la vie. Ce n'est pas facile, mais c'est extrêmement bénéfique. Vous apprenez tous les deux à mourir, ton maître et toi. Quel plus beau cadeau pourrais-tu lui faire que d'être l'exemple même de son enseignement ? »

G: « Cette dernière semaine, quand j'arrivais à sa chambre

en affirmant : «Ta volonté soit faite, pas la mienne», le courant semblait mieux passer entre nous. Il semblait plus détendu et plus disposé à parler de lui. Il a vraiment l'air de bien accepter sa situation. Je te rappelerai lorsque j'en aurai besoin. Merci pour le coup de pouce.»

Quelques semaines plus tard, Gaëlle rappela pour nous dire que son maître était décédé dans la paix. Au cours des derniers jours, dit-elle, il était devenu évident qu'il n'était pas dupe de toutes ces stratégies de survie. Il restait simplement ouvert aux personnes de son entourage, ne désirant pas les rejeter ou les forcer à changer. Elle avait l'impression qu'il faisait son propre travail exactement comme il devait le faire. Sans en dire un mot. «Toute cette affaire n'était en réalité que mon propre problème,» dit-elle, «et l'espace d'un instant j'ai cru voir Jésus dans son habit de détresse. Au matin du jour de sa mort je me suis mise à lire les paroles de Jésus sur la croix, lorsqu'il se tourna vers les autres crucifiés et dit : «Ne craignez rien, car ce soir même nous dînerons ensemble à la table de mon Père». Ted est mort à deux heures quinze de l'après-midi. Ce soir-là j'étais seule chez moi et je m'apprêtais à m'asseoir seule à table lorsque, pensant à lui, je mis un autre couvert. Et soudain je «sus» clairement que ce monde tout entier est «la table de mon Père». J'en suis peut-être à apprendre les bonnes manières pour me tenir correctement à table. Et les bonnes manières, c'est simplement voir Dieu dans tout cela. Et écouter avec le coeur.»

Chapitre 10

L'APPRENTISSAGE DE L'ABANDON

LOBELLIA, PATIENTE CANCEREUSE

Nous avons souvent eu l'occasion de travailler avec des octogénaires en phase terminale. Certains acceptaient leur mort avec un sentiment d'accomplissement. La mort était pour eux l'aboutissement d'un chemin bien rempli et cette dernière étape était souvent accueillie avec sérénité et même avec humour. Leurs longues années de vie avaient fait de la mort une vieille amie dont on attend la visite à tout moment. La plupart avaient perdu de nombreux amis, parfois tous. La mort leur était devenue familière, même si elle restait souvent mêlée à cette peur dont le mental est imprégné depuis si longtemps. Certains cependant accueillaient cette peur avec plus de décontraction que d'autres et s'en allaient avec beaucoup de grâce vers l'autre rive.

Bien entendu, ce n'était pas le cas de tous ceux avec qui nous travaillions. Et parmi les «refus» les plus coriaces, certains venaient de personnes fort âgées. Il en est pour qui une longue vie ne laisse que davantage de regrets et un sentiment profond de travail inachevé.

Ce fut le cas pour Lobellia, qui nous fut présentée par son médecin. C'était une ancienne alcoolique qui s'était tournée vers Dieu grâce à son engagement depuis vingt-cinq ans chez les «Alcooliques Anonymes». Elle était «affligée» (pour reprendre ses termes) d'un cancer aux poumons et d'un emphysème. Et elle traversait une période très difficile. Profondément dévouée à son travail chez les Alcooliques Anonymes, et reconnue comme «excellente conseillère», elle approchait la fin de sa vie avec un sentiment de n'être pas prête du tout. Bien que beaucoup la considéraient comme «très équilibrée», sa vie n'était qu'un enchevêtrement invraisemblable d'affaires compliquées et incohérentes. Sa relation avec ses deux filles illustrait bien l'aspect inachevé de ses affaires. L'une, mariée, était «une fille très bien», qui répondait parfaitement à l'image de la fille modèle que se faisait Lobellia. L'autre était artiste, vivait dans une communauté en Californie et «n'était pas du tout à son goût». Une «sacrée rebelle», disait-elle, très directe dans ses comportements, ce qui laissait Lobellia souvent frustrée de ne pas avoir eu le dernier mot. «Elle refusera toujours de se comporter normalement».

Bien que malade depuis cinq ans, elle ne l'acceptait toujours pas et restait persuadée d'avoir attrapé le cancer «trop tôt». Elle approchait de la mort sans être du tout prête à l'accepter. Au fil des mois il devint évident que sa relation à Dieu était plus dans sa tête que dans son coeur. Elle savait parfaitement les mots qu'il convenait de dire. Elle avait beaucoup lu et tenait à être un «guide exemplaire» pour les nombreux jeunes qui venaient lui demander conseil. «Mais ma vie est par moments dans un désordre épouvantable.»

S: «Vous savez, quand on est perfectionniste on est constamment insatisfait, à la recherche d'une nouvelle perfection, et on souffre en permanence. Et ce qui est pire, un perfectionniste voit rarement la perfection qu'il y a en chaque chose.»

Lobellia se rendit régulièrement à nos causeries dans les hôpitaux, et nous eûmes l'occasion de constater, lors de nos conversations avec elle, qu'elle citait des phrases que nous avions dites sans vraiment les comprendre. Comme elle était très aimée, grâce à sa gentillesse et ses nombreuses années de service, elle était entourée de quelques personnes qui désiraient «s'asseoir à ses pieds et recevoir ses derniers enseignements». Mais ce qu'elle exprimait n'était qu'un ramassis de choses captées par son mental dans sa quête de savoir, tandis qu'elle ne donnait aucun signe réel de vouloir pénétrer sa souffrance, de renoncer à ses admirateurs et de s'ouvrir à ce que l'instant présent cherchait à lui enseigner. De ce fait, elle menait une double vie. Très attachée à son image, celle-là même qu'elle avait si peur de perdre en mourant, elle rejetait toute possibilité de s'en libérer et se construisait des remparts de protection qui ne faisaient qu'augmenter ses difficultés et sa peur de mourir.

Bien que son cancer lui desséchait la bouche et que son emphysème lui rendait la respiration difficile, elle profitait de ses moments de solitude pour fumer une cigarette sans que personne ne la voie. Et cette incapacité à s'ouvrir à la vie lui fermait la porte de la mort. Depuis des années elle menait une vie faussée et cachait sa vraie personnalité, éteignant la télévision dès que quelqu'un entrait chez elle, cachant les cendriers et évacuant toute trace de fumée, mangeant de la viande en cachette tout en se disant végétarienne. Lorsqu'elle se sentait d'humeur à rester chez elle, elle prétendait être «très occupée» plutôt que d'exprimer ce qui n'allait pas. Elle se trouva dès lors dans une situation très précaire lorsque progressivement elle perdit le contrôle de sa vie et de ses petites habitudes.

Plusieurs mois après notre première rencontre nous lui rendîmes visite et la trouvâmes entourée d'un groupe de jeunes «disciples». Elle pontifiait sur l'art de mourir et annonça d'un ton solennel : «J'ai décidé de ne pas aller plus loin sur cette voie. Manger me devient très pénible, par conséquent je ne prendrai plus aucune nourriture. Je me donne en offrande à la mort.»

Plus tard, dans la cuisine, elle se tourna vers moi : «Je me suis dit qu'il était temps que j'abandonne toutes ces idées que je me fais de moi-même.» A quoi je répondis : «Cela me semble être une excellente idée, Lobellia, mais je crains que ce soit plus un refrain du mental qu'un chant du coeur.» Comme à ce stade-là nous avions passé ensemble un «contrat de vérité», nous l'encourageâmes à examiner attentivement ses motivations et à s'assurer qu'elles provenaient de la sincérité du coeur plutôt que d'une stratégie mentale destinée à renforcer son image. Tout en soulignant sa tendance à s'esquiver lorsque nous l'invitions à s'ouvrir, nous lui avons confirmé notre entier soutien, quels que soient les choix qu'elle fasse.

Nous n'eûmes aucune nouvelle d'elle pendant une semaine et pensions qu'elle était peut-être décédée. Mais bientôt nous apprîmes d'un de ses élèves que : «Elle fut prise de panique et insista pour recevoir une alimentation spéciale par voie directe. Elle a donc choisi de se réalimenter. Et cette réaction si humaine face à la mort nous l'a rendue plus proche encore.» Mais Lobellia ne put considérer son attitude «humaine» comme un moment de vérité, pourtant accueilli avec amour et compréhension. Au contraire elle en donna une explication toute intellectuelle : «Mon travail n'est pas terminé. Il faut que je reste encore un peu.» Peu après, plusieurs de ses élèves et amis lui proposèrent de faire un «cercle de guérison» autour d'elle pour tenter d'apaiser son emphysème et les effets de son cancer. Mais Lobellia refusa d'y participer, étant peu disposée à accepter le rôle de l'aidée à la place de celui de l'aidante. Certains prirent son refus pour de la sérénité devant la mort, mais en réalité son incapacité à accepter sa vulnérabilité l'éloignait encore plus de la vie.

Souvent nous parlions du pouvoir du lâcher-prise et de la nécessité de rester ouverte au moment présent, de se mettre toute nue devant la vérité. «Comment peux-tu espérer mourir dans la paix et la plénitude, Lobellia, si tu mènes une vie aussi incohérente ? Une vie faite d'auto-protection et de fausse harmonie. Tu sais, la plupart des gens qui prétendent avoir résolu leurs problèmes ne remarquent même pas qu'ils ont les deux pieds dans la merde. Tu devrais de temps en temps remuer les orteils pour t'assurer du genre de sol sur lequel tu fondes tes apparences.»

A quoi elle répondait : «Oui, oui, Stephen, c'est une excellente idée.» Mais sa réponse n'était qu'un refus supplémentaire d'accepter une invitation vers plus de liberté. Elle oscillait entre la dénégation et la haine envers elle-même. Le jugement qu'elle portait sur elle-même était parfois si impitoyable qu'elle en perdait toute capacité d'entendre les autres, et à plus forte raison d'entendre les appels subtils de son coeur. Lorsqu'elle y était réceptive, nous explorions ses sentiments de culpabilité et la valeur du pardon comme moyen pour la décoincer.

Lobellia était très irrégulière. Par moments elle était l'image même de la sérénité. Mais comme elle s'était si peu habituée à pénétrer son coeur, ces instants restaient brefs et étaient suivis de périodes d'insatisfaction et d'épuisement extrême. Il lui arrivait de se comparer au Christ sur la croix, et lorsque cette image apparaissait je lui demandais : «Lobellia, n'est-il pas suffisant d'être simplement le coeur sacré ? Faut-il que tu sois le corps tout entier, ainsi que les clous et le crucifix lui-même ? L'amour seul ne serait-il pas un chemin plus facile à parcourir ? Jésus sur la croix n'était-il pas l'exemple même du pardon ?»

Quand nous évoquions le fait qu'elle restait coincée dans ses anciens schémas, elle disait : «Hmm. Je vois ce que tu veux dire...» Mais il était clair qu'elle ne voyait pas. Une fois de plus, nous nous rendîmes compte qu'il nous fallait appliquer nos propres conseils et rester attentifs à ne pas forcer une prise de conscience qui n'était pas prête à se faire. Notre travail se limitait à montrer le chemin du coeur, à l'aimer comme elle était et à rester plus ouverts à elle qu'elle n'était capable de l'être elle-même.

Environ un an après notre première rencontre, Lobellia nous rendit visite. Elle était d'une humeur beaucoup plus détendue que d'habitude. C'était le quarantième anniversaire de la mort de sa mère. Une autre patiente cancéreuse, septuagénaire également, nous visitait ce jour-là, et nous les présentâmes l'une à l'autre, pensant qu'elles auraient beaucoup de choses à se dire et un soutien mutuel à se donner. Mais en réalité elles se faisaient peur, car chacune voyait en l'autre une mourante alors qu'elle-même espérait en sortir guérie. Chacune prétendait «ne pas avoir l'intention de mourir» et voyait en l'autre un miroir trop brutal de sa propre condition. L'autre femme mourut quelques mois plus tard et Lobellia, lorsqu'elle l'apprit, eut un rictus qui soulignait bien sa résistance.

Ce jour-là, avant de nous quitter, Lobellia nous raconta qu'elle avait retrouvé une lettre que lui avait écrite la meilleure amie de sa mère à l'époque de sa mort il y avait quarante ans. Elle tenait à nous en faire la lecture, car cette lettre l'avait beaucoup touchée lorsqu'elle l'avait relue.

Tandis que son cancer continuait à détériorer son corps, une certaine vulnérabilité se mit à émerger en elle à de rares moments, ce qui lui permit de jeter un regard différent sur sa relation avec ses filles. Un soir elle nous appela en disant : «Comment faites-vous ? Comment pouvez-vous laisser flotter tout cela librement ? Je peux le comprendre dans ma tête, je peux même l'enseigner aux autres, mais ensuite, ensuite...»

S: «Il faut laisser la vie être ce qu'elle est avant de pouvoir envisager d'y renoncer. Si tu veux laisser la vie flotter librement, tu dois faire corps avec elle, tu dois être la vie elle-même. Travaille en douceur et avec régularité la méditation du lâcher-prise. Il ne peut y avoir ni hésitation ni impatience, ni affectation ni désir de rendre les choses différentes. Uniquement un regard d'amour sur ces vieilles habitudes du mental qui tentent de créer le monde au lieu d'aller à sa rencontre et le prendre tel qu'il est. Tu ne peux renoncer à quoi que ce soit sans l'avoir d'abord totalement accepté. C'est ton désir d'être humaine qui te rapprochera de Dieu. Vois ton mental pour ce qu'il est et autorise-toi à vivre dans le coeur des choses, là où l'être est infiniment présent et où la mort n'est qu'un rêve. Es-tu prête à approcher ta souffrance sur ce plan-là ? Es-tu prête à t'accepter telle que tu es ?»

L: «Je ne sais pas. J'y travaille depuis longtemps. Mais je me rends compte que je ne suis nulle part et le doute m'envahit par moments, comme un gros nuage noir.»

S: «Travailles-tu à accepter ton doute tel qu'il est, ou t'efforces-tu de le changer ? S'opposer à un doute naturel ne crée que

L'apprentissage de l'abandon

plus de tension et renforce le doute. Peux-tu laisser pénétrer la vie en toi ? Surveille attentivement le processus. Ton désir même de modifier le présent t'empêche d'y participer. Arrête de fermer les yeux à tout ce qui se présente. Ouvre-toi. Observe. Cela pourrait t'éclairer. Si tu restes ouverte à ce doute, si tu le laisses simplement flotter dans ton mental et le reconnais comme tel, tu arrêteras d'être celle qui doute. Tu seras la conscience observant le présent. Tu verras le doute comme un état mental parmi d'autres, ni plus ni moins, un phénomène impersonnel qui traverse la vaste étendue de ton être. Cela te permettra de prendre distance par rapport à cette étroitesse d'esprit qui te fait tant souffrir. Le mental insiste pour qu'on le considère comme réel et tangible. Mais ses pensées ne sont que des bulles, fragiles et fugitives, qui apparaissent et disparaissent de façon ininterrompue et incontrôlée. Le mental est autogénérateur de pensées. Le doute émerge sans que nous l'y ayons invité.»

L: «J'essaye de me convaincre d'en sortir, mais cela ne marche pas. Je me dis qu'il n'y a aucune raison de douter, mais le doute persiste.»

S: «C'est la manière dont tu résistes à ce doute qui te le rend si réel. Dans ta situation, le doute est parfaitement naturel, mais tu l'analyses, tu l'intellectualises à un tel point qu'il s'en trouve plus solidement installé. En réalité, et assez paradoxalement d'ailleurs, c'est le fait d'accepter et de reconnaître le doute qui permet de renforcer son opposé, la confiance. La confiance signifie qu'on accepte le processus. Mais tu as fort peu cultivé l'acceptation des processus naturels du mental et du corps, car tu les as le plus souvent combattus en voulant être quelqu'un d'autre, ce qui n'a fait que renforcer le doute dans ton mental. Tu sais, cela arrive à tout le monde. Mais la manière dont nous approchons cette question peut nous faire comprendre que la vie n'est en réalité qu'un défilé d'images. Il n'y a rien à combattre. Il n'y a que cette petite chose à reconnaître, à accueillir en douceur, à laisser être ce qu'elle est, sans peur aucune. Tu as si souvent évité ce processus naturel que tu ignores complètement ce qu'il représente comme possibilité de paix. La confiance que tu recherches émerge lorsqu'on laisse les choses évoluer librement, en les reconnaissant pour ce qu'elles sont, et en observant avec le coeur les errements tortueux du mental. Souviens-toi, le mental creuse le fossé, le coeur y jette un pont.»

L: «La semaine dernière j'ai essayé de me débarrasser de tout cela, d'abandonner ces pensées. J'ai fait comme tu me l'avais dit: je me suis immergée dedans, et ce fut l'horreur !»

S: «Qu'y avait-il d'horrible ?»

L: «C'était effrayant. Je me suis dit que si vraiment je relâchais mon mental, mon corps s'effondrerait et j'en mourrais. Je suis obligée de maintenir mes pensées pour permettre à ce corps de fonctionner, et cela veut dire que je ne peux pas relâcher un seul instant.»

S: «Peut-être pratiques-tu cet exercice d'ouverture avec un peu trop de force. Il faut simplement que tu t'y abandonnes. Arrête d'essayer et tâche simplement d'être. N'est-il pas temps de t'offrir une trêve ? Tu as mené la guerre contre la vie et contre toi-même pendant tant d'années que le bruit des canons résonne toujours dans tes oreilles, alors que les deux «camps» désirent la paix. D'un côté tu t'accroches à la vie, persuadée que le corps est la seule chose qui compte. Tandis que l'autre aspect de toi-même sait que cela est faux et que tout passe par l'ouverture du coeur à l'instant présent, ainsi d'ailleurs qu'aux agonies du passé. Mais cette seconde voix est plus faible et a toute la peine du monde à se faire entendre, étouffée par la voix de la peur qui crie bien fort qu'il n'y a rien à découvrir au-delà du lâcher-prise, rien d'autre que plus de «merde» encore. Quelque chose en toi en est arrivé à un tel point de méfiance envers toi-même que tu te méfies également de toute possibilité d'en sortir et crains de tomber dans le néant si tu t'éloignes de ce que tu «connais», si tu abandonnes tes anciens schémas de pensée. Ne vois-tu pas que ce néant précisément, cette infinité de l'être, t'ouvre la porte de ta vraie demeure ? Dans la mesure où tu t'accroches à l'image que tu te fais de toi-même, tu restes «quelqu'un» qui, séparé de sa source divine, doit être protégé de la mort. Tu fais de la vie une lutte, et c'est cela qui rend tout si difficile.»

L'apprentissage de l'abandon

Environ un mois plus tard, le cancer sembla avoir développé des métastases dans son cerveau. Elle commença à présenter des symptômes de désorientation et d'aphasie (langage incohérent). Un matin nous eûmes un appel de Caroline, qui faisait partie du groupe entourant Lobellia. «Elle a passé un moment très difficile hier soir,» dit-elle. «Aujourd'hui elle va un peu mieux. Mais hier elle était complètement déphasée. Ce qu'elle disait n'avait aucun sens. Elle est encore un peu hors du coup aujourd'hui, mais au moins est-elle dans la réalité présente.»

S: «De quelle réalité parles-tu ? De ta réalité ? Cet état «déphasé», comme tu dis, est peut-être ce qu'elle s'est autorisé de mieux jusqu'à présent. Tu sais, si tu abandonnes cette image de «maître» que tu te fais d'elle, tu peux être simplement avec elle dans ton coeur, quelle que soit la réalité qu'elle traverse. Cela ne t'effrayera pas autant, car cela ne fera aucune différence. Sois douce avec toi-même comme avec elle, et laisse-la passer par où elle doit passer. Offre-lui ton amour plutôt que ton angoisse. Se souvient-elle de son état de la nuit dernière ?»

C: «Non. Elle affirmait des choses qui n'avaient ni queue ni tête. Elle établissait des liens là où il n'y en avait pas et sa perception du temps était complètement déréglée. Elle se trompait de jour et prétendait d'un événement d'il y a quinze jours qu'il s'était produit il y a cinq minutes. Cela nous fit vraiment peur.»

S: «Pourquoi cela vous faisait-il peur ?»

C: «Pour l'exprimer clairement, je dirais que pendant un temps elle était vraiment folle.»

S: «Cela n'est pas surprenant, le cancer est dans son cerveau. C'est donc à toi à ne plus nourrir d'attentes particulières envers elle. Et c'est bien sûr une leçon pour elle aussi. Laisse-la vivre ce qu'elle vit, sans l'obliger à être quoi que ce soit d'autre. Tu vas devoir renoncer à l'image que tu te fais d'elle, et de toi en tant que son élève. Il faudra que tu apprennes à être à ses côtés en la considérant non pas comme une personnalité bien définie, mais comme quelqu'un en pleine évolution. Quel était son état émotionnel hier soir ?»

C: «Par moments elle s'énervait et devenait furieuse, surtout lorsque quelqu'un lui posait une question ou voulait clarifier quelque chose. Mais vers la fin de la journée, lorsque j'ai compris qu'elle n'était plus vraiment dans la réalité, je me suis mise à jouer avec elle et cela l'a mise de bonne humeur. Elle paraissait très heureuse.»

S: «Ton intuition te mène exactement où il faut. C'est magnifique qu'elle puisse se montrer en colère face à vous tous qui la prenez pour une sainte. Il faut bien que vous appreniez à l'aimer lorsqu'elle est en colère si vous voulez vous aimer vous-même lorsque vous êtes en colère. Il est grand temps qu'elle renonce à toutes ses protections, et qu'elle renonce à protéger ses étudiants également. Elle meurt à de nombreux niveaux différents. Le fait que «tout s'effondre» pour elle est en réalité la meilleure chose qui puisse lui arriver. C'est une fameuse leçon que de renoncer à notre «lucidité» tant surestimée.»

C: «En ce moment, elle recommence à planer un peu.»

S: «Très bien, remets-toi à jouer avec elle. Laisse les choses se montrer dans toute leur absurdité, s'il le faut.»

C: «Elle aimerait venir te parler. Cela va lui prendre un moment pour venir jusqu'à l'appareil... Ah ! La voilà.»

L: «Stephen, bonjour. Comment vas-tu ? Moi je me sens plutôt bizarre.»

S: «Enfin ! Il devenait temps ! Laisse-toi être comme cela surtout. Je sais, c'est un peu surprenant, mais c'est souvent le cas à la veille d'une grande initiation. Comment te sens-tu ?»

L: «Je me sens tout à fait éparpillée. C'est comme si je n'avais plus de centre.»

S: «Merveilleux ! Plus de contrôle. Plus moyen d'être séparée de Dieu. Plus rien qui s'oppose à une transition sans problème.»

L: «Tu crois que c'est bien comme cela ?»

S: «Ce n'est pas seulement bien, c'est parfait. Tu as déjà été suffisamment rationnelle comme cela dans ta vie. Il est temps de laisser émerger ta dimension irrationnelle. Maintenant tu peux commencer à écrire des poèmes surréalistes.»

L: «Oh, très bien ! Je vais m'y mettre tout de suite.» (Je pense que c'était la première fois que je l'entendais rire.)

S: « Tu sais, il est normal aussi que tu te sentes un peu perdue et confuse. Ce n'est qu'un état mental parmi d'autres. Il n'y a aucun besoin de lutter pour avoir l'esprit plus clair. Ni même pour comprendre ce que je dis en ce moment. C'est exactement cela l'apprentissage de l'abandon dont nous avons souvent parlé — laisse-toi être simplement telle que tu es, va vers ton devenir. »

L: « Il me semble que c'est ce qui est en train de se produire. Je n'ai pas le choix. Ce n'est qu'un défilé d'images, comme tu dis. Je perçois cela plus clairement que d'habitude. »

S: « En ce moment ton mental est troublé. L'instant d'après ce sera autre chose. Laisse faire. Déjà il semble y avoir plus de clarté dans tes esprits. »

L: « C'est exact. »

S: « Les autres autour de toi semblent avoir du mal à te suivre. »

L: « En effet. »

S: « Cela aussi, c'est normal. Peut-être te sens-tu un peu seule ? »

L: « Oui. Je suppose que c'est dû au fait d'avoir joué au maître si longtemps. »

S: « Oh, il n'y a rien à juger. Cela fait partie du jeu. En ce moment tu t'écartes du chemin que tu suivais avant. Et probablement que tes élèves se trouvent toujours sur le chemin que tu as quitté. »

L: « Je pense, oui. »

S: « C'est bien comme cela. Voilà l'ultime enseignement que tu peux leur offrir. Et c'est un des plus beaux, car tu leur apprends à s'ouvrir en toute confiance au moment présent en leur montrant toi-même comment il faut faire. »

L: « C'est un peu ce que j'ai senti. Et comme tu dis, tout est bon tant qu'on reste ouvert au présent. »

S: « Exactement. Il n'y a personne à protéger, personne à qui il faut se montrer différent. »

L: « En ce moment, je n'essaye pas. En fait, même si je le voulais, je serais incapable d'enseigner maintenant. Par moments mon mental se met à dérailler complètement et mes mots sortent tout déformés et incohérents. »

S: «Dis-tu des choses sans comprendre ce que tu dis ?»

L: «Plus ou moins.»

S: «Ahh. C'est le moment d'abandonner toute recherche de signification.»

L: «Je pense, oui.»

S: «Lorsque tu dépasses la signification, tu atteins l'essentiel.»

L: «En plein dans le mille, et je touche le gros lot !» (C'était la seconde fois que j'entendais rire Lobellia.)

S: «Lâche la signification et la vérité restera. Cela peut être une vérité que tu ne parviens pas à exprimer ou à formuler, mais c'est la vérité de l'être. Toutes ces «explications» que tu t'es efforcée de transmettre et auxquelles tu as tenté de conformer ta vie, ne sont que souffrances supplémentaires. Qu'y a-t-il de vraiment important à dire, de toute manière ?»

L: «Donc, c'est OK si je me sens un peu bizarre ?»

S: «Le mental peut être bizarre, mais celle que tu es réellement ne connaît que la paix et une conscience en perpétuelle expansion.»

L: «Vraiment ?»

S: «Tu sais, Lobellia, je ne t'ai jamais sentie aussi ouverte. Le délire te fait un bien fou ! Cela te met en équilibre avec tes «connaissances». Tes liens avec le monde se réduisent. Fais confiance. C'est un des bienfaits de ce processus de lâcher-prise que tu es en train de vivre.»

L: «Oui. Je pense que tu as raison.»

S: «Une de nos principales préoccupations dans ce monde est d'être «compris», de faire en sorte que nos mots et nos pensées aient un sens. Mais il est temps pour toi de renoncer à «être comprise» et de pénétrer la compréhension elle-même.»

L: «C'est bien ce qu'il semble se produire.»

S: «Ahh. Magnifique ! Crois-tu que la mort approche ?»

L: «Cela fait un bon bout de temps qu'elle est en route. Elle doit être en train de se frotter les pieds à l'entrée.»

S: «Elle n'est donc plus très loin.»

L: «Sans doute. Je n'en serais pas étonnée.»

Durant les trois semaines qui suivirent, Lobellia s'enfonça régulièrement dans ce que ses élèves apeurés considéraient comme «des périodes de folie passagère». Et les anciennes habitudes se mirent à reprendre le dessus. Une fois de plus elle se mit à douter des capacités du coeur, et à compter essentiellement sur le mental pour mener une lutte de survie, comme avant. Une fois de plus son refus de l'évidence s'installa avec obstination. La confusion de ses étudiants les incita à nous appeler régulièrement, dans une tentative désespérée de clarifier leur situation et leur sens d'identité. Ce fut pour tous une période de grand apprentissage. Une heure de vérité face à leurs attentes, leurs dépendances et leurs peurs.

Un matin Caroline, son amie infirmière, appela pour nous dire que la fin était toute proche. Nous avons pris la voiture et nous sommes rendus chez elle. Toute sa famille et ses amis étaient rassemblés dans le living à côté de sa chambre. Une des infirmières nous raconta qu'ils lui avaient demandé ce matin si elle pensait qu'elle allait mourir, et elle avait répondu, une fois de plus : «Je n'ai pas l'intention de mourir !» En entendant cela, nous ne pûmes nous empêcher de rire. «Elle a parfaitement raison, mais pas dans le sens qu'elle croit. Elle ne mourra pas, mais il y a de bonnes chances qu'elle laisse son corps physique derrière elle.»

Nous parlâmes quelque temps avec ses étudiants. Leurs coeurs lui étaient très ouverts. Seules leurs pensées étaient en conflit avec le moment présent. Nous les encourageâmes à considérer leurs pensées comme de vieilles habitudes qui les empêchaient de percevoir la beauté du moment. Et la tension dans la pièce sembla s'estomper.

Nous passâmes tous ensemble dans la grande chambre à coucher de Lobellia et approchâmes de son lit. Lobellia ouvrit les yeux, sortant d'un court sommeil intermittent, typique pour un corps se préparant à être relâché. «Bonjour, Lobellia.» Elle leva les yeux, un peu surprise de nous voir là, et dit : «Que faites-vous ici ?» A quoi nous répondîmes : «Nous sommes venu te dire au-revoir.» Et elle nous dit d'un air étonné : «Oh ! Où partez-vous ?» Encore une fois, nous ne pûmes nous empêcher de rire de bon coeur devant ce déni persistant, et une vague de rires se répandit dans toute la pièce. «Ah, je comprends !» fit-elle en tournant légèrement la tête vers le mur. Nous l'avons embrassée, puis nous avons quitté la chambre, laissant les étudiants la retourner sur le côté pour lui donner un massage.

Plus tard dans la soirée nous reçûmes un appel de Caroline nous annonçant que Lobellia venait de mourir. «Elle a eu encore quelques moments bizarres pendant les dernières heures, mais elle n'a pratiquement plus dit un mot.» Caroline dit encore que la dernière semaine fut une expérience de purification et de lâcher-prise pour tous. Et Lobellia lui avait confié la fameuse lettre qu'elle avait reçue de la meilleure amie de sa mère lors du décès de celle-ci.

Vu l'importance que Lobellia accordait à cette lettre, qui avait été pour elle comme une petite voix intérieure cherchant en permanence à se faire entendre, elle fut lue au service funéraire.

«Ma chère Lobellia,
Si la force, dans des moments comme celui-ci, ne me faisait pas totalement défaut, j'aurais aimé te parler plus tôt — calmement, posément, sincèrement — t'apportant la consolation que seules les paroles de l'amitié peuvent véhiculer lorsque l'une a été blessée et que l'autre ne pense qu'à l'aider.

En effet, mes forces se dérobent. Mes pensées profondes et mes humbles convictions gonflent en moi comme une vague, puis retombent, car je ne peux regarder dans les yeux quelqu'un que j'aime et qui vient de recevoir un coup dur... Car je t'aime. Tu es une de mes rares amies.

Il serait indigne de minimiser de quelque manière que ce soit la disparition de ta mère. Je ne pourrais te dire : «Lobellia, nous devons tous passer par là, perdre des êtres chers, reprendre le cours de la vie, être courageux...» Je sais au fond de moi-même que lorsque mon tour viendra, je serai saisie d'une rébellion aveugle, non de courage. Il y a des douleurs qui ne peuvent être partagées. Et l'âme, se sentant abandonnée par le départ de l'être aimé, pleure en son for intérieur : «Comment peux-tu prétendre que tu comprends ! C'est mon chagrin, ma mère, pas la tienne !» Il y a même dans les heures noires du début, lorsque s'impose crûment la nouvelle réalité, une étrange hostilité envers les propositions les plus amicales. Le monde semble s'effondrer sur lui-même, rejetant toute lumière.

Mais je peux tenter de te dire ceci, Lobellia, je peux dire : «Dieu n'a-t-il pas conçu la vie de façon admirable ? Nous concevoir, puis diviser notre éternité en grands mouvements qui s'élèvent et fluctuent dans un rythme semblable à celui des saisons elles-mêmes, évoluant vers le point culminant selon un plan supérieur. Tu sais, il m'arrive de jouer des extraits de l'une ou l'autre grande symphonie — comme passages séparés de l'ensemble, ils peuvent nous faire pleurer, nous émerveiller, nous faire soupirer d'aise, nous plonger dans la mélancolie, ou nous rendre tous les espoirs et nous arracher des sourires de délice devant la beauté du mouvement. Mais ce n'est que lorsque, détendue, tu as écouté l'ensemble, de la première à la dernière note, lorsque tes yeux s'embrument des visions brillantes et profondes évoquées par l'élan épique des mouvements successifs, ce n'est qu'alors que toute la splendeur de l'oeuvre complète inonde ta conscience. Perfectionnement, accomplissement — la vie, la mort. Leurs mouvements également se rapportent à un ensemble harmonique qui ne peut être jugé sur de seuls extraits. N'est-ce pas étonnant, Lobellia, à quel point nous nous battons contre cette dimension cosmique de l'existence, à quel point nous refusons la mort, comme si elle était une intruse dans la vie plutôt qu'une partie intégrante dans la succession infinie des mouvements menant au divin. La grandeur de cette vision éblouit nos âmes, je suppose. Nous devons progressivement nous éveiller à cette dimension des choses. Il nous faut combattre le défaitisme qui nous fait dire : «Elle doit être terminée, cette musique que j'aimais tant, puisque je ne l'entends plus.»

Ta mère et ma mère ne pourront jamais nous quitter: le temple de leur vie, le lieu de leur existence peut changer, mais le chant de leur amour, qui continue à pulser au plus profond de notre être, se poursuit, ailleurs. Et c'est ma conviction, simple et profonde, que jamais, jamais, nous ne perdons le lien avec ce chant d'amour. Inévitablement, quelques mesures plus loin, nos coeurs bondiront en retrouvant les mêmes mélodies de nos bien-aimés, toujours présents dans la même superbe symphonie.»

Chapitre 11

LE COEUR OUVERT, AU COEUR DE L'ENFER

MARCIA, MERE D'UNE JEUNE FILLE ASSASSINEE

Marcia appela la première fois à six heures du matin. «Ma fille a été assassinée par des obsédés sexuels il y a six semaines. Je n'en peux plus. Je vous appelle parce qu'on m'a parlé du travail que vous avez fait avec les Gregory lorsque leur fille fut enlevée et tuée. J'ignore si vous pouvez faire quelque chose pour moi, mais je ne vois pas à qui d'autre je pourrais m'adresser.»

S: «Comment vous sentez-vous ?»
M: «Je me demande comment nous allons pouvoir survivre. Mais cela fait du bien de parler à quelqu'un qui comprend un peu ces choses-là.»
S: «Vous savez, à ce stade-ci, il ne faut pas tant comprendre. Cela peut venir plus tard. Il faut d'abord avoir le coeur de reconnaître votre douleur. Lorsque les Gregory ont perdu leur fille, leurs coeurs étaient aussi déchirés que doit l'être le vôtre. Le coeur a tendance à se tourner vers le mental pour s'agripper à n'importe quelle bouée de sauvetage. Mais celles-ci sont toutes

illusoires, car rien ne nous protègera du cours de la vie et des changements qui y interviennent. Tout ce que nous pouvons faire est de rester ouverts à ce qui nous arrive, et de reconnaître la douleur qui déchire notre coeur.»

M : (Après un long silence) «Ce qui est surprenant, c'est que nous la sentons si souvent présente en nous. Nous étions si proches d'elle qu'elle fait partie de chacun de nous quatre. Et même au-delà de nous quatre, car il y a tant de gens qui la connaissaient, tant d'amis dont elle était proche. Elle fait si étroitement partie de nous que cela nous a permis de survivre quelque temps. Et puis soudain on réalise la perte — et c'est le gouffre !...»

S : «Lorsque la fille Gregory fut enlevée et assassinée, une autre fille de quatorze ans, Sarah, sa meilleure amie, fut tuée également. Elles disparurent en même temps et furent retrouvées ensemble, torturées et égorgées. Vous pouvez imaginer à quel point cela fut pénible pour les deux familles. Mais la manière dont elles réagirent fut très différente. Les Gregory parvinrent à reconnaître leur déchirure et laissèrent leur douleur pénétrer leur coeur. Ils souffrirent beaucoup, évidemment, mais quelque part leur coeur s'ouvrit davantage à leurs autres enfants et à l'esprit de leur fille. Elle fit de plus en plus partie de la famille, comme chez vous. Par contre les Spinell, l'autre famille, avaient vécu dans une très stricte orthodoxie religieuse et avaient espéré de ce fait être protégés — un marchandage avec Dieu, en quelque sorte. Lorsque Sarah fut tuée ils en perdirent la foi. Leurs coeurs se fermèrent et ils furent progressivement détruits par cette expérience. Ils étaient furieux contre le monde et l'univers tout entier. Et leur mariage s'effondra.

Pendant ce temps les Gregory n'ont jamais été aussi proches. Ils se sont exprimés leur douleur. Ils ont approché la mort de leur fille avec amour. Ils ont reconnu leur colère et l'ont laissée se consumer en eux, sans s'y accrocher. Peut-être en restera-t-il longtemps quelques traces, mais ils ont découvert un sens profond d'unité avec la vie, et c'est ce que leur a légué la mort de leur fille. Les enfants Spinell par contre se sont sentis abandonnés, angoissés. Dans les deux familles les enfants restants, plus jeunes, ont profondément ressenti qu'ils n'étaient plus en sécurité dans ce monde, qu'ils étaient sans défense. Les enfants Gregory ont été entourés de tout l'amour de leur famille, de leurs parents, de leurs amis. Les enfants Spinell ont sombré dans la dépression et le manque de confiance. Sans aucun doute, Marcia, ceci est l'expérience la plus difficile de votre vie, et cela ne fait que commencer.»

M: «Je sais. Cela va être très difficile pendant des années.»

S: «Vous pouvez également connaître des années où, pour des raisons qui ne vous apparaissent pas encore clairement maintenant, votre coeur sera plus ouvert et où vous vous sentirez rayonner plus d'amour que jamais auparavant. C'est ce qui est arrivé aux Gregory. L'autre couple s'est renfermé et s'est révolté contre Dieu.»

M: «Nous sommes passés par là au début, et nous avons d'ailleurs souvent ce sentiment face aux horreurs qui sont commises dans le monde. Mais ce qui est arrivé à notre fille nous a ouvert les yeux. Après l'école elle allait travailler pour un journal local pas loin de chez nous. C'était une jeune fille qui semblait tout avoir. Seize ans à peine. Elle était si belle, un vrai soleil. Elle avait un visage d'ange, comme ceux qu'on voit sur les tableaux de la Renaissance. De longs cheveux blonds et une belle et fière démarche.»

S: «Vous savez, sa beauté reste et existera toujours.»

M: «Je sais. Aussi étonnant que cela puisse paraître, je sais. Elle était un vrai rayon de soleil, et nous en avons eu beaucoup ces derniers temps, du soleil. Elle rentrait à la maison lorsque deux hommes l'ont attrapée, violée, puis tuée — il l'ont frappée et finalement poignardée. Comme elle n'était pas rentrée à l'heure où elle aurait dû l'être, j'ai commencé à m'inquiéter. J'ai marché jusqu'au journal, mais je ne vis aucune trace d'elle. Ils me dirent qu'elle était partie depuis un bon moment déjà. Alors je sus. Car jamais elle n'aurait été quelque part sans nous en avertir. Ce n'était tout simplement pas le genre de relation que nous avions.

Nous avons donc dû affronter les autorités compétentes

pour qu'on se mette à sa recherche. Et elles l'ont fait. Nous avons été partout. Ils ont fini par la retrouver trois rues plus loin. Ils sont venus chez nous avec un prêtre, ignorant que nous étions Quaker.

Nous avons reçu des lettres de tous les coins du pays, de gens que nous n'avions jamais vus. Leur soutien nous a aidé à survivre au jour le jour. Certains avaient vécu le même genre de drame, et cela semble nous avoir aidé.»

S : «Vous savez, rien de ce que je pourrais vous dire sera utile dans l'immédiat. C'est le moment pour vous d'explorer votre impuissance et vos peurs face au monde. Comme Quaker vous avez appris depuis longtemps à «écouter votre petite voix intérieure». Mais cette voix sera parfois difficile à entendre lorsque le mental sera fort agité.»

M : «Oui. Nous avons des hauts et des bas. Pour l'instant je parviens à fonctionner.»

S : «Vous donnez-vous parfois l'autorisation de ne pas fonctionner ?»

M : «Oui. Je fais ce que je suis obligée de faire.»

S : «Ce qui serait utile en ce moment, ce serait de vous ouvrir entièrement à toutes vos émotions.»

M : «Je ne pense pas avoir le choix.»

S : «Il y a beaucoup d'émotions différentes. Et la gamme toute entière ne manquera pas de remonter à la surface. Ayez simplement la bonté de leur accorder l'espace nécessaire.»

M : «Ces événements datent d'il y a un mois. Les deux hommes ont été arrêtés et nous devons comparaître devant le tribunal. Je sens que ce sera très dur pour nous deux. Tout ce qui se cache encore là-dessous va sûrement faire surface lors de ce procès. Je suis furieuse contre eux, bien sûr. J'ai le sentiment que le monde entier a été violé. J'ai l'impression qu'elle est tombée sur un monstre fou et insensible. C'est le cauchemar de mon enfant que je ressens. Je me souviens, lorsqu'elle avait peur et qu'elle faisait un cauchemar la nuit, j'allais chez elle et lui disais : «Donne-le moi». Elle me le racontait puis se rendormait, et je m'en allais avec le cauchemar. Maintenant aussi, j'essaie de prendre son cauchemar sur moi...»

S: «Mais vous ne pouvez pas lui enlever ce cauchemar. C'est votre cauchemar maintenant. Son cauchemar à elle n'a duré qu'un instant et s'est depuis longtemps volatilisé loin derrière elle. Le vôtre se poursuit aussi longtemps que vous le revivez dans votre mental. Pour vous, c'est un millier de fois qu'elle se fait violer. Pour elle cela n'eut lieu qu'une seule fois. Pour vous, à chaque fois cela recommence, encore et encore. Mais pour elle chaque instant est un autre instant. La mort est intervenue une seule fois, en un seul instant, et puis l'instant d'après fut déjà différent. Ce qu'elle a vécu n'a rien à voir avec ce que vous imaginez, avec ce dont vous avez peur, avec votre rage impuissante de n'avoir pu la protéger de ce monstre insensé.

Restez ouverte à l'amour, la colère, la peur, mais n'oubliez pas que ce que vous ressentez n'existe que l'espace d'un instant, puis vient l'instant suivant. Dans une situation comme celle-là, le mental a tendance à repasser indéfiniment la même séquence. Imaginez que vous vous cassiez une jambe en traversant la pelouse. Vous pouvez mentalement revivre cet instant de nombreuses fois. Mais dans les faits, lorsque cela se produit, vous marchez sur la pelouse, et la pelouse est derrière vous. Vous trébuchez sur la bouche d'arrosage, et elle passe derrière vous. Il y a l'instant où l'os se casse, et c'en est fait de celui-là. Et puis surgit l'instant suivant. Mais lorsque vous pensez à ce qui est arrivé à votre fille, l'instant suivant n'arrive jamais. Vous retournez en permanence au point de départ. Elle n'a pas souffert ce que vous imaginez. Elle n'a traversé cela qu'une seule fois.»

M: «Je sais. Moi je le revis chaque matin.»

S: «Vous le revivez des millions de fois. Votre peur de ce qu'elle a vécu est bien pire que ce qu'elle a réellement vécu. Comme vous le savez, lorsque vous vous blessez, vous êtes prise par la dynamique du moment. Tout le monde autour de vous essaye de vous aider, leur mental s'embrouille et panique, et toutes sortes d'émotions peuvent apparaître qui ne sont aucunement présentes en vous. A ce moment-là, vous êtes entièrement avec ce qui se passe, avec la jambe cassée, la douleur, le problème concret que cela représente. Son expérience fut probablement celle d'une grande frayeur, et ensuite, comme cela nous fut souvent rapporté par des personnes ayant vécu — et survécu — un cas semblable, un phénomène étrange semble se produire, vu l'énormité du danger imminent. Une espèce de déconnexion. Non pas un évanouissement, ou un retrait catatonique du mental, mais comme une projection du mental à l'extérieur du corps.»

Nous avons fait part à Marcia des récits de personnes qui avaient vécu des agressions violentes, et d'autres également qui avaient subi une noyade. On pourrait croire que la noyade est une des morts parmi les plus terrifiantes, mais nos échanges avec plusieurs personnes qui ont failli se noyer et ont dû être mises sous respiration artificielle après avoir été sauvées in extremis, nous ont convaincus du contraire. Toutes dirent que lorsqu'elles se retrouvèrent au fond de l'eau, les poumons brûlants et réalisant ce qui leur arrivait — qu'elles allaient mourir — elles furent soudain envahies par une paix extraordinaire. Elles «virent» leur corps se débattre dans l'eau, mais leur expérience n'était pas celle qu'on aurait pu imaginer devant le spectacle de ce corps luttant désespérément, à la recherche d'une bouffée d'air. Leur expérience était celle de la paix et d'une intime conviction que «tout est bien».

S: «Certes, votre fille a dû connaître une grande frayeur. Mais cela ne fut pas son seul état d'esprit durant cette expérience. Lorsque le corps se rend compte qu'il est irrémédiablement menacé, quelque chose semble se produire. On peut donc imaginer ce que fut son expérience. Car cela n'a duré que quelques instants, et puis c'était terminé. Et l'instant suivant elle s'est retrouvée hors de son corps, poursuivant son chemin dans la paix, sans peur, sans douleur.»

M: «Oui. La plus grande difficulté en ce moment c'est le mental qui repasse toujours ces mêmes images. Comme aujourd'hui. J'ai vu sa main, mentalement. Cela m'a fait un choc, car elle était très artiste; elle avait fait d'énormes progrès les derniers mois. Je voyais sa main coupant du papier puis traçant avec une plume des traits parfaitement assurés. Ce fut très pénible.»

S: «Cela vous rappelait ce qu'elle avait été ?»

M: «Oui. J'ai si souvent tenu cette main. Nous nous sommes promenées partout ensemble. Nous étions si proches — tous les cinq.»

S: «Quel âge ont vos autres enfants ?»

M: «L'un a tout juste deux ans de moins que sa soeur, et le plus jeune a huit ans.»

S: «Une chose à quoi il faut être attentif, c'est qu'un enfant, même un jeune adolescent, a encore le sentiment que ses parents peuvent le protéger de tout. Vos enfants ont vu leur soeur se faire tuer, et au plus profond d'eux-mêmes ils se sentiront très insécurisés dans ce monde.»

M: «Oui. Mon fils aîné dit qu'il ne se sent plus en sécurité lorsqu'il se promène dans la rue.»

S: «C'est une question à laquelle vous allez devoir être attentive pendant quelques temps. La mort de sa soeur a profondément affecté sa vision du monde. Mais l'amour et l'unité familiale l'aideront à rétablir progressivement son sentiment de sécurité.

J'ai vu beaucoup de seconds enfants devenir «aîné» avec beaucoup de fierté et de courage, assumant leur nouveau rôle avec un sens nouveau de responsabilité face à la vie.

Tout cela va changer, tout comme vos sentiments. Vous ne pourriez les garder indéfiniment, même si vous le vouliez. Car ils font partie d'un processus, celui du deuil. Vous aussi, tout comme votre fille, vous devez vous ouvrir à ce que la vie vous apporte de nouveau à chaque instant.»

M: «Pendant tout un temps j'étais incapable d'entrer dans sa chambre. Je passais devant sa porte et cela me rendait triste. Au début, juste après sa mort, la maison était toujours pleine de monde et il y avait tant de distractions, mais lorsque tout ce monde a cessé de venir, à chaque fois que je passais devant sa chambre, mon coeur se brisait. C'était un peu comme si j'attendais qu'elle en sorte, toute belle et rayonnante, prête pour une nouvelle journée.

Un jour son petit ami, qui pendant les premières semaines était presque dans un état catatonique, vint chez nous et demanda s'il pouvait monter dans sa chambre et rester là en silence quelques temps. Nous avons dit : «Bien-sûr, pas de problème». Après une heure environ il est redescendu et nous a demandé à tous de monter dans la chambre. Nous sommes montés et nous sommes entrés. Il y règnait une paix indescriptible. C'était incroyable. Je suis restée assise un long moment et j'y suis retournée plusieurs fois depuis avec ses amies, et nous avons parlé d'elle en riant. Par moments je suis pleine de joie, émerveillée par la beauté de la vie qu'elle a eue, par l'amour que tout le monde lui porte.»

S: «Cette joie sera là, par intermittence. Au fur et à mesure que votre chagrin se dégagera de votre mental, que vous la ressentirez moins comme un être séparé, comme quelqu'un venu dans votre vie sous les traits de votre fille, l'agitation du mental s'estompera et vous serez davantage dans votre coeur où vous la retrouverez dans l'union profonde de votre lien essentiel. Alors la forme, qui vous paraissait si importante mais qui vous est maintenant retirée, sera aperçue comme une illusion. Vous comprendrez que c'est elle qui, d'une certaine manière, vous a tenues à distance l'une de l'autre. Séparées de cette fusion totale dans le silence de l'être intérieur. C'est maintenant que vous pouvez aller au-delà de ces formes, au delà de la mère et la fille, la plus âgée et la plus jeune, celle qui sait et celle qui apprend. Et vous reconnaître comme deux êtres dont l'essence, inséparable, communie dans l'amour. C'est alors que le deuil se consume et accomplit son oeuvre. Votre fille est passée à l'étape suivante de son évolution, sans aucun doute l'étape qu'il lui fallait au moment qu'il fallait. Et c'est pareil pour vous: cette souffrance insupportable vous propulse vers la nouvelle étape de votre existence.»

M: «J'avais tellement envie qu'elle vieillisse, qu'elle ait des enfants, qu'on parle et qu'on rie ensemble.»

S: «Cela ne vous sera pas donné, mais ce qui vous sera donné, si vous pouvez le lui permettre — comme cela semble être le cas — c'est que votre coeur déchiré s'en trouve plus ouvert qu'avant.

Elle avait une fameuse capacité d'amour et d'acceptation, votre fille. Savez-vous que deux cent mille personnes meurent chaque jour sur cette planète ? Et de ces deux cent mille, combien pensez-vous approchent leur mort avec le coeur aussi grand ouvert que le sien, avec une vie aussi épanouie ?»

M: «Les six derniers mois elle s'était ouverte de façon impressionnante. Ses amies avaient énormément confiance en elle et lui faisaient souvent des confidences. Comme disent certains, elle était «une vieille âme». Elle était vraiment devenue elle-même ces derniers mois. Sa vie était pleine et complète.»

S: «On dirait qu'elle s'apprêtait à terminer ce qu'elle avait à faire. Elle a de la chance d'avoir eu ces derniers mois.»

M: «Quand je dis qu'elle est là, je veux dire qu'elle est en moi, en son père, en ses frères...»

S: «Et vous avez les mêmes leçons à apprendre que celles qu'elle a apprises. Comme nous tous d'ailleurs. Il se peut qu'elle ait appris ses leçons instantanément, il y a six semaines, qui sait ? Il se peut que l'essentiel de ce qu'elle était venue apprendre se situait précisément dans ces quelques derniers instants de sa vie, et beaucoup moins dans les seize années d'amour qui précédaient.»

Nous avons parlé longtemps encore de la manière dont la famille, y compris les grands-parents et les cousins, avaient vécu cette perte soudaine. Sa tragique disparition avait resserré les liens familiaux. Tous vivaient ce deuil avec une profonde affection pour chacun.

Dans l'année qui suivit nous eûmes plusieurs conversations avec Marcia, son mari et son fils aîné. Nous vîmes la douleur disparaître peu à peu, tandis qu'ils reprenaient le dessus dans la vie avec une ouverture de coeur et un soutien mutuel renouvelés. La guérison fut lente et profonde. Le frère aîné se mit à jouer au piano comme sa soeur l'avait fait. Il adoptait progressivement son nouveau rôle d'aîné et s'occupait souvent de son plus jeune frère, ce qu'il avait toujours refusé de faire dans le passé. Il avait d'ailleurs craint ne jamais pouvoir jouer au piano, car disait-il : «Sa soeur était toujours si brillante dans tout ce qu'elle faisait», mais maintenant il se sentait tout aussi capable.

Sans qu'on puisse dire qu'il soit totalement résorbé, le deuil leur a permis de s'ouvrir à la vie d'une manière qu'ils n'auraient pu imaginer dans le passé. D'une certaine manière, ils se sont laissés mourir à la vie, ils ont pu apprécier le moment privilégié que leur apportait cette expérience, abandonnant progressivement leurs peurs et les rigidités du passé.

Il y a plusieurs dizaines de familles avec lesquelles nous avons eu l'occasion, ces dernières années, de parcourir le chemin de la guérison consécutif à la disparition tragique d'un enfant. Dans la plupart des cas, nous avons constaté la lente émergence d'une nouvelle orientation face à la vie, d'une nouvelle profondeur. Pour certains il est vrai, le contact avec nous fut trop douloureux. Ils nous rappellent ou écrivent rarement.

Il arrive fréquemment, lorsque je suis au téléphone avec le parent d'un enfant assassiné, que mes enfants fassent irruption dans la pièce avec toute l'urgence de leur adolescence : «Nous sommes pressés, nous partons en ville, à quelle heure devons-nous être rentrés ?» Et bien que le mental soit frustré d'avoir été interrompu, le coeur s'ouvre au délice de chaque instant que nous partageons ensemble. La priorité se fait chaque jour plus évidente: honorer chaque être dans son développement à lui, sans le retenir ni le forcer dans une voie différente. Chaque jour nous apprend à souffrir un peu moins de ce qui nous maintient séparés, de l'isolement entre un père et son fils, entre une mère et sa fille. Chaque jour nous nous ouvrons davantage à l'être unique dont nous sommes, chacun, une des innombrables facettes.

Chapitre 12

GUERIR EN S'OUVRANT A LA VIE

ANTHONY, PATIENT CANCEREUX

Nous avons fait la connaissance d'Anthony, un garçon de vingt ans originaire de l'Orégon, lors d'un de nos séminaires. Le côté gauche de son visage était fort déformé par une tumeur à la joue et à la lèvre. Son apparence était de nature à attirer l'attention, mais il n'y avait pas que la déformation de son visage qui frappait. Ses yeux, d'un vert profond, brillaient comme deux lacs au milieu d'un volcan dont l'irruption violente refroidissait lentement. Le feu de la vie émanait de ces yeux. Une vie encore sous le choc du cataclysme, hésitant entre l'extinction et une nouvelle naissance.

Il nous appelait occasionnellement en nous demandant si nous avions un moment à lui accorder «pour l'aider à mâcher les morceaux durs». Cela nous faisait toujours rire, car à cette époque nous étions devenus végétariens. Notre premier travail avec lui se limita à une écoute en profondeur, laissant son mental déverser toutes les souffrances accumulées. Pendant des mois ce fut surtout un délestage du passé, et peu d'apport spécifique de notre part. Ce ne fut qu'après cela qu'Anthony me demanda quelle méditation il pourrait utiliser pour «débloquer son cancer».

Précisant d'abord que cette approche n'avait rien d'une médication, je lui expliquai comment il pouvait diriger vers l'endroit malade de son corps l'énergie d'amour, de pardon et de guérison dont il avait besoin. Nombreux sont ceux qui trouvent plus utile d'envoyer de l'amour vers la région perturbée que des pensées de peur et de rejet. Je lui parlai de la possibilité de se concentrer sur cette partie de son corps et de pénétrer directement les sensations qu'il y percevait. De localiser et de visualiser l'endroit précis de la tumeur et d'y déverser son amour. Cela signifierait peut-être que pour la première fois il l'accepte, cette tumeur, qu'il lui permette d'exister, de façon à ce que ses forces naturelles de guérison puissent y accéder. Concentrer son attention sur l'évolution des sensations. Diriger toute sa conscience vers cet endroit. Etre réceptif à toute émotion qui pourrait s'y déceler, où même à un éventuel message que la tumeur pourrait vouloir exprimer. Etre à l'écoute de la maladie, sans rien y ajouter, simplement rester ouvert à ce qu'elle veut lui dire. L'accueillir avec pardon. Visualiser si possible la maladie en suivant les subtiles variations dans les sensations. Une fois que le lien est bien établi avec cette région, entamer alors la seconde étape et porter son attention vers le centre du coeur. Respirer profondément vers le coeur, comme si l'énergie empruntait un conduit d'aération invisible traversant le sternum. S'ouvrir ensuite à la chaleur et la tendresse qui sont là, juste sous les divagations incessantes du mental. Concentrer toute son attention sur le coeur. Et à chaque respiration, douce et profonde, sans forcer, répéter les mots «amour», «douceur» et les accompagner de voeux de bien-être et de santé pour tous ceux qui nous entourent, puis au-delà, pour la planète entière. «Que tous les êtres puissent être libérés de la souffrance. Que tous puissent être guéris». Et lorsque le canal d'amour est bien ouvert, utiliser la perception de la maladie comme conduit pour y diriger, à chaque respiration, l'énergie du coeur. Baigner cette région d'amour et de lumière. «Personne ne prétend que c'est facile au début. Cela peut même paraître assez artificiel, mais à mesure que le coeur s'ouvre, cela devient plus facile. Plusieurs personnes nous ont dit que cette pratique régulière, l'envoi d'amour vers la maladie, et particulièrement dans les moments d'inconfort, leur était plus bénéfique que toute autre méthode.»

Suite au travail que fit Anthony avec cette méditation, son cancer ralentit puis arrêta sa progression. Il sembla alors y avoir une réelle possibilité de guérison. Comme souvent lorsqu'un patient se sent mieux, et particulièrement lorsque la méditation de guérison donne de bons résultats, le besoin de nous appeler diminue sensiblement. Faisant preuve d'une confiance accrue, Anthony nous dit lors d'une de nos conversations : «Je me suis senti comme un gamin de cinq ans toute ma foutue vie !»

S: «Et bien, il est temps d'avoir six ans. Faisons une fête d'anniversaire où tu célébreras ta sortie de l'âge d'incapacité, le rite du passage.»

La fête fut célébrée, et Anthony souffla ses bougies sur un gâteau d'anniversaire, et il y eut des chants, des rires, et une abondance de sucreries.

Anthony poursuivit ses méditations, y compris durant ses traitements, dont il aida à diriger l'énergie de guérison vers le lieux précis de la maladie. Je ne l'avais plus entendu depuis quelque temps, lorsqu'un matin le téléphone me tira du sommeil à sept heures. C'était la voix tremblante d'Anthony. Il traversait une période de «changements ininterrompus», et avait depuis quelques jours perdu toute sensation dans les bras et les jambes. Il ajouta : «Ce qui m'étonne, c'est que cela coïncide exactement avec la visite de mon père.»

A: «J'étais énervé de ne pas même pouvoir me soulever pour sortir du lit. Je perdais le contrôle de mes bras et mes jambes. Je croyais que c'était la colonne vertébrale, mais les neurologues à l'hôpital m'ont examiné et prétendent que c'est le cerveau. Pas une tumeur, mais quelque chose au niveau du cervelet, qui contrôle l'équilibre et la coordination des membres. Il se peut que cela soit irréversible. Mes bras sont devenus presque totalement inutiles. Je ne parviens même plus à utiliser mes mains.

Et les excroissances sous mes bras ont commencé à grossir. Je n'ai même pas cinq ans ! Je me sens maladroit comme un bébé.»

S: «Tu sais, en t'écoutant, je me demande si c'est le cancer ou si c'est ton père qui te met dans un tel état de dépendance. Il doit y avoir quelque chose qui bloque l'énergie d'amour qui semblait te faire tant de bien. Te laisses-tu prendre en charge par le cancer comme tu l'étais — et l'es peut-être toujours — par ton père ? Le cancer est-il devenu un parent qui te dit quand tu dois te coucher, quand tu dois manger, comment t'habiller, comment occuper tes journées ?»

A: «Cela a fort empiré lorsque mon père est arrivé. Je ne parvenais plus à faire la méditation. J'étais persuadé que j'allais mourir.»

Je lui demandai s'il avait peur, et il me dit que non, mais qu'il se sentait triste. En explorant davantage ses sentiments et les idées fixes qui revenaient sans cesse dans son mental, il devint évident qu'il y avait en lui beaucoup de tension et de confusion. Bien qu'il ait affirmé être prêt à mourir, cela ne semblait pas être le cas. Plusieurs aspects importants de sa vie nécessitaient d'être éclaircis, et il se sentait angoissé par la menace de devoir abandonner tout cela «à mi-parcours». Il ne pouvait pas envisager la mort avec un sentiment de plénitude, car il ne pouvait mourir comme il l'aurait souhaité, non seulement à cause du manque de contrôle sur son corps, mais surtout à cause de son incapacité à être comme il aurait voulu l'être aux yeux de son père. Celui-ci insistait pour qu'il «garde le contrôle et sorte vainqueur de cette expérience».

S: «Comment as-tu ressenti cette visite de ton père ?»

A: «L'horreur ! Il se prépare à repartir. Il retourne à Miami où l'attend un nouveau boulot.»

S: «T'es-tu mis d'accord avec lui pour qu'il parte aujourd'hui ?»

A: «Non. Il a décidé hier soir qu'il partirait. Il pense que je devrais renforcer la chimiothérapie et les radiations. Et comme je ne suis pas d'accord, il ne veut pas rester plus longtemps. Il dit que je me laisse mourir, et je prétends le contraire, alors il me dit : «Si tu ne te laissais pas mourir, tu opterais pour les solutions raisonnables». Je lui ai dit que c'était ma vie qui était en jeu, et non la sienne, et que je prendrais cette décision seul. Ce n'est que dans la mesure où je sens qu'il s'agit de «ma vie» que je parviens à me sentir mieux et à m'envoyer de l'amour. Mais plus j'affirme mon indépendance et ma propre force intérieure, plus il prétend que je le rejette. Il ne sent pas le respect et l'amour que je lui donne. Il considère Dieu comme une notion à combattre, que Dieu est mort et que c'est à nous de prendre les choses en main. En fait je crois qu'il a peur de Dieu. Mais pour moi Dieu est amour, Il m'aide. Nous avons des attitudes très différentes face à la vie. Mon sentiment est que j'ai le droit de vivre et de mourir comme je le choisis. Il a le droit d'avoir son opinion, mais je ne pense pas qu'il ait le droit de me forcer à suivre son point de vue. Il vit avec une très jolie femme qu'il a rencontré il y a quelque temps, et elle non plus n'est pas de mon avis, mais je ne sens jamais chez elle cette attitude de «j'ai raison et tu as tort.» Pour mon père, le fait que je sois son fils et qu'il m'aime m'oblige à faire ce qu'il dit, sinon je suis un égoïste.»

Anthony se sentit beaucoup mieux après avoir décidé de faire confiance à son intuition concernant le traitement à suivre. Il dit : «Je me permets simplement d'être malade et de voir venir ce que sera ma prochaine étape.» Je lui demandai : «Ta douleur n'est-elle pas en partie causée par ta résistance à cette résurgence inattendue de ta maladie ?» Anthony se mit à pleurer doucement. Quelque chose en lui, dit-il, avait l'impression qu'accepter sa maladie était trahir son père et le lien d'amour qu'il aimerait voir se développer entre eux.

A: «Il dit que je suis trop insolent avec lui et que je ne tiens pas compte de ses souhaits. Et puis je regarde dans le miroir mon visage déformé et je me demande de quelle insolence je dois encore faire preuve avant que cela ne me tue pour de bon. Comment être moi-même, si je reste avec l'idée que je ne devrais pas ? Si la personne dont j'attends le plus d'affection me dit que je dois être autrement ? Et en plus de cela, mon orgueil s'y met aussi, car j'ai soudain besoin d'être aidé dans tout ce que je fais, et il y a tout ce monde autour de moi pour me prendre en charge.»

S: «Tout cela fait partie de l'amour que tu t'accordes, de ce processus d'ouverture à la maladie. C'est l'enseignement de l'impuissance que tu reçois là, permettre à un autre d'être là pour toi comme toi-même tu as besoin d'être là pour toi. Apprendre à t'occuper de toi et à te guérir comme si tu étais un enfant recueilli.

Et pourtant tu hésites à t'accorder cette attention. Tu penses que c'est une erreur. C'est la grande leçon de l'impuissance, de permettre à un autre de s'occuper de toi comme tu souhaiterais le faire pour lui.»

Lorsque je questionnai Anthony concernant les personnes qui s'occupaient de lui, il dit qu'elles étaient nombreuses et qu'elles l'aimaient de façon très belle et très touchante. Et plus elles l'aimaient, plus il se sentait culpabilisé et désespéré de ne pas pouvoir se prendre en charge lui-même comme son père le lui demandait.

A: «Mon père insiste pour que je sois indépendant, mais à sa manière, pas à la mienne. Il veut que je lutte pour vivre, mais je sens au contraire que je dois accepter la vie plutôt que lutter contre elle. J'en ai assez de me battre. Je veux pouvoir aider les autres comme ils m'ont aidé moi.»

S: «C'est tellement plus facile de donner que de recevoir. On contrôle tellement mieux la situation quand on aide que quand on est aidé. Mais c'est là ta leçon en ce moment. Lorsque c'est toi qui aides, toi qui détiens le contrôle, tes blocages ne sont pas réellement exposés, car tu es entièrement pris dans l'action, tu reçois toute la gratitude en retour. Tu ne vois pas les recoins du mental où se cachent les sentiments de culpabilité, d'insécurité, ou d'auto-satisfaction. La négativité est éclipsée par la bonne action. Tout le monde te caresse et fait tes louanges, mais dans le fond de toi-même la vérité reste. Et il arrive un temps où tu ne peux plus maintenir cette image de toi, où les choses ne fonctionnent plus comme tu l'aimerais. C'est alors le moment de faire face à ta réalité intérieure. Et de comprendre que la sécurité, la vraie paix, ne peut être trouvée à l'extérieur. Que c'est dans le coeur que tout se passe, et qu'il te faut renoncer à ces petits jeux et ces manipulations du mental. Le mental doit se mettre au service du coeur.

L'état d'acceptation n'est pas un état mental. C'est une attitude du coeur. Lorsque le coeur est ouvert, le mental est également ouvert. L'acceptation résulte essentiellement du lâcher-prise envers les idées que tu te fais de toi-même, et de ton ouverture à ce lien profond qui t'unit à l'univers tout entier, à la source d'amour qui jaillit en toi, juste en-dessous de cette agitation effrénée de petites pensées individualistes.»

Lorsqu'Anthony me demanda ce qu'il pouvait faire pour ouvrir davantage son coeur à l'énergie de guérison, il me sembla approprié de lui apprendre la pratique du «souffle de chaleur et de patience». Dans cet exercice l'attention est concentrée sur les sensations dans la poitrine. Inspirer vers le coeur, puis expirer. Inspirer en se remplissant de chaleur et de douceur. Expirer lentement en évacuant la tension, en relâchant la crispation. Inspirer de la chaleur, expirer la tension. Chaque inspiration renforce la sensation de chaleur et de confiance. Chaque expiration approfondit la patience, libérant ainsi l'espace nécessaire pour la prise de conscience. Cette patience générée par l'expiration n'est pas à confondre avec une «attente patiente» — cela serait plutôt de l'impatience. C'est au contraire une profonde et totale acceptation qui laisse les choses être ce qu'elles sont, en faisant confiance au rythme qui leur est propre. La chaleur de l'inspiration alimente l'éclosion de cette acceptation. Cet exercice très simple améliore considérablement le confort, mais aussi la compréhension des processus en cours. «Tu sais, envoyer cet amour directement vers ta tumeur n'est pas très différent de l'envoyer vers ton père.»

Dix jours plus tard Anthony appela pour dire que quelque chose avait éclaté en lui, «comme si un bouchon avait sauté et avait répandu du sang et du pus partout, ou de l'amour et de la peur, à perte de vue.» Lorsque je lui demandai de préciser cette expérience, il dit : «Hier était pour moi un jour exceptionnel, une vraie percée, un jour plein d'émotions, ce que je ne m'autorise pas souvent, car je suis trop occupé à maintenir le contrôle. J'étais assis et j'écoutais de la musique. Elle me produisait un tel effet que j'avais envie de pleurer. En m'observant intérieurement, je découvris que c'étaient des larmes de joie provoquées par la beauté de la musique. En regardant plus loin encore, je vis une grande tristesse, ce n'était que douleur et tristesse. Et il m'a semblé que cette douleur provenait des années où je me suis fermé à la vie, où j'essayais de la manipuler. Depuis peu, je commence à voir qu'il n'y a rien à quoi il faut se raccrocher. Et pourtant, c'est ce que je fais chaque instant de ma vie. Je me renferme autour de ma douleur. Je refuse toute les incertitudes.

Hier donc, j'ai compris d'où venait cette tristesse, et comment j'en étais responsable. A la fin de la journée, en repensant à ces émotions, j'ai laissé la tristesse remonter à la surface et je me suis mis à pleurer. J'ai remarqué à quel point je résistais au lâcher-prise et à quel point cela renforçait ma souffrance. J'ai vu combien mes larmes me faisaient peur. C'est comme si une partie de moi-même mourait. La partie qui s'accroche à l'image de l'homme que je pensais devoir être. Ce jeu là, j'y ai renoncé. C'est une partie de moi qui meurt, mais c'en est une autre qui naît.»

Le souffle de chaleur et de patience sembla rendre à Anthony la confiance et la force pour continuer à progresser. En examinant son conflit avec son père — et son conflit avec lui-même — il vit plus clairement combien il avait fait obstacle à sa guérison. En inspirant la chaleur et en approfondissant son acceptation et sa patience, il se libérait un espace pour guérir, et même pour mourir s'il le fallait, mais sans cette impatience, sans cette lutte contre la vie. Acceptant sa maladie comme elle était, il pouvait y accéder comme jamais avant. Et il commençait à accepter sa responsabilité dans cette situation, sans pour autant se culpabiliser. Au cours des derniers jours ses bras et ses jambes avaient retrouvé peu à peu leur sensibilité, tandis qu'il redécouvrait la sensation de faire partie du monde, un sentiment nouveau de plénitude.

«Tu sais,» disait-il, «Dieu est mon ami, mais je ne comprends pas toujours sa manière de fonctionner.» Je lui racontai l'histoire de Sainte Thérèse, afin de l'aider à accepter cet aspect de «non-compréhension». A l'époque, Sainte Thérèse mourait d'une lente maladie dans sa cellule monastique. Faisant face à d'insupportables douleurs, elle s'adressa à Jésus et lui dit : «Jésus, pourquoi affliges-tu ta fidèle servante ? Moi qui t'ai tant aimé, tu m'accables de tant de douleur ? Comment cela se fait-il ?» Et la douce voix de Jésus lui répondit : «La douleur est un cadeau que j'offre à tous mes amis.» A quoi Thérèse répondit : «C'est peut-être pour cela que tu en as si peu.»

Anthony et moi rîmes ensemble, puis nous prîmes rendez-vous pour un prochain contact dans les jours à venir.

Au cours de l'année qui suivit, Anthony entreprit de se soumettre à de nouvelles approches thérapeutiques, qu'il qualifia de «radicales et délicieuses» : l'acupuncture, les herbes médicinales et une discipline diététique particulière. Un approfondissement de son acceptation et des exercices de méditation contribuèrent également à une spectaculaire amélioration de sa santé. Les gonflements sur son visage et ses lèvres diminuèrent, et son énergie revint.

A: «Maintenant je suis mon propre parent et mon propre guérisseur, et c'est beaucoup mieux ainsi. En fait, j'ai parlé à mon père l'autre jour, et au lieu de nos éternelles chamailleries, j'ai ressenti un besoin de le protéger. Je n'avais aucune peur de lui. Je l'aimais, tout simplement. Et je dois dire que cela lui a coupé le sifflet. Il était reparti sur son ton habituel, mais quand je lui ai dit comment les choses évoluaient pour moi, il s'est arrêté et s'est soudain mis à pleurer. C'était la première fois que je voyais mon père pleurer. Et je me suis laissé être son père un moment. Tout cela semble s'arranger et me paraît déjà plus facile. Mais tu sais, maintenant que j'ai retrouvé mon énergie, j'ai un autre problème. J'ai des envies sexuelles de plus en plus pressantes !»

S: «Tiens donc ! Cela n'a rien d'étonnant. Tous tes anciens modes de relation avec le monde vont réapparaître. Mais tu peux les aborder d'une nouvelle manière. Avec le coeur. Cette guérison et tout l'amour auquel tu t'es ouvert n'ont pas seulement atteint ton corps physique. C'est encore très nouveau pour toi, mais il n'y a aucune urgence. L'éveil de la sexualité est souvent le premier signe d'ouverture au monde que ressentent les grands malades lorsqu'ils vont mieux. Cela signifie que le corps est de nouveau prêt pour l'action, si on peut dire. Et tu sais, c'est pareil à chaque niveau. Tout comme il fallait renoncer à «lutter» contre la maladie, il faut maintenant appliquer l'adage des années soixante : «Fais l'amour, pas la guerre.» Fais en sorte que ton énergie sexuelle soit elle aussi une énergie de guérison, et non l'expression de nos vieilles peurs et besoins de contrôles. Pas de panique, pas de précipitation, simplement un partage d'amour et de délice.»

A: «Oui, je suis vraiment prêt pour cela. Mais je n'ai pas de partenaire et je me sens seul et prêt à me jeter sur la première venue. J'en parlais à un copain récemment, et je lui ai dit que je priais pour mieux comprendre ce qui se passait en moi. Il m'a répondu d'un air un peu moqueur : «Laisse tomber tout cela, prie pour avoir du sexe !» J'en ai ri, mais j'avoue que maintenant je commence à y penser sérieusement.»

S: «Toutes les méthodes sont bonnes ! Mais je ne sais pas trop comment le ciel réagit aux prières de cul. Fais-le en tout cas avec un peu d'humour, et un peu moins de désir effréné. Un peu de chaleur et de patience, patience et confiance. Comme disait un de mes amis : «Dieu est un sacré faiseur de mariages !» Et n'oublie pas que lorsque tu demandes quelque chose en priant, tu ne pries que pour toi-même, alors que si tu t'assieds avec la volonté d'être à l'écoute, tu peux percevoir ta source divine, tu peux avoir accès aux niveaux plus profonds de toi-même, et même découvrir qu'il n'y a pas «d'autres», que nous faisons tous partie d'une seule et même entité. Peux-tu imaginer ce que c'est de faire l'amour avec cette conscience d'unité plutôt que mus par ce besoin d'assouvissement et ce désir craintif de possession qui si souvent caractérisent nos ébats sexuels. Et réjouis-toi. Arrête de lutter. Fais l'amour, pas la guerre.»

Alors qu'Anthony retournait peu à peu à la vie normale, trouvait un nouveau boulot, de nouveaux amis et petites amies, sa guérison se poursuivit à tous les niveaux.
Il appela il y a quelques mois et je lui demandai comment allait sa nouvelle vie. Il dit : «Je vis ma vie, tout simplement.» Son cancer a complètement disparu. «La difficulté maintenant c'est de ne pas perdre tout ce que j'ai appris. Et de poursuivre sur cette lancée.»

Chapitre 13

QUI MEURT ?

STAN, PATIENT CANCEREUX

Il faisait nuit lorsque Stan nous appela pour la première fois. «Excusez-moi de vous appeler si tard. J'ai hésité toute la journée avant de me décider à le faire. Cela m'est très difficile de demander de l'aide. J'ai un cancer aux poumons, et je réalise que ma mort approche.»

Stan était plombier et avait découvert il y a trois mois, lors d'un contrôle médical de routine, qu'il avait des tâches aux poumons. Ces derniers mois, son état physique s'était fortement détérioré à cause de la douleur et de sa difficulté à respirer. «Je me suis mis à jeter un regard en arrière sur ma vie, et je n'y ai rien trouvé qui puisse m'aider à traverser cette épreuve. En fait, la seule chose qui puisse peut-être me préparer à mourir est ce séminaire que j'ai fait avec Ram Dass il y a douze ans. Ce que j'ai appris alors murmure encore quelque part en moi. Cela m'aide un peu, mais j'ai l'impression de tourner en rond dans un moulin qui crie «moi, moi, moi, moi.»

Je lui demandai comment il percevait ces «moi», et il dit : «Ils sont frustrés, complètement frustrés.» Je lui demandai alors ce que la vie lui refusait pour qu'il se sente frustré à ce point.

Il répondit : «Je suppose que c'est l'angoisse d'être si totalement démuni face à une maladie de cette importance, et plus encore face à la mort.» Je lui dis : «Votre frustration provient-elle d'un sentiment que certaines choses sont inachevées ?» Sa réponse vint avec un cri de rage : «Inachevées ? Rien n'est achevé ! Tout n'est que tentatives avortées. Ma vie ne ressemble à rien ! Où a-t-elle filé ? Pourquoi cela m'arrive-t-il à moi ? Et puis surtout je me sens si seul, je ne me sens pas prêt... ma vie est un échec. C'est comme un énorme hall avec d'innombrables «moi» à tous les niveaux.» Je lui demandai : «Qu'ont-ils à vous dire tous ces «moi» ?» Stan fit avec exaspération : «Tout ! Il m'arrive d'être désespéré au point d'avoir envie de mourir et d'en finir au plus vite. Je me demande si je verrai jamais une lumière au bout de ce hall interminable. Je me perds en moi-même.»

Lorsque nous abordons quelqu'un pour la première fois, nous sommes parfois surpris nous-mêmes par l'approche qu'intuitivement nous sommes amenés à proposer. La manière dont Stan mentionna ce séminaire auquel il participa des années plus tôt, indiquait une ouverture spirituelle d'autant plus évidente que cela semblait être sa seule référence susceptible de lui apporter un certain réconfort. Malgré la frustration et la douleur, bien compréhensible dans sa situation, Stan semblait avoir le potentiel nécessaire pour parvenir à «se hisser hors de son trou». J'avais le sentiment qu'il pourrait utiliser la technique du «Qui suis-je ?», une méthode d'auto-analyse et d'évolution personnelle que plusieurs de nos patients avaient trouvé extrêmement utile.

S: «Qui est ce moi qui se sent perdu ?»
St: «Ouhh !»
S: «Suivez-moi bien pendant un instant. Essayons de voir plus clairement de quoi il s'agit. Vous dites que vous souffrez, vous êtes frustré, vous remettez même votre vie en question. Je vous demande simplement qui est ce «moi» ?

Si vous luttez contre la frustration, la peur, la confusion, elles se resserrent autour de vous comme un lasso. Il est donc préférable, plutôt que de vous laisser étrangler par ces sentiments, de pousser un peu l'investigation de façon à mieux voir autour de qui ou de quoi ce lasso est en train de se resserrer. Explorons un instant le mental avec son énorme hall rempli de «moi, moi, moi». Combien de fois avez-vous calmement observé ses différentes voix et attitudes, ses conflits et ses frustrations, au lieu d'ouvrir toutes les portes et de courir affolé dans tous les corridors ? Arrêtons-nous une minute pour voir «qui» fait cette expérience plutôt que de nous y perdre.»

St: «Que cela peut-il m'apporter de bon ?»

S: «Plutôt que de vous perdre dans la peur, vous pourriez prendre un peu de recul par rapport à ce qui vous arrive. Y a-t-il seulement une réponse satisfaisante ? Existe-t-il un «moi» qui soit toujours le même ? Le «moi» de quarante-cinq ans qui doit envisager de mourir est-il le même que le «moi» qui avait six ans ? Ou change-t-il en permanence selon les circonstances ? Le «moi» que vous vous efforcez de protéger n'est-il pas le nom que vous donnez à votre image solide, celle précisément que vous craignez de perdre en mourant ? Qui donc est ce «moi» si précieux que vous avez peur de perdre ?»

St: «Pensez-vous que cela me serve à quelque chose ?»

S: «Je pense qu'en ce moment vous n'êtes pas en paix avec vous-même parce que toutes les voix discordantes qui se bousculent dans votre mental vous font perdre la tête. Pouvez-vous simplement vous ouvrir à ces voix ? Pouvez-vous voir les différents personnages qui traversent et se succèdent dans ce hall en perpétuel changement ? Un moment de frustration, un moment de peur, un moment de doute, un moment de compréhension, un moment de fierté et puis un nouvel égarement dans les sombres couloirs du mental où clignotent une multitude de petites lampes.»

St: «Je ne suis pas sûr de comprendre ce que vous dites. Essayez-vous de me dire qu'il n'y a pas de «moi» ? Si c'est le cas, je peux vous dire tout de suite que ce sont des conneries. Je souffre, «moi» !»

S: «Non, Je dis que celui que vous êtes vraiment n'est pas celui que votre mental appelle «moi». Et que si vous pouvez vous désidentifier de tous ces «moi» imaginaires, seule la vérité restera. Peut-être trouverez-vous, derrière ce moi isolé, quelque chose de plus grand, une qualité d'être qu'aucune séparation ne touche. Peut-être découvrirez-vous que nous sommes en réalité immortels. Ce que le mental prétend être n'est toujours qu'une partie de la vérité. Lorsque vous avez mal et que vous vous demandez : «Qui a mal ?», vous vous rendez compte que quelque chose en vous s'accroche aux sensations de douleur. La perception du «moi» est alors «celui qui souffre». C'est un «moi» qui s'identifie au supplice qu'il est en train de vivre. Et plus le sens du «moi» est fort, plus il est difficile de faire face à cette douleur. Plus il y a un «moi», plus il y a quelqu'un qui souffre. Ce qui s'appelle «moi», c'est notre résistance à la vie, notre constante recherche de satisfaction. Et c'est ce «moi»-là, précisément, qui a peur de la mort. C'est l'idée d'avoir quelque chose à perdre — un statut, une réputation, une famille, une sécurité, un cocon. Qui est ce «moi» qui souffre ? Qui meurt ?»

St: «J'entends ce que vous dites, mais néanmoins il me semble que c'est «moi» qui suis en train de mourir d'un cancer !»

S: «Quel «moi» ? Je sais que cette question vous paraît bizarre, mais restons y encore un instant. C'est un peu comme un cours d'algèbre. La valeur x semble rester pour toujours une inconnue. Puis vient le moment où soudain la solution est évidente.

Lorsque je vous demande quel «moi», je n'essaie pas de vous piéger. Je demande simplement laquelle de toutes ces voix que vous percevez en vous, lequel de ces différents «moi» est le vrai. Vous vous êtes toujours appelé «moi» depuis que vous avez deux ans. Mais vous n'avez pas arrêté de changer. N'y a-t-il pas un «moi» plus constant derrière tout cela ? Si je demandais : «Qui meurt ?», que répondriez vous ?»

St: «Celui que je suis !»

S: «Et à qui cela fait-il référence ?»

St: «Et bien, je suppose à «Stan», celui qui dirige une petite société de plomberie, qui est père de deux enfants, un pauvre con qui est en train de crever du cancer.»

S: «Vous savez, lorsque vous dites «je suis ceci», «je suis cela», il y a toujours quelque chose à perdre, et cela ne représente jamais la vérité complète. Il y a toujours un petit côté d'imposture lorsqu'on rattache quelque chose à la conscience pure qui affirme «je suis». Ce «je suis» représente une expérience d'un tout autre ordre que d'indiquer «ceci» et «cela»... Il n'y a que la conscience d'être, une présence, et non toutes ces choses qui sont à l'origine des conflits et de la confusion que connaît le mental. Allez vers ce «je suis» qui ne se rattache à rien. Explorez-en l'espace grand ouvert. Un espace où seule la conscience d'être existe. En réalité, lorsque vous y êtes vraiment, le «je» tend à disparaître, et seul le «suis» s'affirme.

C'est le «je suis ceci» qui souffre lorsque vous êtes trop malade pour subvenir aux besoins de votre famille. Qui dirige votre affaire lorsque vous ne pouvez plus travailler qu'une heure par jour ? Qui est ce père, ce mari, ce protecteur qui ne peut plus répondre aux exigences de son rôle ? Votre «je suis ceci» est si solidement ancré en vous que lorsque vous ne pouvez plus faire ce que vous faisiez, vous êtes effondré.»

St: «C'est exactement cela qui est si frustrant. Je ne peux plus être celui que j'ai toujours été. Mon corps s'affaiblit, je maigris à vue d'oeil, et je n'ai parfois plus la force de monter les escaliers. Je reste couché, et j'écoute les enfants dans la pièce d'à côté. Et j'enrage de ne pas pouvoir me lever et participer à la vie de famille. Que se passe-t-il en moi ? Comment se fait-il que je ne me sens plus bon à rien ? Pas seulement physiquement, mais pour tout. Je me sens si loin de tout, si seul. Pourquoi est-ce si difficile ?»

S: «Il y a plusieurs manières d'aborder cette question. Mais mon sentiment est que l'approche la plus simple et la plus directe pour vous est de bien examiner qui est malade, qui va mourir, qui est si frustré. Cela peut paraître un peu surprenant à ce stade-ci, mais j'ai le sentiment que vous avez la capacité de résoudre votre problème et de vous élever au-dessus de cette douleur et de ces attaches qui vous maintiennent piégé dans la peur et la frustration.»

Nous terminâmes la conversation par le récit de quelques

cas où cette approche eut de bons résultats. Les événements eux-mêmes ne se modifiaient pas, mais l'état d'esprit dans lequel ils furent vécus devenait très différent.

S: «L'attitude envers la maladie peut être radicalement modifiée, ce qui permet à la guérison d'intervenir et de faire son travail, quel qu'il soit, que ce soit un retrait du cancer hors du corps ou un retrait de «vous» hors du cancer. J'ignore ce qu'est la juste solution dans votre cas. Vous êtes le seul à pouvoir trouver la bonne issue. Allez-y avec douceur et lucidité. Le fait que ce séminaire d'il y a douze ans vous ait laissé cette trace me fait croire qu'il y a pour vous un moyen d'en sortir. C'est en explorant votre expérience d'être que vous trouverez votre guérison profonde, votre liberté. Le «moi» n'est qu'une «idée» de ce que vous êtes. Ce n'est pas votre être profond lui-même.

Stan rappela trois jours plus tard: «Bien que votre démarche me paraisse assez surprenante, j'ai l'impression qu'elle pourrait m'être utile. Je suis prêt à faire ce qu'il faut.»

S: «Lorsque vous dites : «Je» ferai ce qu'il faut, de quel «je» parlez-vous ? Est-ce le mental qui continue à vouloir être quelqu'un ?»

St: «Je ne sais pas. Je suppose que c'est encore une certaine idée que j'ai de «moi».

S: «Bon. Gardez bien ce «je ne sais pas». C'est là qu'existe un espace pour plus de vérité. Allons un pas plus loin. A quel «moi» vous identifiez-vous ? Au «moi» frustré ? Au «moi» qui a peur ? Au «moi» qui anticipe l'avenir ? Au «moi» furieux ?»

St: «Je suppose que c'est le «moi» qui veut. Continuez ! Quel est le pas suivant ?»

S: «Si vous le voulez, vous pourriez creuser davantage ces états d'esprit de vouloir, de peur, de frustration, de doute. Voir un peu plus clairement ce que représentent exactement ces états d'esprit, et qui est celui qui les observe. Voir dans quel espace ces émotions de frustration, de doute, de joie ou autre, évoluent. Posez-vous la question : «Qui veut ? Qui est frustré ?» Découvrez cette dimension de votre être qui se situe au-delà du mental, au-delà des voix divergentes.»

St: « Je sens mon cerveau qui s'échauffe rien qu'à essayer de répondre à ces questions. Cela me rend presque fiévreux. Mais je n'ai pas d'autre solution que de vous suivre. »

S: « N'essayez pas de comprendre tout ceci avec votre mental. Ecoutez simplement avec le coeur, avec votre intuition. N'essayez pas de saisir les mots, permettez simplement qu'ils vous pénètrent. Quand je vous demande qui vous êtes et que vous me répondez « je ne sais pas », vous exprimez votre frustration, votre confusion. Mais en réalité, dans ce « je ne sais pas » il y a une grande paix. Si vous êtes nerveux et angoissé devant cette question, c'est que vous cherchez désespérément une réponse, et cela ne crée que davantage de « moi » à protéger. Relâchez vos certitudes, n'ayez pas peur de renoncer à vos convictions de qui vous êtes. Le « moi » que vous croyez être est celui qui souffre. C'est étonnant de voir à quel point le mental s'accroche à sa souffrance, à sa peur de la mort. Ce que je vous suggère, c'est de commencer à découvrir celui qui fait l'expérience de tout cela. Et pour cela il faut se poser la question : « Qui suis-je ? ». Ne résistez pas à cette expérience, explorez-la. Ne luttez pas contre votre mental. « Qui est en train de vivre cette expérience ? » « Je ne sais pas. » N'exigez pas de réponse, restez simplement avec la question. Si vous êtes réceptif à ce « je ne sais pas », une ouverture se crée. Vous devenez vulnérable à la vérité. Votre mental ne sait que ce qu'on lui a appris. Il n'a jamais appris ce qu'il était réellement.

Lorsque vous explorez cette sensation d'être que vous suggère l'affirmation « je suis », cette présence vous paraît-elle avoir un début et une fin, ou « est »-elle, sans plus ?

Ce sont les « moi », les pensées, les images de soi, les rôles et les modèles auxquels on pense devoir se conformer qui créent toutes ces barrières, qui empêchent la vie de s'écouler en nous librement, et qui transforment les circonstances de la vie en un piège se resserrant autour de vous. Qui est piégé ? Toutes les images que vous avez de vous-même, tous vos rôles, n'ont-ils pas toujours été des pièges, apparaissant d'autant plus clairement maintenant que vous ne pouvez plus vous y conformer ? Peut-être n'est-ce pas tant votre maladie qui cause votre souffrance, peut-être le cancer ne fait-il que mettre le doigt sur vos modes de fonctionnement ? Peut-être est-ce surtout la perte de votre image qui vous fait souffrir ?»

St: «Lorsque je me pose la question : «Qui écoute ?», mon mental me suggère une douzaine de réponses. Mais aucune ne fait l'affaire. Lorsque je me demande : «Qui pense ?», je ne reçois en réponse que plus de pensées encore. Dites-moi, Stephen, qui est-ce qui pense ?»

S: «Vous savez, Stan, ce n'est pas tant la réponse que le fait de maintenir en vous la question qui vous permettra d'aller plus loin, toujours plus loin, au-delà de celui qui souffre, au-delà de celui qui a quelque chose à protéger et qui se bat pour maintenir son petit territoire sécurisant. Lorsque vous laissez tomber le masque, quel visage découvrez-vous ? C'est une question zen classique: «Quel était votre visage avant votre naissance ?» Sous le masque de votre nom, de votre corps, de vos attachements, de vos actes, il y a la conscience elle-même, un vaste espace vivant. Etes-vous autre chose que cela ? Qui êtes-vous ? Qui pense ?»

St: «Et bien, lorsque je réfléchis, si je suis vraiment très calme et que j'y regarde de près, je peux voir, parfois du moins, que les pensées ne font que virevolter tout autour. Si je suis assis et regardant la fenêtre, je peux me voir regarder la fenêtre. Je remarque donc, d'une certaine manière, que les yeux regardent et que le «moi» qui observe tout cela se situe en retrait. C'est une pensée d'un autre ordre, et cela m'effraye un peu, car c'est presque comme si je n'étais pas réellement là. Comme si ce «je» était une pensée de plus, mais qui se situe au-delà de tout le reste.»

S: «Oui, où est-il ce «je» ? Vous poursuit-il comme un chien perdu qui cherche son maître ? Soyez gentil avec cette bête. Soyez ami avec elle, apprenez à la connaître, et voyez qu'elle n'est pas vous, que ce n'est qu'une voix de plus dans les ténèbres. Soyez attentif à la peur qui se tapit dans les coins sombres, prête à bondir, à moins qu'elle ne se retire la queue entre les jambes.»

Nous avons ensuite parlé de la technique du grand maître indien Ramana Maharshi, appelée Vichara Atman, selon laquelle on explore la nature de son expérience en se posant continuellement la question «Qui suis-je ?», en explorant ce moi autour duquel s'accumulent toutes nos peurs et nos doutes. Qui est en vie ? Qui souffre ? Qui comprend ? Qui explore ?... Jusqu'à ce qu'on accède, au-delà du mental, aux niveaux plus profonds de notre être. Jusqu'à ce que plus rien ne nous sépare de la vie, plus rien ne nous empêche d'être entièrement dans l'instant présent. C'est l'expérience de l'immortalité, l'exploration de notre nature originelle au-delà de notre identification au corps et au mental.

S: «Comme le disait un autre maître : «Quand on a tout lâché, seule la vérité reste.» Cela exigera du courage et de la persévérance pour renoncer aux attaches qui vous font souffrir, pour devenir davantage celui qui fait l'expérience de tout cela. Par moments cela vous paraîtra difficile, et à d'autres moments ce sera peut-être d'une limpidité éclatante. Mais toujours ce regard ouvert et pénétrant, ce désir de rompre gentiment les liens qui nous rattachent à la souffrance, vous donneront le recul nécessaire face à votre situation. Il vous faudra autant de courage pour découvrir et approfondir cette qualité d'être qu'il vous en faudrait pour lutter contre votre maladie et la dégénérescence de votre corps physique.»

Cinq jours plus tard Stan rappela, la voix pleine d'excitation. «Ouah ! C'est extraordinaire ! L'autre nuit, vers quatre heures du matin, j'avais des difficultés à respirer et je me suis mis à tousser au point que cela m'effrayait. Je me suis alors rappelé ce dont on avait parlé, et je me suis posé la question : «Qui tousse ?» Le mental avait tout de suite une série de réponses à donner, mais lorsque je me suis simplement concentré sur la sensation de la toux, comme vous l'aviez suggéré, j'ai réalisé que cette toux était une expérience que faisait le corps, et que d'une certaine manière le corps était une expérience que faisait l'esprit. C'était presque comme si j'observais quelqu'un d'autre tousser. La toux était là, les sensations étaient là, même la peur était là, mais en fait je ne souffrais pas. C'était comme s'il n'y avait plus de moi pour être effrayé. Ce fut l'expérience la plus étrange de ma vie. Il y avait toute cette toux, tous ces crachats, et aucune tension. Simplement ce petit bourdonnement constant dans mon mental répétant la question : «Qui tousse ?» Et la seule réponse qui vint fut : «Tousser c'est tousser.» Je ne sais pas ce qui se passe, mais j'espère que cela continuera. Maintenant il faut que je pose la question : «Qui est excité ?»

S: «Qui est excité ?»

St: «Je ne sais pas, mais il y a de l'excitation. Il y a ce sentiment de découvrir quelque chose qui va s'avérer être réellement utile. Je pensais qu'il n'y avait plus rien à faire. Maintenant je me dis : «Qui n'a plus rien à faire ?» C'est extraordinaire !»

S: «Cette approche semble effectivement être la bonne pour vous. Vous voyez que tout peut être matière à travailler, même la douleur et la peur. Non pas que ce soit toujours facile, car les propositions du mental sont extrêmement séduisantes. Elles n'arrêtent pas de nous chanter: «Je suis ce que tu es. Je suis douleur. Je suis confusion. Je suis la vraie pensée. Les autres ne sont que du rêve.» Mais ce ne sont là que plus de petites bulles encore, en perpétuelle mouvance dans un espace infini. L'espace de la pure conscience. Vous souvenez-vous, la dernière fois que nous nous sommes parlés, je vous ai demandé qui vous étiez, et vous m'avez répondu que vous étiez un père, un plombier, un partenaire sexuel, etc..., mais chacun de ces rôles ne rajoutait que davantage de frustration, davantage de «moi» qui souffre.

Peut-être percevez-vous un peu mieux ce sentiment de frustration qui émane de chacune des affirmations «je suis ceci, je suis cela». Un sentiment d'impuissance lié à une identification très individualisée. Il n'y a pas de «je suis ceci» qui puisse tenir longtemps. Les moments se succèdent et provoquent frustration, excitation ou douleur, et toutes ces attaches ne sont que les noms différents de notre souffrance.»

Nous avons constaté qu'en établissant une liste de nos «ceci» et «cela», cette liste représenterait notre peur de la mort, ce qui nous sépare de notre être originel, ce qui nous maintient au niveau superficiel de la vie. Nous avons exploré à nouveau le sentiment de se sentir un peu imposteur chaque fois que nous affirmons être «ceci» ou «cela». «Il est temps pour vous, Stan, de vous mettre au clair avec ce jeu d'imposture, et de renoncer aux fausses prétentions du mental. Il se peut que votre heure soit venue de mourir à cette conception limitée de vous-même, et de vous ouvrir à ce vaste univers du «je ne sais pas», d'où émergera votre vraie nature dans toute sa vérité.»

St: «Ces cinq derniers jours j'ai vécu des moments parmi les plus intéressants de ma vie, et pourtant je ne peux pas vraiment dire que c'est «moi» qui les ai vécu. Ce n'étaient que des expériences qui, même si elles paraissaient très intenses, ne semblèrent pas être vécues de manière intense. Quelle est l'étape suivante ?»

S: «Lorsque vous dites : «je suis excité», à quoi ce «je» fait-il référence ? C'est là tout l'exercice. Lorsque vous dites «je suis excité», cela veut dire que vous percevez de l'excitation, que vous faites l'expérience de l'excitation. Cela veut dire que des états émotionnels ou mentaux émergent et disparaissent d'eux-mêmes.

Fermez les yeux un instant et concentrez-vous sur cette perception «je suis excité». Il y a la sensation, et il y a également un certain sens du «je». A quoi ce «je» se réfère-t-il ? Il y a une présence, une conscience du «je suis», avec laquelle vous pouvez rester et que vous pouvez remonter jusqu'à ce que disparaisse même le «je».

Laissez les pensées aller et venir, et concentrez-vous sur la manière dont chacune prend naissance, spontanément, puis disparaît, fragile, éphémère. Ensuite, concentrez-vous sur l'espace dans lequel ces pensées évoluent. C'est cela l'expérience d'être, le vaste espace dans lequel toute la vie est contenue.

Comme tout le monde, vous êtes certainement persuadé, inconsciemment, que vous ne pouvez voir et être en même temps. Vous n'êtes pas cet arbre parce que vous le voyez, cet arbre. En apparence, il est en dehors de vous ou autre que vous. Vous pensez que vous n'êtes pas ce caillou parce que vous pouvez le voir, le sentir, le jeter. Tout ce que vous pouvez voir vous semble ne pas faire partie de vous. Pourquoi donc, après tant d'années où vous avez observé vos pensées, avez-vous tant de mal à voir qu'elles ne sont pas vous ?

Regardez vos pensées comme vous regardez un arbre. Examinez leurs branches et leurs feuilles, leur écorce, leurs racines. Voyez comme elles croissent et se modifient toutes seules. Mais ne confondez pas ce qui regarde avec ce qui est regardé. Ne confondez pas votre vraie nature avec ces bulles instables et éphémères.

Donc, qui est ce «vous» ? Est-ce seulement l'objet de l'observation ? Qui est l'observateur ? Ou l'observation se produit-elle toute seule, émanant d'une pure conscience ?»

St: «Eh bien, mes sentiments et mes pensées semblent émerger puis disparaître, mais je ne peux définir «celui» qui regarde tout cela. Il ne fait pas partie de ce que je peux «voir», il est à l'origine de la vision elle-même. C'est un peu comme si je ne parvenais pas à voir mes propres yeux, puisque c'est par là que je regarde.»

S: «Le langage n'est pas très approprié pour exprimer ce genre de choses. Au-delà du langage et du besoin de définir se trouve la paix immortelle de votre être réel.

L'expérience se produit, mais vous n'êtes pas l'expérience.»

St: «Oui, je comprends... Je sais, je sais : «Qui comprend ? OK ?»

S: «Le mental est habitué à se positionner comme celui qui connaît. Mais en réalité votre expérience est-elle celle du connaisseur, celui qui sait, ou celle du connu, l'objet du savoir ? Ou faites-vous l'expérience du connaître, du processus lui-même ?...

Stan, vous n'êtes pas un nom, vous êtes un verbe. Vous êtes un processus en constante évolution, ouvert en permanence sur l'instant suivant.

Le connaisseur et le connu s'évanouissent comme des bulles dans le mental. Ce ne sont que pensées supplémentaires, de la substance mentale flottant dans la pure conscience à chaque instant renouvelée.

Que le connaisseur et le connu meurent et fassent place au processus du connaître lui-même.

Que l'expérience soit clairement perçue sur l'écran de la conscience, et que la vigilance soit maintenue — Qui suis-je ? Qui fait ces expériences ?»

Nous avons parlé pendant une demie-heure encore. Stan me fit part de ses réflexions concernant son investigation et me dit combien il lui était difficile de renoncer à tout ce qu'il avait appris à être. A quoi je répondis : «Voyez-vous ce que fait le mental ? Il vous sort ses meilleures cartes. Il n'aura cesse de vous répéter toutes les bonnes choses du «bon vieux temps». Toutes vos vieilles habitudes, les faits et gestes auxquels vous vous identifiez, et que vous rattachez au «je suis», tout cela se réaffirmera sans arrêt. Cette exploration de la vie que vous faites va bien au-delà du fait de mourir. Cela vous mène au coeur même de l'existence. Votre mental va tout naturellement rejouer les thèmes pour lesquels il est programmé. Un solide conditionnement du «je suis le corps», «je suis ce que j'ai réalisé». Mais en réalité vous n'êtes aucunement mesurable à ce que vous réalisez. Vous êtes l'essence même de la vérité. Nous croyons toujours être le contenu de notre mental, alors qu'en réalité nous sommes l'espace dans lequel ce contenu se produit.

Asseyez-vous et détendez-vous simplement dans le «je suis». Votre mental se détendra également, vos yeux se fermeront et il n'y aura plus que la présence de l'être, intemporelle et immortelle. «Je suis ceci» ne peut éviter le changement. Toute chose contenue dans le monde — et dans notre mental — est en perpétuel mouvement, émergeant, existant un instant, puis disparaissant. Mais le «je suis» est l'être pur. Recherchez et explorez encore et toujours à quoi ce «je suis» fait référence. Quelle est cette présence ? Concentrez-vous sur la présence elle-même, sur l'être, et voyez s'il reste quelqu'un qui puisse avoir peur.»

Durant les trois mois qui suivirent, le corps de Stan s'affaiblit progressivement et nécessita de plus en plus le repos du lit. Nous continuâmes nos investigations. De toute évidence, l'approche était la bonne pour lui. Il dit un jour : «Vous savez, plus j'explore le «Qui suis-je ?», plus je me sens vivant. Et plus il m'est facile d'être où je suis, même si je me sens épuisé. Moins je lutte contre la vie. A bien des égards c'est la chose la plus fascinante que j'aie jamais faite. J'aurais aimé faire cette découverte plus tôt, mais je suis reconnaissant de l'avoir faite suffisamment tôt. Je suis loin d'être libéré de toutes ces choses, mais je n'ai jamais été aussi passionné par mon existence. Jamais je n'ai accordé autant d'attention à ce qui se passe autour de moi et en moi. En fait, cela peut paraître stupide, mais j'ai l'impression de n'avoir jamais été autant ici. C'est miraculeux ! C'est vraiment extraordinaire de ne pas être accroché à la douleur et de simplement être. Je vois bien ce que vous voulez dire lorsque vous affirmez qu'il n'est pas nécessaire d'être quelque chose ou quelqu'un pour avoir de la valeur. «Etre» seul est si complet. Mon corps peut tomber en déconfiture, mais je ne me suis jamais senti aussi entier, aussi complet.»

Environ cinq mois après notre premier entretien, Stan appela pour dire que son médecin lui avait annoncé qu'il ne pouvait plus rien faire pour lui.

St: «J'ai reçu ma condamnation à mort aujourd'hui. Aucun recours en grâce, aucun appel possible, et si cela m'effraie, il y a aussi une partie de moi qui l'accepte. C'est bien ainsi. Cela peut sembler bizarre, mais j'ai le sentiment que si mon corps meurt, celui que «je suis» réellement poursuivra cette exploration jusqu'à ce qu'il puisse être ce qu'il est sans avoir besoin de rien d'autre. Mais ce n'est qu'une partie de moi-même. Je ne suis pas toujours en paix par rapport à la mort. Il m'arrive de m'apitoyer sur mon sort, et lorsque je me demande : «Qui s'apitoie ?» le mental est pris par le doute et refuse de poursuivre ce travail d'exploration. Il m'en veut de ne pas lui faire confiance et de l'abandonner.»

S: «Oh, vous savez, quand le mental se prend de pitié pour lui-même, il sort son plus grand charme. En fait, le doute est peut-être notre principal obstacle dans ce travail, car il dit : «Il n'y a rien à explorer, ne te fatigue pas, tout ça c'est de l'arnaque, comment peux-tu t'y laisser prendre ?» Mais ce ne sont que de vieilles pensées qui tourbillonnent dans votre espace, si vous pouvez les percevoir comme telles. Le mental est du genre à passer beaucoup de temps à se lamenter plutôt que de faire avancer les choses. L'essentiel de votre expérience de vie se situe au niveau de votre mental. Que ferez-vous si le mental est toujours le seul à occuper le terrain après la mort ? Vous avez là une excellente occasion de vous ouvrir à cet apitoiement, à ce doute, de l'explorer, et de ne pas vous laisser prendre au piège.

Qui doute ? Lorsque vous dites «je n'aime pas cela», ou «je veux trouver une porte de sortie», à qui ce «je» fait-il référence ? Allez au-delà du mental. Si vous cherchez une réponse au niveau du mental, vous êtes comme un soûlard qui cherche en dessous d'un lampadaire les clés qu'il a perdues à un autre endroit, mais où il fait trop noir pour chercher. Le mental est comme cela. Il cherche en lui-même la vérité, et il ne peut la trouver car il ne la possède pas.

Cependant, soyez gentil avec le mental. Si vous le forcez, vous risquez de vous fermer le coeur et de ne plus savoir où vous en êtes. Faites confiance à ce «je ne sais pas» de votre investigation. Qui a pitié ? Quand le mental dit «moi», quel sens a ce «moi» ? Est-ce le même «moi» que celui de quelques heures plus tôt ? Ou est-ce la conscience elle-même ? S'il y a confusion c'est parce que le mental pense qu'il est dans la confusion, mais vous n'êtes pas le mental.

A mesure que vous prendrez l'habitude d'observer le mental plutôt que d'observer depuis le mental, les «ceci» et les «cela» qui obscurcissent le «je suis» seront perçus comme les images passantes du show auquel vous assistez. La conscience, elle, est immuable; elle est la perception, de la même façon que la lumière véhicule la projection d'images sur un écran. Les objets aperçus sur l'écran de la conscience sont en perpétuel mouvement et n'ont aucune existence propre. Accédez à l'éternel, maintenant.

En développant votre confiance envers ce processus de lâcher-prise et la richesse du «je ne sais pas», vous aurez moins tendance à vous apitoyer. Entendez les arguments séducteurs et les chansons du passé, mais ne vous y attardez pas. Remarquez les projets du mental, les «moi» qui hantent ses couloirs, et poursuivez votre route vers la lumière grâce à laquelle tout cela est perçu. Ne prenez pas ce qui est vu pour celui qui voit. Voyez, tout simplement. Laissez-vous vous détendre dans l'acte d'être. Accordez-vous de recevoir la vie telle qu'elle se déroule dans la nature immortelle de votre être profond.»

Stan rappela deux jours plus tard pour dire: «Quel soulagement que de voir le doute se dissoudre dans l'infini. De voir que cela non plus n'est pas moi. Rien d'étonnant à ce que le mental n'arrête pas de se lamenter ! Il saute dans tous les sens; il a appris à être embrouillé. Il n'y a plus un endroit où je puisse mettre les pieds, nulle part où aller, mais cet instant suffit — en fait, il n'y a rien d'autre, il n'y a jamais eu rien d'autre.»

S: «Et il n'y aura jamais rien d'autre. Rien que ce présent plein de lumière dans lequel la vie entière baigne, dans lequel aucune mort n'existe. Dans lequel il n'y a que l'être.»

Le mois suivant, alors que Stan continuait à s'affaiblir et éprouvait de plus en plus de difficultés à parler, sa femme Clarisse appela plusieurs fois par semaine pour nous dire comment les choses évoluaient et pour transmettre ses éventuelles questions. Ainsi exprima-t-elle pour lui : «Je ne sais pas qui meurt, mais qui que ce soit, il déborde d'amour.»

Il était plus proche de sa famille depuis les six derniers mois, et peu de choses n'avaient pas trouvé l'occasion d'être exprimées. Un léger toucher de la main ou un simple contact des yeux semblaient faire l'essentiel du langage présent. Clarisse dit : «Lorsque Stan reçut son premier diagnostic, il fut si déprimé, renfermé et frustré que nous nous apprêtions tous à vivre un épisode horrible. Mais ce ne fut pas le cas. Avant, il était toujours très pris par son travail. Il avait très peu de temps pour sa famille. Mais maintenant ses priorités ont changé. Les enfants ressentent profondément toute l'attention qu'il leur porte. Ils disent souvent combien ils aiment aller dans sa chambre, même s'il y a «une drôle d'odeur». J'ai le sentiment que nous clôturons quelque chose ensemble, et comme il dit : «Rien n'aurait pu arriver qui amène autant d'amour dans cette maison. C'est un vrai miracle.» Elle dit encore : «Parfois j'ai des sentiments ambigus. C'était si difficile pour lui au début, mais maintenant on dirait qu'il a fait ce travail toute sa vie. Et peut-être l'a-t-il fait, peut-être l'avons-nous fait tous les deux. Il y a longtemps que nous n'avons pas été aussi proches. Il va terriblement me manquer.»

Une semaine plus tard elle appela pour nous lire un extrait d'une lettre qu'elle avait reçue d'un ami, quelqu'un avec qui nous avions travaillé et qui avait perdu deux de ses enfants au cours des trois dernières années. Elle lut : «Le trou dans lequel je me trouvais s'ouvrait par le fond, et je commençais à m'enfoncer de plus en plus profondément. Nous avons enterré Michael, et quelqu'un nous suggéra de contacter Stephen et sa femme Ondréa. Ceux-ci vinrent immédiatement chez nous, et ce serait bien en-dessous de la vérité que de dire qu'ils nous furent utiles... «Qui meurt ?» répétait Stephen sans arrêt, tandis qu'Ondréa nous tenait dans ses bras et absorbait toutes nos larmes. Stephen insistait pour qu'on réponde. «Qui meurt ?» Il a fini par vaincre nos résistances et nous avons fait l'expérience de la sensation d'immensité océanique vers laquelle mène cette question.»

«Vous savez,» dit-elle, «si j'avais lu ceci il y a un an, je n'aurais pas compris de quoi ils parlaient, mais maintenant cela ressemble à ce que pourrait être la grâce. Et je pense que cette «sensation d'immensité océanique» dont parle notre ami dans sa lettre est une expérience que Stan fait régulièrement ces dernières semaines. Une partie de moi aimerait vous remercier infiniment de l'avoir mené vers cette voie-là, mais une autre partie de moi sait ce qu'il a dû travailler pour dépasser sa douleur, et c'est donc lui que je dois remercier, ainsi que l'univers, pour nous avoir permis de dépasser nos doutes et nos peurs.»

Quelques jours plus tard Clarisse appela pour nous dire que Stan était mort la veille, au coucher du soleil, en présence de ses enfants qui étaient assis sur son lit et de sa femme qui lui caressait le front. Depuis plusieurs jours il lui était très difficile de parler, c'est pourquoi cet après-midi-là il avait fait signe qu'il voulait un crayon et du papier. En deux heures, par petites étapes, il fit un dessin de la famille, tous les quatre se trouvant devant une maison, entourés d'arbres, de fleurs, des animaux de la maison et d'objets familiers. Ils se tenaient les mains et regardaient vers le soleil. En bas du dessin il avait écrit, en gros caractères, une citation tirée de «Crazy Horse», le shaman indien qu'il avait particulièrement affectionné ces six derniers mois, et qui disait : «Aujourd'hui est un bon jour pour mourir, car toutes les choses de ma vie sont présentes.»

Chapitre 14

CHOISIR LA MORT LORSQU'ON PERD LA VIE

EVELYNE, PATIENTE «S.L.A.»

Le premier appel d'Evelyne remonte à plus de quatre ans. Son médecin, qui avait assisté à nos séminaires, lui avait conseillé de nous appeler. Son corps subissait une lente dégradation due à une Sclérose Latérale Amyotrophique (S.L.A.), un processus de dégénérescence neuromusculaire entraînant progressivement la paralysie et la mort. Le mari d'Evelyne était décédé d'un cancer deux ans plus tôt, tandis qu'elle se tenait à ses côtés, «le regardant disparaître dans les ténèbres.» Moins d'un an après la mort de son mari, ses propres possibilités de survie rétrécissaient à mesure que sa maladie gagnait du terrain. Ses mains et ses jambes se raidissaient et perdaient toute agilité. Forcée d'abandonner son activité de poterie et de céramique, elle était profondément chagrinée de perdre l'emploi de ses mains. Durant les premiers mois de notre travail ensemble, nous lui avions appris à diriger l'énergie du pardon vers son corps, tout en s'ouvrant progressivement à l'incertitude de son avenir. L'exploration lente et souvent pénible du processus du lâcher-prise fut très utile et nos conversations se poursuivirent durant plus de deux ans, jusqu'à sa mort. Sa voix rauque, «presque sensuelle» comme elle le disait elle-même, était immédiatement reconnaissable.

Elle avait d'abord participé, pendant presqu'un an, à notre groupe de méditation à Santa Cruz, avant de se décider à faire le pas suivant et se joindre à un de nos séminaires «Vivre Conscient/Mourir Conscient». Le second jour de ce séminaire, alors que nous quittions la salle de méditation pour nous rendre, par les jardins en pente, à la salle à manger, son pied glissa et elle s'effondra au sol comme une marionnette dont on a soudain coupé les cordes. Marchant à quelques pas derrière elle, je me précipitai pour la relever et la pris dans mes bras tandis que nos yeux se croisèrent, reconnaissant cet instant comme un tournant dans l'évolution de sa maladie. C'était en effet la première fois que ses jambes lui faisaient défaut. L'angoisse de cet instant fut interrompu par son rire ironique : «C'est le troisième acte qui commence !». Des larmes emplirent le coin de ses yeux. Il était clair en effet que la phase finale était entamée.

Durant l'année qui suivit, sa difficulté croissante à garder son corps sous contrôle lui parut de plus en plus effrayante. «Si seulement je pouvais tourner un pot, ne fût-ce qu'une fois par mois, je me sentirais déjà tellement mieux. Mais cette maladie me ronge le corps et la vie m'est de moins en moins accessible.»

Lors du second séminaire auquel Evelyne participa, une femme dans la cinquantaine se leva lors des présentations. Elle était vêtue d'un T-shirt de «Grateful Dead» (NDT: un groupe rock dont le nom signifie «la mort reconnaissante») et exhibant sans complexe sa double mastectomie — elle était plate comme un garçon. Elle dit au groupe d'une voix douce : «Il y a deux ans j'ai eu la grâce d'avoir un cancer.» Evelyne fut immédiatement attirée par Barbara, et elles se rencontrèrent souvent au cours des mois qui suivirent, passant d'excellents moments ensemble. Lorsque Barbara mourut, huit mois plus tard, Evelyne perdit encore un peu de ses liens avec la vie. La paralysie atteignit sa poitrine et ses poumons, et sa voix se fit plus faible, entrecoupée de petites prises d'air pour maintenir une pression égale sur ses cordes vocales. A ce stade, parler était devenu une activité épuisante et souvent douloureuse.

Peu après la mort de Barbara, je reçus un appel d'Evelyne, la voix tremblante et noyée de pleurs.

E: «Je suis complètement démoralisée. Ma vie entière est centrée sur cette maladie. Je ne vois plus rien d'autre. En de rares occasions je perçois un coin de soleil entre les nuages, mais le plus souvent il n'y a qu'une chape de plomb au dessus de ma tête. J'ai l'impression d'être enfermée dans un placard.»

S: «Comme ta force vitale se dérobe, tu commences à ressentir une certaine claustrophobie à être «enfermée» dans un corps qui ne fonctionne plus. Si tu veux, tu peux te mettre à taper sur la porte de ton placard et à hurler, et cela fera de ton expérience un véritable enfer. Mais tu peux aussi t'asseoir calmement dans ton placard et commencer à le considérer comme un endroit parmi d'autres, et à reconnaître le fait d'y être assise comme simplement l'expérience d'un «moment d'obscurité». Ce n'est qu'une question de temps — tu finiras par en sortir. En ce moment tu peux soit défoncer la porte et t'enfuir tremblante et effrayée pour te cacher ailleurs, soit tu peux accueillir les émotions qui émergent dans l'obscurité de l'inconnu et t'ouvrir à elles, explorer ta peur. Sans oublier que tout le travail que tu parviens à faire dans l'obscurité du placard détermine la liberté et la capacité que tu auras à garder les yeux ouverts lorsque tu émergeras à la lumière du jour.»

E: «Je regarde partout, mais je ne vois que le doute et la peur.»

S: «Si tu recherches la paix du mental tu risques d'être déçue, car même dans les meilleures circonstances le mental est agité. La seule paix à laquelle tu puisses accéder maintenant est la paix du coeur, t'ouvrir doucement à l'inconnu, et permettre à ce sombre placard de te livrer son enseignement.

Tout ce que tu peux faire en ce moment, Evelyne, c'est te détendre et explorer tes émotions. Et quand tu te poses la question : «Qui est si frustré ? Qui souffre ?», si la réponse qui te viens est «je ne sais pas», ne sois pas frustrée. Ce «je ne sais pas» est ta liberté. C'est la clé pour poursuivre ton investigation au-delà du mental.

Il est normal que le mental connaisse des moments d'agitation, puis d'autres moments plus calmes. Contente-toi d'observer ce processus en perpétuel changement. Ne te laisse pas davantage accaparer par les pensées de paix que par les pensées de peur. Evy, c'est le moment de relâcher ta souffrance. Tu peux chanter dans ton placard. Ce sont tes angoisses qui assombrissent ton placard. Tu as si souvent dit que l'avenir se ruait vers toi comme une avalanche, emportant progressivement l'entièreté de ton corps y compris la parole. Mais nous ignorons ce que l'avenir nous apporte. Si tu peux voir que cette peur anticipatrice n'est rien d'autre qu'une couche d'activité mentale qui agit comme un filtre sur les possibilités du présent, tu peux dépasser cette peur et percevoir l'océan d'existence qui s'étend au-delà de tout ça.»

E : «J'ai l'impression que je suis trop dedans pour aller au-delà. Cette maladie empire de jours en jours. J'ai essayé tous les médecins et guérisseurs, sans aucun résultat. En fait j'ai rencontré un couple de guérisseurs qui me paraissait vraiment très bien. Ils me faisaient un traitement une ou deux fois par semaine, mais les résultats étaient lents, et j'ai finalement décidé que tout cela ne servait à rien, que rien n'y ferait. Ensuite avec les méditations les choses se sont calmées un peu. Pendant un temps cela n'allait pas trop mal, jusqu'à ce que je me casse la jambe il y a deux mois. Depuis lors cela n'a pas cessé d'empirer. La jambe est guérie, mais ce qui ne guérit pas c'est cette maladie. Je ne peux plus nager, et il y a de moins en moins de mouvements que je parviens à faire. Mes bras sont à peu près inutiles, comme la jambe qui s'est cassée — elle est trop affaiblie. Et mon tronc est complètement désaxé. Il m'arrive de fantasmer sur mes intestins qui ressortent jusqu'à six mètres devant moi. Je n'ai plus aucun muscle pour soutenir mon abdomen. Les seules parties de mon corps qui tiennent encore ensemble sont mes épaules et mon dos. Mes poumons ne fonctionnent plus qu'à cinquante pour cent. Et je parviens à peine à faire quelques pas avec une canne.»

Je rappelai à Evelyne l'histoire de cette patiente cancéreuse avec laquelle nous avions travaillé, et qui après sept mois d'accalmie découvrit une nouvelle tumeur et réunit en un cercle autour d'elle tous les meilleurs guérisseurs de sa région. Après une heure et demie tous ceux qui étaient présents percevaient clairement l'énergie de guérison qui avait été accumulée. Une semaine plus tard trente nouvelles tumeurs avaient fait leur apparition, et la femme s'exclama : «Ahhh ! L'énergie de guérison a fait son travail. L'étape suivante a commencé. Probablement que ma guérison sera au-delà du corps.»

E: «J'ignore si j'atteindrai jamais ce stade-là. Je lutte encore. En fait, je pense que je livre mes derniers efforts pour conserver mon corps. Je vais à Los Angeles ce week-end pour rejoindre un groupe de guérisseurs réputés, et ce que je ressens en ce moment est en partie une anticipation de ce que je vais y vivre. Une partie de moi-même se maintient en recul et se dit : «Maintenant on saura définitivement de quel côté tu vas t'envoler.» C'est peut-être vrai que la mort m'apportera la guérison que je recherche.»

Nous avons parlé de la manière dont elle pourrait poursuivre ses méditations durant la phase finale de sa maladie. Comment elle pouvait faire de l'effondrement de son corps un outil de guérison pour son coeur. Comment la crispation et l'attachement étaient l'essence même de l'enfer. «Car tu ne peux t'accrocher aux choses du passé. Le passé est passé. Les seules choses qui te resteraient sont les brûlures aux mains d'avoir trop essayé de t'agripper.» Elle répondit : «Je comprends, mais j'aimerais que tout cela soit terminé.»

S: «Tu as une opportunité unique — et rare — de travailler l'effondrement de tes moyens physiques. Le yogi dans sa caverne fait la même chose. On retrouve cela dans la biographie de tous les saints et grands sages. Le renoncement au monde matériel.

Le yogi aussi a des fantasmes de nourriture, de sexe, de maison confortable, d'espoir que les choses deviennent plus faciles — tous les doutes liés à l'éternelle question : «A quoi tout cela me mènera-t-il ?» Ce sont les appels du mental cherchant à nous distraire des énergies du coeur et de la conscience supérieure. Ce que tu vis n'est pas très différent de certaines pratiques spirituelles. Les jours que tu passes à pleurer en te demandant quel est le sens de tout cela, font également partie de ton chemin de libération. Ne t'attends pas à ce que le mental meure paisiblement. Il se bat plus encore que le corps pour son existence imaginaire. Toutes les émotions épuiseront leurs vagues sur ta route vers la découverte de l'immortalité.»

E: «J'ai besoin que cela me soit continuellement rappelé. Lorsque je le comprends, je me sens inondée de paix. Mais rapidement je me perds à nouveau dans mes difficultés à parler ou à utiliser mes mains, je repense à ce qui m'attend, et la porte du placard se referme violemment. La lumière est si brève.»

S: «Evy, cela semble ironique, mais il te faudra peut-être atteindre un degré de plus grande faiblesse encore avant que tu puisses réellement lâcher prise. Il te faudra perdre encore un peu de tes capacités avant que tes pensées d'angoisse acceptent de voir qu'il leur est impossible de maintenir leur emprise. C'est dans ce lâcher-prise — non pas l'abandon de la défaite mais l'abandon du courage — que vient la liberté, car tu es alors entièrement dans le présent et dégagée de la peur du futur. Tu résisteras moins à ce qui est, et l'expérience du moment présent ne sera plus un tel enfer. Personne ne dit que c'est facile, mais il se fait que c'est la seule alternative à ta peur et à ton identification au corps.

Lorsque tu quitteras ce corps, quel que soit le moment où cela arrive, tu comprendras que toute cette situation est peut-être la raison principale de ton incarnation dans ce corps. Car ce travail est celui de la découverte, patiente et confiante, du processus de la vie. C'est là que tu t'épouses toi-même. Autant que l'a été la mort de ton mari il y a quelques années, ceci est une exploration en profondeur de ta relation à la vie. Lorsque tu vois tes comportements tomber l'un après l'autre comme les pelures d'un oignon, tu peux enfin découvrir que la seule satisfaction qui te reste est celle de l'être essentiel. C'est peut-être là ta leçon. Faire confiance à l'être, et au processus qui t'y mène. Vois le chemin que tu as parcouru depuis que nous nous connaissons.»

E: «Mon Dieu, oui ! J'ai tellement appris. Je ne pense pas que je serais arrivée jusqu'ici sans toute cette exploration de moi-même. J'aurais aimé commencer bien plus tôt. Je crains seulement ne pas avoir le temps de terminer tout ce qu'il y a à faire. Quand je m'assieds et regarde les bateaux par la fenêtre, je me dis : «Mon Dieu, s'il y a une chose au monde que j'aimerais faire avant de mourir, c'est bien de sortir une dernière fois en voilier.»

Après un court instant de silence, nous rîmes soudain ensemble, car elle savait ce que j'allais dire.

S: «Et bien, ma chère, tu iras peut-être bientôt faire de la voile. Mais je ne pense pas que tu auras besoin d'un bateau.»

E: «Cela s'appelle voler plutôt.»

S: «Ou du deltaplane... Mais tu sais, malgré ton impression que rien ne se passe, je pense que tu fais un travail énorme. Vivre dans ce corps en dégénérescence, c'est comme une mère qui est forcée de rester en permanence à la disposition de son nouveau-né. Elle dit : «Ce bébé me tue, je suis éreintée, j'aimerais sortir, aller danser. J'aimerais aller faire de la voile, faire de la poterie, faire du patin-à-roulettes. Mais je suis prisonnière.» Plus ce sentiment de frustration se manifeste, moins il y a de communication entre la mère et l'enfant. D'une certaine manière, tu t'apprêtes à accoucher de toi-même. Ton corps devient de plus en plus un cocon, de moins en moins actif. Ce qui se trouve à l'intérieur de cette chrysalide va rompre sa coquille, va sortir et quitter ce corps douloureux. Ton corps est ton école. La maladie est ton cours.»

E: «Tu sais, je crois à tout cela. Je n'ai pas de problème avec cette partie-là des choses. Mais la vie est si séduisante, elle n'a pas toujours été douloureuse. Il y eut beaucoup de souffrance, mais il y eut beaucoup de joie aussi. Et l'une comme l'autre valaient la peine d'être vécues. Le problème c'est que parfois j'oublie tout cela. Il m'arrive de me sentir totalement coupée de la compréhension que j'ai à d'autres moments.»

Comme Evelyne avait quelques difficultés à se concentrer, nous avons évoqué l'utilisation de la musique comme moyen pour détendre le mental et ouvrir le coeur. «Tu peux te détendre dans la musique et te concentrer sur chaque note, comme si chacune d'elles était une nouvelle inspiration. Utilise de préférence de la musique en solo, comme de la guitare par exemple. Ecoute moins la mélodie que chaque note, dans l'instant où elle émerge. Chaque note disparaît derrière toi et cède la place à une nouvelle note. Chaque instant est un nouvel instant. La musique aussi est faite de naissance et de mort. C'est une excellente analogie pour comprendre le mental.»

Nous avons parlé également du «réservoir de peur», des masques et des rôles qui, après être maintenus toute une vie, forment les parois de ce «placard». De sa peur de fermer la porte derrière elle et de rester enfermée dans cette obscurité qu'elle n'avait jamais perçue aussi clairement auparavant. «Cette peur est semblable à un puits profond remontant à la surface sous la pression d'un tremblement de terre. Et l'eau qu'il contient se répand tout autour, tandis que tu t'écries : «Oh ! Mon Dieu ! Toute cette peur !» Mais la question n'est pas qu'il y en ait tant, la question est que tu prennes enfin conscience de ce que ce puits contenait. Et si la quantité te consterne, tout ce que tu peux réellement faire est t'aimer et t'accepter comme tu es. Offre ton pardon à cette peur. Tout comme le doute, elle est naturelle lorsque le mental et le corps doivent faire face à leur impermanence et leur vulnérabilité.»

E: «Je pense que tu as raison. Ce n'est pas la maladie qui me fait peur, c'est l'inconnu. Mon mental anticipe et j'en perds la tête. J'aimerais pouvoir simplement l'arrêter. Je me souviens du mot magique «relâcher»; cela m'aide beaucoup pour laisser les choses être ce qu'elles sont. Même la peur. Même la maladie. Je poursuis mes efforts pour m'ouvrir autour de ma peur, pour la laisser flotter. Je pense que tu as raison, c'est comme accoucher. J'ai le même genre de doutes concernant ma mort que ceux que j'avais lors de la naissance de mes enfants. Toutes ces craintes de malformations et de complications diverses sont là également pour ma propre naissance. Il faut que j'y aille très progressivement.»

Deux semaines plus tard, Evelyne rappela.

E: «Tant que je reste couchée dans mon lit sans bouger, j'ai l'impression d'être en pleine possession de mes moyens. Je suis entièrement là. Mais dès l'instant où je me lève, ma faiblesse me rappelle durement à la réalité, mes jambes me font défaut, et bien sûr mes mains ne sont plus capables de rien. Toute cette affaire est si ambiguë. Je ne sais pas exactement ce que je peux faire et ne pas faire. Mes enfants et les personnes qui m'aident semblent troublés.»
S: «Tu es en territoire inexploré. Tu es la seule à connaître le bon chemin pour le traverser. Il n'existe aucune carte, et il n'y aucune directive précise à suivre. Nous ne pouvons que faire de notre mieux. Progresser comme on le sent, et d'instant en instant découvrir l'enseignement suivant, le besoin suivant. C'est à toi à exprimer ce dont tu as besoin. Tu ne peux même pas exiger de ceux qui t'entourent qu'ils te comprennent. Tout ce que tu peux faire c'est sentir ce qui est juste pour toi, et faire confiance à ce que tu ressens. Et remarque à quel point c'est la résistance qui crée l'enfer. C'est maintenant que tu peux apprendre le sens profond de la gentillesse. La gentillesse envers soi-même est un chemin des plus difficiles, car peu connu et mal accepté. Mais tu es obligée, maintenant, d'être douce et indulgente envers toi-même, et de t'exprimer clairement envers ceux qui essayent de t'aider. Dis-leur quels sont tes besoins. Il est l'heure pour toi d'apprendre à mourir, tout en restant ouverte aux petites morts qui se présentent, ces petites morts que sont les pertes de contrôle, les renoncements à tes envies. Comme tu le sais très bien, toute cette situation n'est là que pour t'apprendre à ouvrir le coeur.»

Il y eut un long silence, puis vint la lente aspiration précédant la reprise de parole.

E: «C'est la leçon la plus difficile. Chaque jour je suis confrontée à mon incapacité physique de m'occuper de moi-même. Mon corps ne peut même pas bouger quand il le veut. C'est cela le placard noir. Parfois, lorsque la tension est à son comble, comme à deux ou trois heures du matin et qu'il n'y a personne pour m'aider à me retourner sans que je n'écrase mon bras sous le poids de mon corps, je me mets à pleurer et à avoir peur. Dans ces moments où je ne sais vraiment plus à quel saint me vouer, quelque chose se passe et soudain je suis envahie d'une grande paix. Cela peut durer jusqu'au matin, ou même plus tard dans la journée, mais cela finit toujours par disparaître. A chaque fois mon angoisse me reprend. Et personne ne semble vraiment comprendre ce que je vis. Ou très peu en tout cas.»

Durant le quart d'heure qui suivit, nous avons exploré différentes manières d'utiliser ces moments d'éclaircies pour mieux comprendre ce qu'elle vivait. Il est bon d'observer attentivement comment, lorsque tout semble au plus noir, le lâcher-prise, l'ouverture au moment présent, peut soudain faire basculer les choses de l'enfer vers le ciel. C'est la magie de l'ouverture. «Tout attachement, fût-il à cette paix qui émerge par moments, est source de souffrance. Laisse ton coeur s'ouvrir, même à ce qui te semble insupportable. Sois qui tu es, au-delà de ton corps et de ce sombre placard. Et reste tendre avec toi-même, relâchant doucement ta souffrance, sans forcer, sans te juger.»

E: «Tu sais, cette maladie est une entité à part entière. C'est une chose vivante. Presque comme une troisième personne dans la pièce, et qui affecte toutes les relations et toute communication. Même chez mes enfants, qui sont mariés, elle semble remuer de vieilles blessures. Nous avons parfois de profonds désaccords. Et je ne peux dire si c'est la maladie qui remue d'anciens ressentiments, où si la maladie elle-même est la conséquence de problèmes mal résolus.»

Je demandai à Evelyne comment elle comptait résoudre ses difficultés avec ses enfants. «Je ne sais pas,» dit-elle. «J'attends, en espérant que les enfants trouvent le moyen de me dire ce qu'ils ont besoin de me dire avant que je ne meure.»

S: «Gardent-ils des rancoeurs vis-à-vis du passé ?»
E: «Oui. On dirait que la maladie et le passé s'exacerbent l'un l'autre. Tous nos ressentiments refont surface, ceux de mes enfants aussi bien que les miens.»

Nous avons parlé de la contagion de la peur. Comment elle peut se densifier si on s'y accroche, et comment sa vibration peut être transmise à d'autres. Comment ses enfants, se rendant à l'évidence qu'ils ne peuvent rien pour empêcher son corps de mourir, peuvent en ressentir une grande frustration, particulièrement ceux qui se sentent proches d'elle.

E: «J'ai pensé qu'il y avait des choses que j'aimerais leur dire, mais je n'y parviens pas.»
S: «Il vaut mieux le faire tant que tu en as la possibilité et l'énergie. Mais cela ne résout pas entièrement la relation pour autant. Là où vraiment les choses s'éclaircissent, c'est quand tu renonces définitivement à régler ces anciens comptes, et que tu rayonnes enfin tout ton amour. Je sais, ce n'est pas facile en ce moment, mais dans la mesure où tu exiges qu'ils t'acceptent comme tu es, tu ne te laisses pas toi-même être qui tu es. Et plus qu'à aucun autre moment de ta vie, c'est le moment d'être là pour toi. Car sous le ressentiment il y a la frustration, et sous cette frustration il y a de l'amour, plus que tu ne peux l'imaginer. N'essaie pas de marchander avec les peurs et les ressentiments de tes enfants. Contente-toi de remarquer comme le mental peut être dur, et pardonne. Malgré ce corps raide, récalcitrant, inopérant, rien ne t'empêche d'accéder à la plus profonde guérison, permettant à ton coeur d'atteindre sa vraie dimension tandis que ton corps s'en va de son côté.»
E: «Oui, cela est très perceptible dans ces moments dont nous parlions. Mon fils m'a exprimé qu'il désirait clarifier notre

relation. Ce qui m'étonne le plus c'est l'image si négative qu'ils se font de moi, et depuis si longtemps. Je croyais être une bonne mère — à une époque du moins — mais ces illusions sont réduites à néant.»

S: «Tu sais, tous les moments sont bons pour se débarrasser du passé. Pourquoi pas maintenant. Tenter d'être une bonne mère de façon rétroactive risque de te rendre folle. Il est intéressant de voir comment le mental réagit, car s'ils t'avaient dit : «Quelle maman géniale tu es !», tu aurais pensé : «Bon, je suis une maman géniale». Par contre, s'ils expriment qu'ils t'auraient aimée différente, tu te dis : «Je suis une mauvaise mère !» Mais quelle que soit la vie que vous avez partagée ensemble, ces moments font depuis longtemps partie du passé. Qu'on les qualifie de ceci ou de cela n'y changera plus rien. Nous ne sommes pas un bon «ceci» ou un mauvais «cela», nous sommes tout cela ensemble, en perpétuelle évolution. Peux-tu voir à quel point ce n'est qu'un rêve dans ta mémoire. L'opinion de tes enfants ne représente pas la réalité telle qu'elle fut. Ce n'est que l'expression de leur frustration à un moment précis. Lorsqu'ils sont fâchés, cela sort, et après ils ont des remords et se sentent coupables et ils auront tendance à te surprotéger. Tu commences à connaître la versatilité du mental — ne tombe plus dans son piège. Prends note de tes sentiments de culpabilité ou de tes regrets lorsqu'ils émergent en toi, observe leur passage, mais ne t'identifie pas à eux. Ils ne sont pas ce que tu es. Ton travail en ce moment n'est pas d'être une bonne mère pour eux, mais de prendre bien soin de toi, de te materner toi-même pendant quelque temps. C'est le temps du pardon envers tout ton passé, quel qu'il soit, afin que tu puisses être entièrement dans le moment présent.»

E: «Si je me réveille le matin avec le ventre noué, je me sens toute perdue, je ne sais plus quoi faire. J'ai l'impression de perdre encore un peu plus les sensations dans mon corps, et je ressens un besoin de toucher le sol, ce qui est assez étrange pour quelqu'un qui ne peut pas se pencher ni même bouger les doigts.»

S: «Lorsque ton corps est dans cet état, cela ne sert à rien de lutter contre lui; c'est comme si tu tapais sur la porte du placard.

Cela t'empêche d'explorer l'espace dans lequel tu te trouves. Malgré toutes les résistances mentales, ton coeur va devoir s'ouvrir à cette réalité.

La vie trouve le plus souvent son moteur dans le plaisir, qu'il soit physique ou psychologique. Pour toi, ce n'est plus le cas maintenant. La seule satisfaction que tu puisses encore avoir est dans la découverte de ta dimension supérieure, tes épousailles avec ta vraie identité. Tu n'as plus d'autre choix. N'est-ce pas remarquable ? Cette maladie t'a mise face à toi-même, isolée du reste du monde, pour que tu puisses désamorcer les obstacles mentaux qui s'opposent à l'ouverture du coeur.»

E : «Oui, Stephen, quand je t'entends parler, je sais cela. Mais ce matin, dans l'état où j'étais, aucune ouverture ne me paraissait possible. Il y a des moments où la vie m'est tout simplement insupportable. Y aura-t-il jamais une fin ?»

S : «Si tu vis ta vie dans le mental, elle sera le plus souvent insupportable et tu auras l'impression de vivre en enfer. Mais si tu commences à t'intéresser davantage à l'espace dans lequel ce mélodrame se déroule, tu découvriras peu à peu la paix, l'invulnérabilité et l'immortalité de l'Etre. Lorsque tu vois l'obscurité se dissiper, perçois cela comme un simple changement. Lorsqu'au contraire elle se fait à nouveau plus dense, dis-toi seulement : «Tiens, cela change.» En réalité, si tu peux voir le mental comme facteur essentiel du changement, tu percevras la nature stable et immuable de l'espace dans lequel tous ces changements ont lieu.»

E : «Il m'arrive de passer d'un extrême à l'autre. Avec certaines personnes, je suis animée et sereine. Mais avec d'autres je sens le noir m'envahir et c'est comme si je n'avais jamais connu la moindre paix.»

Percevant sa difficulté à lâcher prise, je ne désirai pas imposer à Evelyne davantage de réflexions qui risquaient de rester purement théoriques. Nous terminâmes la conversation sur un ton plus léger. En me disant au revoir, sa voix sembla fatiguée par la «lutte», mais un peu plus tendre envers elle-même et ceux de son entourage.

Quelques semaines plus tard nous eûmes un appel d'une des infirmières qui s'occupaient d'elle, nous disant qu'Evelyne désirait nous parler, mais que sa voix était devenue extrêmement faible car elle était sous assistance respiratoire. Son état de santé s'était sensiblement détérioré, et sa famille envisageait de la mettre en clinique, mais Evelyne ne voulait à aucun prix quitter sa maison. Sa voix à peine audible se fit entendre au bout du fil.

E: «C'est difficile de parler. Ma respiration est très courte. Je pense qu'on peut dire que je me bats contre mon environnement.»

S: «Quel environnement ? Ton corps ou la maison dans laquelle tu vis ?»

E: «Tout ! Je ne supporte plus rien. Je ne sais pas quoi faire, mais je sais que si je veux faire quelque chose, il faut que je le fasse vite, car bientôt je ne pourrai plus bouger. Il faut que je me décide à sortir de cette situation tant que j'en ai la possibilité. Je ne serai bientôt plus qu'un légume et ils feront de moi ce qu'ils voudront.»

S: «Que penses-tu faire ?»

E: «Tu sais, quand j'étais petite j'ai rêvé un jour que je me penchais au-dessus d'une fosse à serpents. J'ai gardé cette image toute ma vie. Et maintenant j'ai l'impression de tomber dans cette fosse, et je ferai tout ce que je peux pour arrêter cette chute. Je ne veux pas tomber dans les bruits, les odeurs, l'absence de vie privée et de contrôle de ces fosses à serpents que sont les hôpitaux que j'ai pu voir. Je pense que j'ai fait mon temps. C'est vrai que j'ai appris beaucoup dans cette situation, mais trop c'est trop. Et si je ne veux pas que ma vie me glisse entre les mains, c'est maintenant que je dois en prendre la décision.»

S: «C'est amusant que tu dises que la vie pourrait te glisser entre les mains, car c'est lorsque tes mains ont commencé à te faire défaut que tu as commencé à te sentir désespérée. D'une certaine manière, ma chère Evelyne, notre vie n'est pas entre nos mains. Nos mains sont l'expression de notre contrôle, de notre capacité à façonner le monde selon nos désirs. Mais pour toi tout cela est terminé maintenant. Il ne te reste plus pour l'instant que les tourments du mental et le profond désir du coeur de retrouver sa liberté. Quelle que soit ta décision, exécute-la en toute conscience, avec amour et gratitude, envers toi-même comme envers les autres. La guérison ne s'arrête jamais. Même lorsque nous quittons le corps, c'est l'amour qui nous permet de rester ouverts à l'instant qui vient et à l'expérience qu'il nous apporte. Il n'y a aucun acte qui ne puisse être fait avec amour, avec Dieu dans ton coeur, et toute l'ouverture du «je ne sais pas» pour accueillir l'instant qui vient.»

Pendant quelques minutes Evelyne fut secouée par de lourds sanglots, laissant s'écouler un torrent d'anciens regrets et de doutes. «C'est vraiment trop par moments, et je crains que cela n'empire et que je ne puisse plus rien faire. Je voudrais vraiment mourir maintenant.»

Je la guidai dans une méditation d'une vingtaine de minutes, pendant laquelle Evelyne put visualiser les objets de ses peurs, de ses doutes, de ses regrets, de son agitation nerveuse et les voir flotter dans un espace plus vaste. Après quoi elle dit : «Si seulement je pouvais être dans cet espace-là tout le temps. Je suppose que je suis restée trop longtemps accrochée à mes peurs, dans l'idée qu'elles me protègeraient. Je n'ai plus qu'une envie, c'est de quitter ce corps, d'être débarrassée de ces douleurs.»

Evelyne dit encore que les moments de paix devenaient de plus en plus rares, et que la peur se faisait de plus en plus intense. «Je ne sais pas où se situe le problème. J'ai la tête tellement lourde ! Je devrais essayer de prier ou pratiquer certains de tes exercices de méditation, mais mon énergie est si faible et mon mental si lent et si angoissé que je ne parviens pas à trouver la paix nécessaire. Et la perspective de devenir un paquet de viande maintenu en vie dans un hôpital me répugne. Je ne parviens pas à prendre un peu de distance par rapport à tout cela.»

A ce stade, après deux ans de contacts et de travail ensemble, tout ce qui pouvait être dit l'avait été. Il apparut clairement qu'à cet instant notre contrat exigeait un abandon de toute méthode. Nous ne pouvions plus lui offrir qu'amour et acceptation totale. Tout encouragement supplémentaire à lâcher prise n'aurait eu pour effet que de rendre plus difficile notre communication, dont elle avait de toute évidence un grand besoin. Tout ce que nous pouvions faire était l'encourager à garder confiance dans le processus qu'elle vivait, sans jugement aucun. D'une certaine manière, l'angoisse était pour elle un obstacle plus insurmontable encore que son état physique. A cause de son incapacité à relâcher le contrôle, les murs de son placard se refermaient sur elle. Elle ne voyait plus d'autre issue qu'une mort rapide.

Evelyne semblait perdre pied et s'enfoncer dans le gouffre de ses peurs. Nous avions occasionnellement rencontré des situations comme celle-là où une personne approchant de la mort et ayant traversé une remarquable période d'éveil et d'ouverture d'esprit, retombait ensuite dans de vieux travers, d'anciennes peurs, ou d'ultimes tentatives de contrôle. Dans tout apprentissage il y a des hauts et des bas. La croissance ne se fait pas en ligne droite. Il faut du temps pour traverser les spirales de l'évolution personnelle. Mais certains sont pris de court avant de mourir. Certains approchent de la mort alors qu'ils sont dans une phase descendante de leur apprentissage de la vie. C'est ce qui semblait se produire chez Evelyne, et comme chaque fois lorsque cela arrive, Ondréa et moi nous regardons dans les yeux et constatons une fois de plus qu'il n'y a jamais un instant à perdre, qu'on ne peut attendre demain pour poursuivre le long chemin de la découverte de la vie.

Cinq jours plus tard le fils d'Evelyne nous appela, disant que la famille avait eu la veille une longue discussion à propos de son intention de suicide. Malgré l'intensité des échanges, ils avaient finalement convenu qu'Evelyne était la seule à pouvoir prendre une décision concernant sa propre vie. Ce processus, nous confia-t-il, l'avait beaucoup remué, car dans ces heures de tension, d'espoir, de larmes et de frustrations, ce qui était apparu comme essentiel était l'amour et l'acceptation les uns des autres. Evelyne semblait plus sereine ce matin qu'il ne l'avait vue depuis longtemps. Il nous dit ensuite qu'elle souhaitait nous parler. Nous entendîmes sa faible voix : «Voilà, ma décision est prise. Je vais prendre les barbituriques que j'ai mis de côté depuis quelques semaines, et je voulais vous remercier pour tout ce que nous avons fait ensemble. J'espère que mon choix est juste. Je sais que pour toi le suicide est moins une «faute» qu'une maladresse, et qu'il se peut que je doive un jour recommencer tout cela depuis le début. Mais je prends le risque. Je ne vois pas d'autre issue. J'ai donné tout ce que j'avais. Je sais que je pourrais donner encore un peu, mais je me sens bien avec cette décision.»

S: «Il n'y a aucun jugement, Evelyne. Et il n'y a aucun acte qui ne puisse être fait de manière sacrée. Si ta décision est prise, vas-y avec tout l'amour que tu peux y mettre, pour toi-même et pour les autres. Aucun reproche, aucun jugement. Reste ouverte à ta vraie nature.»

Evelyne fit ses adieux, puis rendit le téléphone à son fils. «Je n'ai vraiment aucune envie que ma mère fasse ce qu'elle envisage de faire. Mais je ne veux pas non plus l'en empêcher. J'ignore ce que je ferais dans les mêmes circonstances. Je suppose qu'il ne me reste qu'à lui souhaiter bonne chance, même si cela m'est très difficile. J'espère seulement qu'elle prendra le temps d'exécuter son projet de manière calme et réfléchie. On lui a suggéré de faire cela en éteignant la télévision et en se recueillant pendant quelques jours. Mais elle semble si impatiente que je ne suis pas sûr qu'elle s'accordera cet espace. Elle dit qu'elle n'a pas besoin de méditer, qu'elle a seulement besoin de mourir.»

Nous avons parlé du pouvoir de l'amour pour amener un peu de paix autour de ces derniers jours. C'était pour chacun le moment de lâcher prise et de l'accompagner dans la voie qu'elle avait choisie.

Nous eûmes, trois jours plus tard, un appel d'un de ses soignants nous disant qu'Evelyne avait rencontré un conseiller psychologique qui l'avait également encouragé à rester au calme pendant les derniers jours, et à prendre clairement conscience de ce vers quoi elle se dirigeait, ainsi que du dégoût de la vie qui s'était développé en elle, afin qu'elle n'entraîne pas cette résistance avec elle dans son approche de l'inconnu. Il lui avait même signalé que les barbituriques lui poseraient des problèmes, car les muscles très affaiblis de sa gorge auraient du mal à avaler les capsules. Elle projeta donc d'ouvrir les capsules et de mélanger la poudre avec de la mousseline de pomme. Il lui avait également suggéré de goûter la mixture auparavant pour s'assurer du goût mais aussi de sa capacité à la digérer, car le goût très alcalin pourrait provoquer des rejets. Mais l'empressement d'Evelyne lui fit écarter cette suggestion. Enfin, il lui avait conseillé d'approcher cette dernière étape dans la paix, envoyant de l'amour à ceux avec qui elle avait partagé sa vie.

Il avait été convenu qu'elle prendrait la mixture seule, de façon à n'impliquer personne, car il est illégal d'assister quelqu'un dans son suicide. Cependant une des infirmières, qui l'aimait beaucoup et désirait ardemment qu'elle soit libérée de ses souffrances, avait accepté de venir une heure après qu'elle eut pris la mixture, pour s'asseoir auprès d'elle et l'assister dans son cheminement vers la lumière. Ses convictions chrétiennes ne lui permettaient pas d'aider Evelyne à mourir, mais elle était prête à l'aider le mieux qu'elle le pourrait une fois que les dés seraient jetés.

Tout était prêt. Evelyne avait convenu d'avaler la mousseline aux barbituriques à neuf heures du matin, de façon à ce que l'infirmière, arrivant à dix heures, la trouve dans un coma profond, et peut-être même déjà hors de son corps. Mais lorsque l'infirmière pénétra dans la pièce avec quelques hésitations, Evelyne était assise sur son lit, pleurant et tremblante de peur, la mousseline dans l'assiette devant elle. Elle lui supplia de l'aider à l'avaler. L'infirmière ne sut que faire. Pour elle le suicide était un «péché», et malgré sa compassion pour Evelyne, elle refusa de participer de façon aussi directe à cet acte. Sur l'insistance d'Evelyne, elle accepta cependant d'attendre dans sa voiture durant trois quarts d'heure, de l'autre côté de la route, de manière à laisser à Evelyne le temps de prendre sa mixture. Elle la rejoindrait ensuite pour l'assister dans sa transition finale.

Après dix minutes d'attente dans sa voiture, l'infirmière se sentit culpabilisée. Regardant vers la maison elle vit Evelyne à la porte d'entrée, se traînant à l'aide d'une chaise, maculée de vomissure et appelant à l'aide : «Aide-moi ! Par pitié, aide-moi ! Ne me laisse pas n'en prendre que la moitié et rester piégée dans le coma ! Je t'en supplie, ne me laisse pas aller en clinique !» Fort à contre-coeur, l'infirmière entra dans la maison, nettoya Evelyne, et lentement, cuillère par cuillère, lui mit la mixture aux pommes en bouche, lui disant des mots apaisants, caressant doucement sa gorge de façon à faciliter l'ingurgitation et à éviter le vomissement. Elle resta aux côtés d'Evelyne jusqu'à ce qu'elle eut quitté son corps.

Une semaine plus tard, une des aides médicales m'appela pour me dire que l'infirmière en question, qui s'appelait Hélène, était en profonde dépression. Elle pensait avoir «perdu son âme immortelle» en participant directement à un suicide.

J'appelai Hélène pour voir comment elle allait. Elle se lamenta de la «terrible chose» qu'elle avait faite. Et ce qui était pire encore à ses yeux, elle avait ressenti une grande paix. «Au moment-même, j'avais l'impression de faire quelque chose de juste, mais maintenant je me rends compte que j'ai été induite en erreur par ma pitié pour cette pauvre Evelyne.» Nous avons évoqué les émotions qu'elle avait ressenties lorsque, assise dans sa voiture, elle vit Evelyne se traîner à la porte, dégoulinante de vomissure. Nous avons parlé de l'amour qu'elle avait su lui témoigner. «Mais si j'étais une bonne infirmière, je n'aurais jamais fait cela. Jésus me maudira pour toujours.» Lorsqu'elle eut fini de pleurer, nous avons essayé d'imaginer comment Jésus aurait agi avec Evelyne à ce moment-là. Quelles auraient été les réactions de n'importe quel être d'amour et de sagesse. Je lui demandai : «Préfères-tu être une bonne infirmière ou rayonner la tendresse du Christ ?»

Hélène rappela trois jours plus tard. Elle allait un peu mieux et bien qu'elle ne le referait plus jamais, elle commençait à se le pardonner. Il était clair que la leçon pour elle était d'apprendre à s'ouvrir à la nouveauté de chaque instant, sans préjugé aucun, et de faire confiance à l'élan du coeur. Elle comprenait qu'il fallait «pardonner à Evelyne son impatience» autant qu'il fallait se pardonner à elle-même.

Au service funéraire, les enfants d'Evelyne et de nombreux amis vinrent lui faire leurs adieux et lui souhaiter un bon passage. Il y eut des chants, de la poésie, des danses et beaucoup de joie et de légèreté, car tous se réjouissaient de la savoir libérée de son «sombre placard».

Plus tard certaines personnes, parmi celles qui avaient fait un certain chemin spirituel, prétendirent qu'Evelyne avait «échoué», que son suicide indiquait qu'elle n'avait pas pu intégrer les enseignements qu'elle avait reçus, qu'elle avait fui la vie plutôt que de rencontrer la mort. Leur indignation était l'expression de leur propre souffrance sous forme de jugement. Mon sentiment est qu'Evelyne a appris autant qu'elle était prête à le faire dans les circonstances qui étaient les siennes, et qu'elle a sans doute beaucoup progressé, tant avant qu'après sa mort, apprenant à s'ouvrir à la vie et à l'Etre. Sa peur de la douleur, ses doutes, son agitation, ses moments de paix, son désir de liberté font partie de nous tous. Il ne peut y avoir de jugement. Seulement une meilleure compréhension de la manière dont nous nous accrochons à la vie, et le sentiment qu'aucun moment n'est à négliger pour nous préparer. Nous lui souhaitons bonne route.

Chapitre 15

RENTRER CHEZ SOI
POUR MOURIR

ROBERT,
EPOUX D'UNE MOURANTE

Robert appela un soir tard: «Ma femme est mourante. Elle était à l'hôpital et je l'ai ramenée à la maison aujourd'hui. Quelqu'un m'a conseillé de vous appeler.»
Kathleen, son épouse, était sous traitement depuis un certain temps pour un cancer à l'estomac qui, ces derniers mois, s'était étendu au foie, au cerveau et aux poumons. «Depuis quelques jours elle ne parle plus très bien,» nous dit Robert. «Il faut beaucoup d'efforts pour parvenir à la comprendre. Mais elle reste très digne, et je suis fier d'elle.» J'indiquai que sa «dignité» était peut-être un signe qu'elle avait parfaitement accepté la situation et se sentait en paix avec elle-même. Il me dit que c'était son initiative à elle de quitter l'hôpital et de faire l'effort physique de rentrer chez elle. Je lui demandai : «Quels sont vos sentiments en ce moment ? Que ressentiriez-vous si Kathleen mourait maintenant, pendant notre conversation ?» Robert répondit : «Ce fut son choix de mourir à la maison, et je suis cent

pour cent avec elle dans cette décision. Mais vos réflexions pourraient m'aider à optimaliser cette expérience pour elle. Je veux que ce soit le plus parfait possible.»

S: «Pour que ce soit parfait, il faudra que vous examiniez s'il existe des points qui ne sont pas parfaits. Lorsque vous pensez à sa mort, sentez-vous cet endroit au creux de votre poitrine où cela vous fait mal, où il vous semble perdre quelque chose, où d'une certaine manière vous refusez sa mort ?»

R: «Il y a une partie de moi qui désire la maintenir en vie, oui, je m'en rends très bien compte. Et il y a une partie de moi qui veut être avec elle lorsqu'elle meurt, et qui l'accepte. Je l'ai vraiment suivie, tout au long de cette expérience. C'est une forte personnalité. Son plus grand problème en ce moment est la respiration. Sa tumeur aux poumons la lui rend très difficile. Depuis quelques jours elle doit se battre pour chaque inspiration. Même les dilatateurs de bronches n'ont pas eu beaucoup d'effet. Hier et aujourd'hui elle a eu quelques irrégularités cardiaques, et je ne m'attends pas à ce qu'elle vive encore longtemps. Je veux être là pour elle de la meilleure manière possible.»

S: «L'anxiété liée à la respiration est une angoisse très primale. C'est effrayant de ne pas pouvoir respirer. L'instinct de survie émerge soudain et se resserre autour de cette peur, ce qui peut encore aggraver le sentiment d'inconfort. Mais vous pouvez l'aider à se détendre. La «détente» est essentielle pour diminuer la tension et la peur. C'est très semblable à un accouchement. Kathleen est en train d'accoucher d'elle-même. On a souvent l'impression qu'une femme qui accouche fait principalement l'expérience de la douleur, mais si on lui demande comment elle a vécu cet accouchement, il s'avère que l'expérience recèle bien plus que l'impression d'inconfort. Il y a également beaucoup d'émerveillement, une grande sensation de puissance, une volonté d'aller jusqu'au bout,... et la poussée la plus douloureuse est suivie de la plus grande joie, d'une détente complète et d'un sentiment de plénitude. N'essayez pas d'imaginer son expérience. Si vous voulez savoir ce qu'elle ressent, demandez-le lui.»

Robert acquiesça et dit que sa femme lui avait effectivement dit qu'elle ne souffrait pas tellement, et qu'il projetait peut-être plus de douleur qu'elle n'en ressentait réellement. Il comprenait que la notion de «détente» lui serait utile à lui-même également.

R: «Depuis que je l'ai ramenée à la maison, elle dort mieux. Respirant un peu lourdement, peut-être, mais avec plus de facilité.»

Kathleen avait sensiblement diminué ses prises de médicaments. Elle lui avait demandé de laisser le processus se poursuivre naturellement, et de ne plus enlever les sécrétions dans ses poumons.

R: «C'est une chose que j'ai beaucoup de mal à accepter, d'autant plus que j'ai une formation en thérapie respiratoire. La voir respirer à travers ses sécrétions tout en sachant que je ne vais pas lui faire de succion, que je ne vais pas pouvoir intervenir, ce n'est pas évident.»

Je dis à Robert que ces derniers jours partagés avec sa femme seraient peut-être les plus intimes de leur vie. Il répondit : «Toute la journée, aujourd'hui, nous avons été incroyablement proches, et pour rien au monde je ne voudrais qu'il en soit autrement, même si je me sens très fatigué. J'ai peu dormi et la journée fut très intense. J'étais fort accablé ces derniers jours, mais j'ai vécu quelque chose de très beau aujourd'hui, et je suis heureux que nous soyons tous deux à la maison. Je craignais qu'elle n'y arrive pas. Ses efforts pour quitter son lit et se rendre jusqu'au taxi l'ont épuisée, et je craignais que ce ne soit trop pour elle. Mais je sais qu'elle est très consciente de ce qui se passe, et je me contente de faire ce qu'elle veut.»

Il dit encore qu'elle paraissait parfois être dans un léger coma. Je lui suggérai de continuer à lui parler, qu'elle réponde ou non, ne fût-ce que pour garder le contact. Sans être trop intellectuel, ni en pensant qu'elle «n'y est pas», car en réalité «elle commence tout doucement à y être».

R: «Nous nous sommes longuement embrassés et serrés dans les bras l'un de l'autre, et ce fut merveilleux. Je continuerai à trouver des moyens de lui parler.»

Je lui suggérai également de lui lire des choses qu'elle aimerait, et de lui parler simplement de son amour et de son souhait de la laisser mourir comme elle le désire.

R: «J'aime beaucoup lire à haute voix, c'est une excellente idée. Elle était très proche de la nature. Elle a un grand sens religieux, mais pas d'une manière conventionnelle. En fait, elle est plus spirituelle que religieuse. Elle adore la poésie. Et elle aime écrire. Je pourrais donc très bien établir ce type de communication avec elle si je trouve un bon recueil de poésie.»

Je suggérai Thoreau, et il pensa que c'était exactement ce qu'il lui fallait. Son enthousiasme me fit ajouter : «Mais attention ! Il y a un côté exaltation des beautés de la Terre, et il ne faudrait pas la fixer sur cet aspect-là au moment où elle est sur le point de la quitter. Plus ce que vous lui lisez est orienté vers la «lumière», mieux c'est. Il est préférable de ne pas renforcer ses attachements au moment où elle balance entre deux mondes.»

R: «Oui. J'ai le sentiment que les choses ne pourraient mieux se présenter.»
S: «Je suggère que vous lui fassiez une lecture en signe d'adieu à ce plan-ci de l'existence. D'après ce que vous me dites, elle n'aura pas de difficultés à traverser les étapes qui s'annoncent. Faites confiance au processus et restez aussi réceptif que vous le pouvez. Laissez-vous guider par votre coeur.
Et si elle retourne dans cet état comateux, restez avec elle. Encouragez-la à voir qu'elle n'est pas ce corps, et le fait même qu'elle puisse vous entendre, tout en étant dans le coma, signifie qu'elle est bien plus que ce qu'elle peut imaginer. Que sa vraie nature va bien au-delà de ce corps moribond.»
Robert avoua qu'il avait eu envie de lui parler durant cet état, mais qu'il n'avait pas osé suivre son intuition.

S: «C'est une chance extraordinaire pour elle d'être à la maison. Vous n'auriez pas pu l'aider mieux.»

R: «Oui, j'en suis vraiment très heureux. J'en pleure et j'en ris. Ce fut un peu comme une nouvelle naissance aujourd'hui. Je n'ai jamais rien vécu de pareil.»

S: «Je crois que ce sera une très belle expérience pour tous les deux. Votre seul travail maintenant est de rester ouvert, détendu et confiant. Avez-vous d'autres questions ?»

R: «Oui, cela me dérange un peu de ne pas lui donner ses médicaments. Quelque chose en moi, par déformation professionnelle je suppose, me pousse à poursuivre ses traitements.»

S: «Je lui laisserais prendre elle-même la décision dans ce domaine. Et vous pouvez lui suggérer d'être attentive à ses besoins en analgésiques. Il se peut qu'elle en désire moins, ou qu'elle en désire plus, cela n'a pas d'importance. Elle ne doit se fier à rien d'autre qu'à son intuition en ce moment. C'est pour vous deux l'occasion de développer votre lien avec votre être essentiel.»

R: «J'ai aussi tendance à la nourrir.»

S: «Probablement n'a-t-elle aucun appétit.»

R: «Non, en effet, et depuis un certain temps déjà.»

S: «J'ai vu des gens qui ne mangeaient pas pendant des semaines, ils ne prenaient que du liquide. Votre tendance à la nourrir est révélateur de plusieurs choses. Peut-être devez-vous accepter plus profondément encore son départ. N'attendez pas sa mort pour développer en vous cette acceptation profonde et entière. C'est maintenant. Même si ce n'est pas facile. Ce n'est que dans la mesure où vous pourrez vous ouvrir entièrement à ce processus et la laisser poursuivre sa voie, quelle qu'elle soit, que vous pourrez partager cette expérience avec elle de la manière la plus profonde. Vous vous sentirez plus proche d'elle que vous ne l'avez probablement jamais été. Mais vous devez lui permettre de faire comme elle le sent.»

R: «J'ai perçu quelques bribes de mots ce soir. Quelque chose comme «pas besoin».»

S: «Tout cela a peu d'importance pour elle. La seule chose dont elle ait besoin c'est de vivre sans encombre son processus de transition. Cela peut lui prendre des heures ou des jours, il n'y a aucun moyen de savoir. Présentez-lui à boire, bien entendu, mais si elle ne désire pas manger, faites comme elle veut. Et remarquez simplement que votre désir de lui imposer autre chose que ce qu'elle veut n'est que l'expression de votre attachement, alors que l'heure exige plus que jamais que vous lâchiez prise, tous deux, et que vous soyez pleinement ouverts à ce que chaque instant vous apporte de neuf.»

Robert ajouta encore que si Kathleen semblait parfaitement accepter la situation et semblait «prête à accoucher d'elle-même», il y avait néanmoins des moments où elle manifestait une certaine agitation qu'il ne parvenait pas à comprendre. Je lui dis que nous avions souvent observé cela. «Il arrive que le corps ait, sur un plan purement physiologique, un réflexe d'attachement à sa propre existence, indépendamment de toute résistance mentale. La déconfiture du corps provoque parfois une nervosité mentale, mais il se peut également que ce soit le corps lui-même qui s'agite dans un dernier sursaut existentiel. Cette agitation apparente peut être interprétée comme un état de doute ou de confusion, mais c'est en réalité une réaction inhérente au processus d'incarnation de la vie dans le corps. J'ai même vu des gens qui étaient euphoriques en mourant et qui disaient que c'était «comme si le corps s'étreignait lui-même pour se dire adieu». Je lui dis aussi qu'aucun sujet n'était tabou, et qu'il pouvait lui en parler s'il en avait envie.»

Robert mentionna une autre difficulté dans le fait que la mère de Kathleen insistait pour lui rendre visite. Mais Kathleen ne voulait pas la voir. Leur relation avait toujours été assez difficile, et Kathleen se sentait plus à l'aise avec la seule présence de Robert. Mais la mère de Kathleen insistait et voulait venir, «que Kathleen le veuille ou non.»

R: «J'ai tendance à vouloir empêcher les gens de rentrer dans sa chambre si elle ne le désire pas. J'ai pris les dispositions nécessaires pour que sa mère s'installe dans un motel pas loin d'ici. Je lui ai exprimé très clairement les souhaits de Kathleen. Ce ne fut pas facile, car je m'entends bien avec sa mère. Mais j'ai dû me montrer très ferme. Elle ressent ce besoin maternel très compréhensible de voir sa fille sur son lit de mort. Ce que Kathleen refuse, affirmant qu'elles se sont dit tout ce qu'elles avaient à se dire et que cela gâcherait tout si je la laissais venir. Je suis donc assez embarrassé.»

S: «Et si elles se parlaient au téléphone ?»

R: «Kathleen n'est pas capable de parler au téléphone.»

S: «Cela n'est pas nécessairement un obstacle. Il se peut que sa mère ait besoin de terminer quelque chose avec elle, et peut-être que Kathleen n'aura pas besoin de répondre. Demandez à Kathleen ce qu'elle pense d'un coup de fil de sa mère où elle n'aurait qu'à écouter. Elle entendra ce qu'elle entendra, mais au moins sa mère aura-t-elle eu l'occasion de s'exprimer. Si elle peut faire cela avec légèreté, le coeur ouvert, ce pourrait être une bonne chose. Elle n'a pas besoin de répondre, et elle entendra peut-être des choses qui lui feront du bien. Peut-être recevra-t-elle beaucoup d'amour et de tendresse, sans avoir besoin de se forcer à être quoi que ce soit.»

R: «C'est une bonne idée. Je lui en parlerai.»

S: «N'oubliez surtout pas que c'est vraiment à elle à décider. Si elle veut entendre sa mère, très bien. Si elle ne veut pas, très bien aussi. Aucun jugement, aucun reproche. En fait, vous pourriez également encourager sa mère à lui écrire ce qu'elle veut lui dire, et vous pourriez lui en faire la lecture lorsqu'elle le désire.»

R: «Oui, mais elles ont eu de nombreux mois, durant cette maladie, pour communiquer comme elles le voulaient. Peut-être ceci n'est-il que l'envie de sa mère de venir lui dire au revoir.»

S: «Faites confiance à la manière dont Kathleen sentira les choses et cela se passera bien. Quel que soit son choix, vous l'exécuterez ensemble. Elle sait ce qui la perturbera et ce dont elle a besoin. Elle est à un moment de sa vie où il est essentiel de faire confiance à ce qui vient du plus profond d'elle-même, au pouvoir de son coeur. Elle termine une étape avec sa mère et avec vous, mais également avec elle-même. J'ignore son état psychologique, mais de toute manière, la meilleure chose qu'elle puisse faire est de s'entourer, comme elle l'a fait, des personnes qu'elle aime le plus et d'un climat d'amour. Encouragez-la doucement à se dire adieu à elle-même avec tout l'amour et le pardon qu'elle peut y mettre. Plus elle parvient à ouvrir grand son coeur et à se dire : «Je t'aime, Kathleen», mieux elle parviendra à relâcher le passé et tout ce qui pourrait l'entraver dans sa transition, et plus ce qui suivra sera facile et bénéfique. N'êtes-vous pas trop fatigué, Robert ?»

R: «Je suis fatigué, mais je ne suis pas prêt à dormir.»

S: «Avez-vous l'intention de veiller auprès d'elle ?»

R: «Oui. En fait, je pense même dormir auprès d'elle. J'avais fort envie de dormir à ses côtés pendant tout le temps qu'elle était à l'hôpital, et c'est aussi pour cela que je suis si content qu'elle soit rentrée. C'était un grand soulagement d'arrêter cette histoire de quarantaine et de pouvoir à nouveau la toucher et l'embrasser.»

S: «Il est temps en effet d'arrêter toute mise en quarantaine. Son retour à la maison est la meilleure chose qui pouvait lui arriver.»

R: «Je savais que c'était bien, et j'ai eu la chance de n'avoir qu'à suivre ses indications. C'est fait, et je m'en sens fort soulagé.»

S: «Vous avez fait pour elle ce que personne d'autre au monde n'aurait pu faire, et c'est le plus beau cadeau que vous puissiez lui faire. Reposez-vous bien.»

Le lendemain matin Robert m'appela pour m'annoncer que Kathleen était morte, à quatre heures et quart, tandis qu'il était couché à ses côtés. Elle fit une petite expiration douce et brève qui ne fut pas suivie d'une autre. «Ce fut vraiment très beau,» dit-il. «Elle a décidé qu'il était temps de lâcher prise, et elle s'est éteinte progressivement. Elle était très calme, en paix, détendue. Cela m'a fort impressionné. C'était assez incroyable. A un certain moment, environ une heure et demie avant sa mort, elle a levé les yeux vers moi et m'a dit au revoir. Ensuite elle a commencé à compter de dix à zéro, de façon à peine audible. En arrivant à zéro, elle a eu comme une petit frisson amusé et a dit : «Ohh,» puis elle a recommencé à compter en remontant. Je lui ai demandé si elle sentait qu'elle était en train de mourir, et elle m'a répondu : «Oui», d'un air très léger. C'était presque comme si je lui avais proposé une sortie au cinéma. Un petit «oui» tout guilleret. Je lui ai mis une de ses cantates préférées, et sa respiration est devenue parfaitement claire, sans le moindre effort, claire comme un son de cloche, de plus en plus faible. La dernière fois que je l'ai remontée sur ses oreillers, elle m'a parue deux fois plus lourde qu'avant. Je savais qu'elle avait déjà commencé à quitter, et je lui ai lu quelques passages de Hamlet, son livre de chevet — «Bonne nuit, douce princesse, que le chant des anges t'accompagne dans ton sommeil». Elle était très paisible et sembla s'effacer progressivement.»

La joie de Robert et son sentiment de plénitude étaient plus grands qu'à aucun autre moment de sa vie. Ce fut le parfait aboutissement de leur longue relation.

S'il peut paraître à certains que la joie de Robert après la mort de son épouse fut quelque peu «inconvenante», notre expérience nous montre qu'il n'est pas rare qu'un mari ou une femme, après une longue période de maladie et de soins intensifs, ressente un profond soulagement lorsque l'être cher est délivré de ses souffrances. Mais pour certains cette joie recèle bien plus. Ils ont vécu ce qu'il faut bien appeler une expérience transcendante. Un aperçu du grand mystère, qui les laisse dans un état proche de l'extase durant plusieurs semaines. Ce n'est que lorsque cette extase diminue que la perte de l'être aimé commence à se faire ressentir et que le deuil proprement dit entame son chemin. Il semble cependant que ceux qui ont partagé l'expérience de la transition à des niveaux indescriptibles d'harmonie, de paix, et de profondeur, vivent leur deuil avec plus de «facilité», si on peut dire. Pour ceux-là, le chagrin de la séparation se dissipe dans la chaleur du coeur, où le défunt est perçu par le lien d'amour qui continue à les unir. Leur joie est la joie de l'accomplissement. Leur deuil est celui de la séparation et de leur transition vers une nouvelle vie.

Chapitre 16

TROIS VISAGES DE LUMIERE

UNE JOURNEE A L'HOPITAL

Il est arrivé plusieurs fois qu'un hôpital fasse appel à nous. Parmi d'autres, sur la côte ouest, il y eut celui de San Elmo. Nous avions suivi certains patients qui y étaient hospitalisés et avions progressivement fait connaissance avec la direction. Ils nous avaient par la suite demandé d'animer une formation pour leur personnel. Au départ nous avions projeté de faire cinq causeries hebdomadaires avec le personnel de l'hôpital, mais le projet fut ouvert au public et finit par réunir quelques cent quarante personnes deux fois par semaine pendant dix semaines. De nombreux travailleurs médicaux de la région se joignirent aux réunions. Durant cette période, l'hôpital s'ouvrit largement à notre approche, et nous fûmes invités à participer à certaines réunions du staff où ils discutaient du traitement à donner dans certains cas spécifiques. Il nous fut même offert de participer avec quelques uns de nos étudiants à des autopsies, ce que nous avons trouvé fort utile pour approfondir l'approche de la mort et contempler le vide du corps physique. Nombreux furent ceux qui trouvèrent cette expérience révélatrice de leur peur envers la mort et de leur identification avec le corps. Comme le dit l'un d'eux : «Devant ce corps «vide», c'est le choc. C'est là que je comprends vraiment que ce cadavre n'est rien, que c'est ce qui en est absent qui représente sa vraie identité, ce qui lui a permis de voir, de vivre, d'être conscient. Lorsque cette partie-là a quitté, ce qui reste n'est qu'un ancien vêtement qui se désintègre.»

Nous reçûmes, Ondréa et moi, des badges de conseillers pastoraux, ce qui nous donnait une «image» plus acceptable aux yeux des patients qu'on nous demandait de visiter.

Plusieurs fois par semaine, nous nous rendions à tour de rôle à l'hôpital, où nous épinglions nos badges et nous rendions avant toute chose au bureau des conseillers pastoraux. Là notre ami Arnold, un pasteur responsable des quelques trois cents patients de l'hôpital, nous mettait au courant des dernières arrivées et nous indiquait les patients qui auraient besoin de notre visite. La plupart de ceux qu'on nous demandait de voir étaient sur le point de mourir ou souffraient de fortes douleurs, et étaient susceptibles de trouver un soulagement dans les techniques que nous avions développées.

Un jour Arnold me suggéra de voir trois personnes. En premier lieu il y avait Miguel, un hispano-américain qui mourait d'une cirrhose du foie. «Il semble être dans un état assez grave et fort agité.»

Ensuite il y aurait Madeleine, une femme de soixante-quinze ans qui approchait du «seuil», atteinte d'un lupus érythémateux disséminé. Elle avait, vingt ans auparavant, travaillé dans l'équipe d'entretien de l'hôpital, et avait passé la plus grande partie de sa vie dans une caravane à la campagne. Le personnel médical s'était avéré incapable de vaincre sa maladie et elle se sentait fort isolée. Ne voyant pas comment elles pouvaient l'aider, les infirmières de sa section ne venaient que très rarement s'asseoir à ses côtés. Peu nombreux et souvent débordé, le personnel négligeait régulièrement les besoins de présence et d'attention des patients. Les longues périodes de silence dans la chambre de Madeleine n'étaient interrompues que par les très occasionnels passages de visiteurs bénévoles.

La troisième patiente était Mary, une infirmière qui avait autrefois travaillé à l'hôpital et qui suivait un traitement des métastases de son cancer du sein. «Elle semble fort perturbée par son cancer et n'arrête pas de poser les mêmes questions dont elle connaît très bien les réponses, puisqu'elle a elle-même travaillé avec des patients cancéreux,» m'avait prévenu Arnold.

En me dirigeant vers le second étage, j'eus le pressentiment que la journée allait être fort intéressante.

Lorsque j'entrai dans la chambre de Miguel, quatre membres de sa famille entouraient son lit. A ses pieds était assise sa vieille mère de soixante-quatorze ans, la tête entre les mains. A sa droite se tenait sa femme, Maria qui paraissait déprimée par l'atmosphère tendue et émotive. De l'autre côté du lit, deux cousins de Miguel, la trentaine comme lui, vieux compagnons de la bouteille qui étaient venus constater les dégâts provoqués par les énormes quantités d'alcool qu'il avait avalées. Le foie de Miguel était à ce point gonflé que son ventre distendu ressemblait à celui d'une femme enceinte de six mois. Ses yeux étaient jaunes. Son teint doré avait viré au gris. Ses traits étaient tirés et son visage exprimait l'épuisement dû aux difficultés de sa vie et à sa longue et pénible maladie. J'expliquai à Maria que l'équipe pastorale m'avait suggéré de passer, pour voir si je pouvais aider Miguel à atténuer ses douleurs. Elle fut d'abord déçue d'apprendre que je n'étais pas prêtre, puis acquiesça les larmes aux yeux en disant : «Tout ce que vous voulez, si cela peut lui être utile.» Elle se tourna vers sa belle-mère et ses cousins et leur dit en espagnol que je venais pour soulager les douleurs de Miguel. Mais je compris aussitôt que les outils auxquels j'avais pensé ne feraient pas l'affaire. La barrière du langage rendrait la communication difficile, et les méditations guidées semblaient hors de question. Il me fallait donc abandonner tous mes modes de fonctionnement habituels et ne conserver que ma capacité d'être avec eux, le plus pleinement possible.

La langue maternelle de Miguel était l'espagnol, et malgré un séjour prolongé au Mexique quelques années plus tôt, mon espagnol était très rudimentaire. Dans son état de souffrance et d'angoisse, Miguel s'était tout naturellement replié sur ses acquis les plus familiers; il semblait incapable de communiquer en anglais. Mes mots restaient vains. Les belles techniques permettant d'alléger la douleur étaient inutilisables. Je dus me résoudre à lui balbutier dans les termes les plus simples, forçant mon mental à se dissoudre dans la simplicité du coeur. Dans un espagnol «petit nègre», je lui dis : «Ton coeur souffre. C'est la douleur de la vie passée. Laisse partir ta vie passée. Ouvre-toi à la nouvelle vie. Souviens-toi du coeur sacré (je montrai du doigt l'image de Jésus qu'il avait placée à côté de son lit). Aie confiance et va vers lui.» Il n'y avait pas grand chose que je puisse faire pour Miguel, mais je ressentais un lien clair et profond.

Comme ma présence semblait décontracter quelque peu la famille qui en avait profité pour s'asseoir, je restai près du lit et posai ma main sur la tête de Miguel, caressant doucement son front en silence. Je m'assis ensuite sur le côté du lit, et en conservant un toucher léger, je lui parlai dans le silence de mon coeur de la nécessité d'abandonner, en douceur, les souffrances de cette vie. «Miguel, cette vie de souffrance va se clôturer. Laisse-la s'éloigner. Tout ce qui t'a poussé à te réfugier dans l'alcool va se refermer derrière toi. La peur et la crispation qui entourent ton coeur sont comme un mur en fil de fer barbelé — laisse-le se dissoudre et disparaître — vois comme il devient la couronne d'épine autour du coeur de Jésus. Reçois tout son amour. Ton travail dans cette vie est terminé. Essaye doucement de lâcher ton emprise sur ce corps usé et endommagé. Laisse s'éloigner cette souffrance qui a obscurci ta vie.»

Oubliant que je n'étais pas prêtre, sa mère me demanda en espagnol de prier pour son âme. Tous les six, nous passâmes le quart d'heure suivant en silence, tandis que je restais assis près de Miguel en lui chantant dans le silence de mon coeur des chants de Jésus, et que les autres marmonnaient des prières ensemble. Je ne pouvais rien faire d'autre pour lui que partager l'amour que je ressentais. Je ne pouvais qu'être là. Les siens souhaitaient au plus profond d'eux-mêmes que je fasse régresser le spectre de la mort, mais tout ce que je pouvais dire à Miguel, avec les quelques mots d'espagnol que je connaissais, était de se détendre et de faire confiance au processus. Et aux autres je dis : «Prenez-le dans votre coeur et entourez-le de votre amour et de vos prières.» Les gros bras, musclés et tatoués, des deux cousins pendaient mollement le long de leurs corps. C'étaient des buveurs et des bagarreurs. Ils semblaient complètement perdus, vaincus par la mort.

Miguel et moi n'avions pas échangé plus d'une dizaine de mots durant les quarante-cinq minutes que nous avions passées ensemble. Comme la chambre paraissait plus détendue et que j'avais l'impression qu'il n'y avait pas grand chose que je puisse faire de plus, je pris la décision de me rendre chez la patiente suivante et de repasser voir plus tard. Je quittai la chambre et restai un instant immobile dans le couloir, concentré sur l'énergie de mon coeur et faisant le vide pour la prochaine visite, lorsque soudain Maria sortit et me demanda de revenir : «Miguel aimerait que tu restes». Je retournai dans la chambre et repris la même place, assis sur le bord du lit, caressant son front, lui chantant en silence le chant de mon coeur, et lui répétant de temps en temps : «Détends-toi» ou, «Aie confiance et va vers Dieu.»

Environ trois quarts d'heure plus tard je m'apprêtai à quitter la pièce. La famille me remercia une nouvelle fois et me demanda ce qu'ils pouvaient faire. Je questionnai Maria sur la relation de Miguel avec la religion catholique. Elle me dit : «Miguel a eu une vie très difficile, mais il est un bon catholique. Il aime Jésus. Il lui est arrivé de rentrer si saoul qu'il ne pouvait plus marcher, qu'il trébuchait sur les chaises et s'effondrait sur son lit en pleurant : «Maria, Maria, prie Jésus pour moi, je suis trop saoul pour prier. Aide-moi.» Je lui suggérai de prier pour que la miséricorde de Dieu soit avec lui et lui permette un passage sans difficulté vers «la maison du Seigneur». A ce moment Miguel se redressa péniblement et demanda à boire. Je sortis demander aux infirmières qu'on lui apporte à boire. Une infirmière apporta un verre de jus d'orange et on aida Miguel à le porter à ses lèvres. Mais sa langue était si fissurée à cause de l'incapacité de son foie à filtrer les toxines de son organisme, qu'il poussa aussitôt un cri aigu. L'infirmière quitta la chambre toute penaude, réalisant son erreur d'avoir donné une boisson acide à un patient dont la langue était fortement fissurée. Je lui tendis un verre d'eau pour qu'il puisse se rincer la bouche et pris le temps de calmer la famille, furieuse de voir que l'hôpital «semblait se moquer éperdument de ce soûlard en train de mourir, et d'autant plus que c'était un hispano !» Puis je quittai la pièce à nouveau. Je m'arrêtai dans le couloir pour faire quelques respirations profondes avant d'entamer la visite suivante, lorsqu'une fois de plus Maria apparut et demanda que je revienne. Miguel avait demandé que je reste «tout près». De toute évidence, malgré le peu que nous nous étions dit, le lien du coeur était clairement perçu à travers toute la douleur et la confusion. Je me remis à caresser son front, et il resta calme et immobile. Sa mère sanglotait dans un coin, ses cousins faisaient les cent pas, sa femme, pâle et épuisée, tenait sa main de l'autre côté du lit. Par le silence de mon coeur, je dis à Miguel : «Fais confiance à ta foi en Jésus. Cette vie douloureuse est désormais terminée, doux frère. Le seul travail qui te reste à faire est de t'immerger dans le coeur sacré du Christ.» Soudain il se redressa sur son séant et dit : «La luz ! La luz ! (La lumière ! La lumière !)» Je mis ma main derrière son dos pour le soutenir, et dis : «Esta la luz de sagrada corrazon de Jesus. (C'est la lumière du coeur sacré de Jésus.)» A ces mots Miguel soupira profondément, son corps se détendit et il se recoucha en douceur sur son oreiller, murmurant quelque chose en espagnol que je ne pus comprendre. Il ne tarda pas à s'endormir paisiblement, et je promis de revenir le lendemain, tout en donnant à sa femme mon numéro de téléphone pour le cas où il y aurait un problème d'ici là.

Lorsque je quittai la pièce, Maria me demanda : «Qu'était cette lumière ?» Je répondis : «C'est la lumière de sa vraie nature, la lumière du Christ dans son coeur et son esprit, la lumière de sa mort qui approche; c'est un signe de la paix et de la plénitude qui l'attendent.» Elle balança la tête d'un air triste et résigné et se tourna vers les autres pour traduire ce que j'avais dit. Je quittai finalement la pièce, tandis que les cousins, qui jusqu'alors avaient montré un visage raide et tendu, laissaient couler les larmes silencieuses de ceux qui perdent un être aimé.

Cinq minutes plus tard j'entrai dans la chambre de Madeleine. Elle avait vécu la plus grande partie de sa vie isolée, et se retrouvait également seule à la veille de sa mort. Ses enfants qui vivaient dans la région n'étaient pas venus lui rendre visite. Et à mesure que son état s'aggravait et que les médecins et infirmières se sentaient impuissants à lui venir en aide, leurs visites se firent de plus en plus rares. Elle mourait dans la solitude et la souffrance. Des arceaux métalliques protégeaient ses jambes du poids de la couverture que son corps endolori ne pouvait plus supporter. J'approchais de son lit lorsque Madeleine tourna lentement la tête et leva les yeux dans ma direction. Au contact de nos yeux, j'eus immédiatement la certitude intérieure que Madeleine serait capable d'atteindre ce lieu de paix au plus profond d'elle-même. Ses yeux avaient le reflet bleu-vert cristallin d'un glacier, témoins des longues périodes de souffrance qu'elle avait vécues. Mais au-delà de cette souffrance, au-delà de sa solitude et de sa détresse, ses yeux exprimaient un grand calme. J'eus à peine le temps de dire : «Bonjour, mon nom est Stephen; peut-être puis-je vous être utile ?» que nos yeux se fondirent en une puissante étreinte magnétique. Plus rien n'avait besoin d'être dit. Il était clair que notre travail ensemble serait de la débarrasser de tout ce qui restait en elle de résistance envers la douleur ou la joie, la peur ou la grâce. Sentant à cet instant que Madeleine était en mesure de toucher son être profond, je lui dis : «Madeleine, ne repoussez pas la douleur. Ni même votre maladie. Accueillez-la. Ne tentez pas de modifier votre peur ou votre douleur. Laissez-les telles qu'elles sont, mais allez voir un rien au-delà, et voyez qu'au-delà de cette peur, de cette douleur, de cette solitude, comme par miracle se trouve un lieu de paix, un endroit quelque part en vous où vous savez que tout cela est parfait. Pouvez-vous sentir cela ? Pouvez-vous pénétrer l'espace qui s'étend derrière ce désordre apparent et cette perspective de mort ? Immergez-vous dans cet espace de paix, sans résister plus longtemps à ce qui vous tourmente, et détendez-vous dans la certitude que tout est bien, que sous les vagues de la surface il n'y a en réalité que la paix profonde de l'être immuable.»

Sa gorge laissa échapper un son affirmatif. Un vague grognement, accompagnant la communion de plus en plus profonde de nos deux êtres. Au-delà de celui que je pensais être, au-delà de celle qu'elle imaginait être, nous nous rencontrions dans l'Etre tout court. Un instant d'une extraordinaire puissance, alors que nos pensées se dissipaient comme une brume sous l'effet du soleil, pour faire place à l'amour immense qui relie tout ce qui vit et respire. Le monde entier semblait n'être l'expression que d'un seul et même amour, d'une seule et unique luminescence éclairant chaque coeur. Pendant près d'une heure, nos mains étroitement serrées l'une dans l'autre, les yeux rivés sur l'océan d'amour et de tendresse, nous connûmes, au-delà de tout langage, la force de la communion profonde. Lentement, ce visage marqué par la souffrance et le désarroi, se mit à fondre, à révéler la douce rondeur de ses traits et, éclairé par la lueur de ses yeux, esquissa peu à peu un tendre sourire : «Oui, tout est bien. D'une certaine manière tout est bien.»

Revenant peu à peu à la réalité de l'hôpital je lui demandai : «Comment cela va-t-il maintenant ?» «C'est tout autre chose,» dit-elle.

S: «Et votre douleur ?»

M: «Elle est toujours là, mais c'est très différent.»

S: «Et la mort ?»

M: «Si la mort est comme cette paix que nous venons de vivre ensemble, je suis prête.»

S: «Vous êtes tellement plus que cette maladie, Madeleine, et même que cette solitude qui vous accompagne. Il suffit d'y croire.»

M: «Je sais. Je me sens tellement mieux maintenant. Je pense que je pourrais mourir à l'instant même. Je me sens moins seule. Je me sens protégée, en quelque sorte.»

S: «N'oubliez pas que vous pouvez accéder quand vous le voulez à cette paix qui est en vous, juste au-delà de ce corps malade, juste au-delà de la confusion du mental. Derrière tout cela il n'y a que la paix de l'être, la plénitude parfaite que rien ne peut ébranler, que rien ne peut détruire. Vous savez, le travail que vous faites, c'est tous ensemble que nous le faisons. Si je peux vous aider en quoi que ce soit, faites-le moi savoir.»

Nous sommes restés assis une dizaine de minutes encore à parler de son fils qui vivait en Californie, et qu'elle me demanda d'appeler, et de certaines infirmières qui avaient été touchées par sa souffrance. L'amour qu'elle ressentait pour ces infirmières, pour ses enfants, et pour elle-même, emplissait la pièce comme une lumière dorée. Je sentis mon coeur déborder de l'amour qu'elle rayonnait si généreusement, tandis qu'elle oubliait sa douleur et vivait pleinement ce qu'elle était, bien au-delà de son corps physique.

Lorsque je quittai la chambre, promettant de revenir le lendemain, elle fit de ses yeux ridés et riants un clin d'oeil confiant et me dit : «Oui, tout est bien et plein d'amour.»

Madeleine mourut deux jours plus tard, avec son fils à ses côtés et trois de ses infirmières préférées autour du lit. La chambre baignait dans une paix comme elle n'en avait pas connue depuis des mois. Le matin où elle mourut, elle m'avait accueilli en disant : «Oui, tout est bien.»

Mais revenons à notre jour de visite. Après avoir quitté la chambre de Madeleine, je fis une pause sandwich avant d'aller voir Mary, l'infirmière qui avait été admise en traitement pour les métastases avancées de son cancer au sein. Mary était révoltée. «J'ai fait partie du staff de cet hôpital pendant des années, et je suis malade depuis près d'un an. Au début, les infirmières passaient me voir et me demandaient comment j'allais, mais depuis que mon état a empiré et que la chimio a peu d'effet, elles ne se montrent plus. C'est au point que si ma porte reste ouverte, elles détournent la tête quand elles passent. Si je sors d'ici je n'y remettrai plus les pieds !»

Assis à ses côtés, j'aspirai sa colère vers mon coeur, et j'expirai à chaque fois chaleur et patience en écoutant son récit. Elle était divorcée depuis quinze ans et n'était plus sortie avec un homme depuis. Elle me parla de sa fille de dix-neuf ans qui ne lâchait jamais le morceau quand il s'agissait de gagner sa liberté. Pendant plus d'une heure, nous avons parlé d'elle, de sa maladie, et des méthodes que nous utilisions couramment pour alléger l'inconfort physique. Au moment où j'envisageai de la quitter, n'étant pas tout à fait sûr de ce qu'elle était réellement disposée à entreprendre, je lui proposai à tout hasard de faire l'essai d'une méditation guidée. Elle accepta avec une certaine indifférence, probablement davantage pour prolonger ma visite que parce qu'elle en attendait grand chose.

Quelques minutes plus tard, alors que je l'encourageais à se détendre et à s'ouvrir autour de sa douleur, à la laisser flotter, la tension se relâcha sensiblement et un profond soupir parcourut son corps. Je lui fis investiguer la nature de son inconfort, puis elle ouvrit les yeux, révélant une lueur que je n'y avais pas perçue auparavant. Elle m'adressa un sourire grimaçant et dit : «Mon Dieu, cette colère m'étouffe ! Je me sens mieux maintenant, plus légère. Vous savez, en regardant cette douleur de plus près, je l'ai ressentie comme une énergie de colère et de peur. J'ai une très forte tension dans le dos, dans les épaules, et dans la poitrine.»

S: «Et comment sentez-vous votre coeur ?»
M: «Atrocement douloureux !»
S: «Votre coeur pleure, Mary. Toute cette rage et toute cette peur sont comme une plaque de béton sur votre coeur.»
M: «Oui. Ce cancer me rend folle ! Mais ces derniers mois m'ont fait comprendre quelque chose. Pendant des années j'ai assuré des présences auprès de malades qui mouraient d'un cancer, et maintenant je peux voir que je n'ai jamais réellement voulu être avec eux. Je restais froide et distante et maintenant je comprends,» dit-elle en laissant échapper de lourds sanglots. «J'ai tant à apprendre et il me reste si peu de temps !»

Apparemment nous avions du travail à faire ensemble, Mary et moi. Comme elle avait l'intention de rentrer chez elle tout prochainement, nous convînmes de nous revoir à son domicile quelques jours plus tard.

Ondréa et moi avons travaillé avec Mary pendant les neuf mois qui suivirent, jusqu'à sa mort. Nous en poursuivons le récit dans le chapitre suivant.

Rentré chez moi après cette journée à l'hôpital, j'eus à peine le temps de m'asseoir à table pour le souper que le téléphone sonna. C'était l'infirmière en chef du second étage. La femme de Miguel avait demandé que je me rende à l'hôpital au plus vite, car Miguel semblait être sur le point de mourir. Vingt minutes plus tard, j'étais à ses côtés, une main sur son front, l'autre main posée légèrement juste au-dessus de son coeur. Dans mon espagnol rudimentaire je lui dis de s'ouvrir à la lumière. «Esta la luz de sagrada corrazon de Jesus,» lui répétai-je, tandis que sa mère et sa femme pleuraient dans un coin de la chambre, réconfortées par un infirmier compatissant. Par moments, Miguel semblait lutter pour s'accrocher à la vie, respirant d'un souffle saccadé. Sa tension avait pour effet de plonger sa famille dans une plus grande frayeur encore. A mes yeux cependant, tout semblait se dérouler «normalement». «Laisse Jésus respirer à travers toi. Que chaque aspiration aille directement vers son coeur,» répétai-je inlassablement, caressant son front, jusqu'à ce qu'il se calme, puis se laisse gagner par une paix profonde, et enfin expire son dernier souffle pour doucement s'éloigner de ce corps tourmenté. C'était comme un enfant qui, lassé de son ballon, le laisse s'envoler légèrement vers les nuages. Il y avait en Miguel ce côté enfantin et pur qui le menait par la main vers le «bon berger» de sa vraie nature.

Tandis qu'il quittait cette vie de souffrance, d'alcoolisme et de confusion, je continuai à l'encourager : «Va vers Dieu. Aie confiance, c'est l'amour qui t'attend.» Je lui rappelai la lumière. «C'est la lumière de ton coeur, de ta propre nature sacrée.» Je caressais toujours son front et lui répétais encore : «Immerge-toi dans le coeur de Jésus. Laisse tout le reste et va vers la lumière de ta nature divine.»

Les deux heures suivantes, je restai près de Maria, tandis que le corps était transféré à la morgue. Elle évoqua les fois où Miguel avait tant souhaité un peu de paix, mais s'était le plus souvent tourné vers l'alcool pour dissiper la douleur de son coeur. «Il a toujours dit qu'il connaissait Jésus et que Jésus comprenait sa souffrance. Mais il disait aussi qu'il ne pourrait jamais regarder Jésus droit dans les yeux, car il n'était qu'un ivrogne. Pourtant, quand il a dit : «La luz ! La luz !», je pense qu'il voyait les yeux du Seigneur. Il est mort comme il a toujours souhaité vivre. Je vais rentrer chez moi, maintenant, et dire aux enfants que leur père est mort en parlant de la lumière.»

Ce fut en effet une journée mémorable. Le genre de journée après laquelle je me dis qu'il serait bon de sortir mon carnet de notes.

Une fois de plus il était démontré qu'il ne faut pas nécessairement passer des semaines ou des mois avec les patients pour leur être utile, mais qu'il faut seulement être ouvert à chaque instant, au-delà de notre savoir, dans le coeur de l'événement.

Chapitre 17

GRACE ET CONFUSION

MARY, PATIENTE CANCEREUSE

Mary avait cinquante-cinq ans. Infirmière de formation, elle était arrivée dans la ville dix-huit mois plus tôt pour travailler dans cet hôpital où elle se retrouvait maintenant comme patiente. Une biopsie du sein avait confirmé une tumeur cancéreuse. Depuis cinq mois elle faisait régulièrement de courts séjours à l'hôpital pour y suivre une chimiothérapie et un traitement par radiations. Lors de notre première rencontre, elle était très angoissée et se sentait abandonnée. «Tant qu'elles (ses collègues) pensaient que mon état s'améliorerait,» disait-elle, «elles venaient me voir. Mais à mesure que je m'enfonce dans ce cancer, je dois leur apparaître comme un échec, car elles n'osent plus me regarder en face. Je suppose que je leur fait peur.»

S: «Que penses-tu qui leur fait peur ?»

M: «Peut-être ont-elles peur de se retrouver à ma place. Je suis infirmière comme elles, et j'ai aussi travaillé avec des patients cancéreux. Je sais que la plupart d'entre eux meurent. Moi aussi je m'en suis détournée. Mais je suis très différente de ce que j'étais alors. Ce cancer m'a fait comprendre à quel point je rejetais ces malades, juste comme elles me rejettent moi, comme si je n'existais pas. J'aurais certainement pu faire mieux.»

Mary était assez aigrie à l'égard de sa vie. Depuis quinze ans qu'elle était divorcée, elle n'était plus sortie avec un homme, «et c'est tant mieux !» disait-elle. A l'hôpital, sa fille de dix-neuf ans lui avait rendu quelques rares visites, hésitant toujours à passer le seuil de sa chambre, car l'état de santé de sa mère s'était à chaque fois détérioré. D'une voix tremblante d'émotion, Mary dit : «Je veux sortir d'ici, mais je ne sais pas où aller. Il est impossible que je rentre chez moi. Ma fille habite loin et elle a son boulot, il n'y a donc personne pour s'occuper de moi.»

Nous lui avons offert d'organiser une équipe de bénévoles pour l'aider quand elle en aurait besoin. Lors de la causerie hebdomadaire à ce même hôpital, une douzaine de personnes se portèrent volontaires pour assurer une assistance à domicile. Mary n'en crut pas ses oreilles. Elle hocha la tête en disant : «Douze personnes ? !» Le lendemain une association locale d'aides-à-domicile se joignit au groupe.

Il fallu quelques jours pour mettre sur pied un horaire complet d'assistance. Qui les courses, qui le ménage, qui la lessive, qui les repas, le nettoyage, les médicaments, les visites médicales, etc. Lorsque l'équipe fut organisée, Mary put quitter l'hôpital et fut transportée à son domicile, où l'accueillirent les nombreux visages souriants de ses voisins. En entrant dans son living, elle se tourna vers nous avec gratitude et nous dit : «Pourquoi tous ces gens sont-ils si gentils avec moi ? Croyez-vous que je mérite toute cette gentillesse ?»

En plus d'un contact téléphonique journalier avec elle, nous passions chez elle deux fois par semaine, restant parfois pour la nuit lorsque c'était nécessaire. Souvent elle nous demandait de lui lire un passage de la Bible, ajoutant : «Je n'ai jamais été une bonne chrétienne. Peut-être aurais-je dû prier plus. Mais un miracle est toujours possible, n'est-ce pas ? Peut-être vais-je encore guérir ?»

Nous échangions alors quelques considérations sur ce qu'était un «miracle». Et je lui dis : «Même si ton corps ne guérit pas, tu peux encore faire l'expérience d'un miracle. Tu m'as dit que tu avais tellement changé depuis ton premier diagnostic. Tu avais peur de tout, de la vie elle-même. Jamais tu ne t'étais considérée comme un coeur et un esprit, comme il t'arrive de le faire maintenant. Peut-être ta prière a-t-elle été exaucée !»

M: «Peut-être. Je n'ai jamais eu autant d'amis, ni autant de personnes qui s'occupaient de moi. Je n'ai jamais ressenti autant de gentillesse. Je n'ai même jamais su à quel point une simple gentillesse pouvait être importante. Et je me sens plus à l'aise qu'avant avec les gens qui rayonnent d'amour.»

Il était clair qu'un miracle s'était déjà produit dans sa vie. Le miracle de l'ouverture de son coeur. Son mental abordait la vie avec moins de peur. Sa vie avait été une lutte jour après jour, mais maintenant les jours s'écoulaient avec davantage de complicité. Le chant profond de l'être résonnait plus perceptiblement dans son coeur.

Deux semaines après son retour chez elle, Mary sentit une perte de sensation au niveau de sa main et commença à avoir quelques difficultés à parler. Une grande fatigue l'empêchait d'être active. Ses pas devenaient hésitants. Le cancer avait atteint son cerveau. Ses difficultés à parler et à se mouvoir s'amplifièrent, et elle fut à nouveau admise à l'hôpital. On lui fit une craniotomie frontale avec drainage des métastases. Peu après elle commença à avoir des convulsions. Et malgré d'occasionnelles poussées de fièvre, elle dit : «S'ils ne peuvent rien faire pour moi ici, je veux retourner chez moi. Je n'ai aucune raison de rester ici. J'ai besoin d'être avec mes meubles et mes nouveaux amis.»

Sa fille n'était pas venue la voir à l'hôpital, et lorsqu'elle rentra chez elle la maison était dans un désordre épouvantable. Apparemment sa fille lui passait le message de la difficulté qu'elle éprouvait à voir mourir sa mère. Son angoisse et son désarroi ne tardèrent pas à se confirmer. Elle exprima de plusieurs façons détournées son dédain envers «la faiblesse de sa mère» et sa rage de la voir «incapable de se dépêtrer de cette mauvaise situation». A plusieurs reprises elle lui vola de l'argent et des tickets alimentaires. Et différents objets disparurent de la maison.

Les quelques fois où des membres de l'équipe bénévole approchèrent la fille en lui proposant de «s'asseoir pour bavarder un peu», ils ne reçurent pour toute réponse qu'une hostilité glacée qui leur fit renoncer. Lorsqu'une des infirmières lui demanda d'aller chercher un médicament pour sa mère, elle répondit : «Qu'elle crève et qu'on en finisse !» Et elle sortit de la maison, laissant la prescription derrière elle. Mary persistait à excuser sa fille avec le même aveuglement que ce qu'on lui avait connu au début de sa maladie lorsqu'elle refusa la réalité du cancer. Jamais elle ne mentionna l'argent ni aucun objet manquant, et il lui arrivait de fantasmer sur leur «bonne relation» en se référant à des conversations qu'elles avaient eues des années plus tôt. Jamais non plus elle ne mentionna le petit ami quinquagénaire de sa fille, qui attendait dans sa Cadillac argentée qu'elle revienne de sa visite en coup-de-vent. Les chemisiers de soie et autres vêtements chers n'interpellèrent pas la mère, qui pensait pourtant que sa fille travaillait dans un McDonald.

Le problème relationnel qui subsistait entre Mary et sa fille était pour nous tous une leçon d'impuissance. Tout ce que nous pouvions faire était de rester disponible. C'était l'occasion de relâcher tout jugement qui aurait pu se former dans notre mental concernant la fille, la mère, ou leur relation.

Un jour nous apportâmes à Mary une grande image de Jésus à mettre sur sa cheminée, comme elle en avait exprimé la demande. Trois jours plus tard, lorsque je l'appelai au téléphone le matin, j'entendis immédiatement que ses difficultés de parole avaient disparu. «Quelque chose d'extraordinaire s'est produit hier soir,» dit-elle. «Je revenais de la salle de bain, marchant très lentement avec mon déambulateur, et pour Dieu sait quelle raison — car je n'ai jamais rien fait de pareil avant — je m'approchai de ce portrait de Jésus et l'embrassai. Et soudain je me suis sentie en pleine forme, j'avais l'impression de pouvoir sautiller et danser en claquant les talons. Aujourd'hui tout me paraît différent. Je ne me suis jamais sentie autant en paix. Je ne sais pas,... je suis peut-être devenue folle.»

Je lui dis ne pas savoir ce que c'était exactement, mais que de toute évidence cela ne pouvait que lui faire du bien. Je l'encourageai à faire confiance à son expérience et à la vivre telle qu'elle se présentait. A accepter la grâce sous quelque forme que ce soit.

Pendant deux jours et demi elle n'eut plus aucun symptôme. Elle parlait normalement. Toute trace d'aphasie (langage incohérent) avait disparue, et elle n'avait plus besoin d'aide pour marcher. Mais quelques jours plus tard la fatigue revint, et avec elle les difficultés à s'exprimer clairement. Pendant quelques jours une certaine gaieté persista dans son coeur, bien que son corps ne reflétait plus la grâce qu'elle avait connue. Une ouverture s'était produite en elle, et elle accueillait tout le monde avec un grand et doux sourire. «J'ignore ce qui s'est passé la semaine dernière, mais assurément c'était quelque chose ! Je me sens toute autre —mmmmm— je n'ai plus aussi peur qu'avant, sans que je puisse vraiment dire pourquoi.»

La semaine qui suivit elle eut deux crises de convulsions. Ces crises l'effrayaient beaucoup, car elle perdait tout contrôle sur elle-même. Comme il y avait des signes précurseurs avant chaque crise, et comme d'autre part elle voulait être capable de se débrouiller lorsqu'elle était seule, nous arrangeâmes un coin confortable dans sa chambre où elle pourrait le cas échéant se coucher sur des coussins et se mettre dans la bouche un petit engin destiné à l'empêcher de s'étouffer. Lorsque ce «palace de crise» fut prêt, elle se sentit rassurée et capable d'affronter ses crises sans déranger personne. Nous l'encourageâmes beaucoup à ne pas résister à ces crises.

S: «Laisse-les te traverser comme une vague traverse un plan d'eau. Ta résistance te donne l'impression que tu vas voler en éclats. Peut-être y a-t-il une autre manière de les aborder, en t'y ouvrant avec douceur dès que les premiers signes apparaissent.»

Son travail sur les crises progressa de pair avec son travail sur la guérison et la mort: il s'agissait avant tout de relâcher et s'ouvrir à ce qu'elle appelait d'un air amusé «la grande douceur».

Une semaine plus tard, Mary demanda à un de ses bénévoles de former notre numéro de téléphone. «Vous savez,» nous dit-elle, «j'ai fait une autre expérience extraordinaire la nuit dernière. Je me suis éveillée, et j'ai cru que j'avais laissé la lumière allumée, car il faisait anormalement clair du côté de la cheminée. Je me suis frottée les yeux, et il y avait de la lumière qui émanait de ce portrait de Jésus. C'est dingue, non ? Ce rayonnement était si fort que je pouvais lire les titres des livres sur l'étagère à côté. Il n'y avait aucune autre lumière dans la chambre, seulement le rayonnement dégagé par ce visage.»

De toute évidence, et pour Dieu sait quelle raison, Mary avait, à un certain niveau de son être, un lien fort avec Jésus. Il lui fut donc suggéré d'utiliser la prière de Jésus — une prière couramment utilisée comme mantra dans l'église orthodoxe — «Seigneur Jésus Christ prend pitié de moi». Il semblait indiqué qu'elle répète régulièrement cette prière dans le silence de son coeur. Lorsqu'elle se sentait tendue, lorsqu'elle sentait approcher une crise, ou dans des moments de frustration lorsque la communication devenait difficile. Quand la bouche ne parvenait plus à former les mots mais que le coeur restait attentif, elle pouvait dire et redire ce mantra de façon à rester concentrée sur la lumière de sa vraie nature et sur l'amour et le pardon universels qu'elle recevait par l'intermédiaire de Jésus. Ayant répété la prière à haute voix avec elle pendant quelque temps, nous lui avons rappelé que ce n'était en fait pas une vraie prière. «On considère généralement la prière comme l'expression d'une demande, mais souviens-toi que la prière profonde est avant tout une écoute profonde. Au fond, tu ne demandes pas réellement à Jésus d'avoir pitié de toi, ni même de t'écouter ou de changer ta situation, tu te mets essentiellement à l'écoute de cette qualité d'amour miséricordieux de l'univers, tu te branches

Grâce et confusion

sur sa longueur d'onde afin de t'inonder de sa puissance et la rayonner ensuite vers tous les êtres vivants,... afin de sentir le coeur sacré de Jésus battre dans ta poitrine.»

M: «J'ai du mal à croire que cela s'est réellement passé, mais je sais que c'est vrai. Cette lumière était si forte ! Elle éclairait toute la pièce. C'est un peu comme ce cancer, d'une certaine manière. J'ai aussi du mal à croire qu'il est réel. Mais je sais qu'il l'est.»

Tandis que le groupe de bénévoles s'élargissait au fil des semaines, deux tendances opposées s'affirmèrent peu à peu, chacune s'efforçant de gagner l'adhésion de Mary. Certains parmi les bénévoles et infirmières étaient croyants et tentaient de la convaincre qu'elle pourrait aller mieux si seulement elle avait «la foi». D'autre part il y avait deux ou trois personnes qui, ayant participé à certains de nos séminaires, l'encourageaient à «mourir consciente». A mesure que ces deux tendances s'affirmèrent, elles offrirent parfois le spectacle caricatural d'un ange assis sur une épaule et d'un diable assis sur l'autre, donnant à la personne au milieu des conseils diamétralement opposés sur ce qu'il convient de faire pour sauver son âme. Jamais nous n'avions vu un conflit philosophique aussi tranché perturber à ce point une patiente et saper sa confiance en elle-même. Chaque camp tentait de s'approprier son «âme» pour compenser ses propres limitations. Ceux qui disaient : «Elle doit croire», faisaient preuve d'un manque de foi évident, et d'une certaine manière l'utilisaient pour masquer leur propre confusion dans leur relation à Dieu.

De l'autre côté de cette guéguerre se trouvaient ceux qui voulaient à tout prix qu'elle «meure dans la lumière». Ceux-là aussi faisaient preuve d'un manque de sensibilité et de confiance dans le processus naturel de dissolution et d'évolution spirituelle. S'efforçant de la convaincre, ils lui récitèrent des extraits pauvrement commentés du Livre Des Morts Tibétain. Comme le remarqua une des personnes qui n'était pas impliquée dans cette lutte d'influence : «Ils lui font les réglages pour mourir». Plutôt que de l'encourager à s'ouvrir au moment présent, ces adeptes très inconscients du «mourir conscient» gavaient son mental de leur propre confusion spirituelle, lui indiquant ce qu'elle devait faire et comment elle devait mourir. Comme ils n'exploraient pas leurs propres motivations, ils ne l'encourageaient pas non plus à explorer son coeur et ses processus mentaux. Au contraire, ils figeaient son ouverture naturelle avec des impératifs et des exigences qui ne firent qu'augmenter son sentiment d'insécurité et son manque de confiance. «Tu dois te détendre. Essaye plus fort de lâcher prise. Si tu ne parviens pas à rester sereine, tu risques de le vivre très mal.» Ils faisaient preuve de bien peu d'amour et d'acceptation, tout en insistant pour qu'elle meure «de la bonne manière».

Pour chacun des deux camps, elle était devenue l'objet de leur dispute plutôt que celui de leur dévouement et de leur amour. Elle était assaillie tant par des harmoniseurs d'auras et autres guérisseurs charismatiques, que par des prêtres, pasteurs, médecins traditionnels et divers vendeurs de bonnes intentions.

Nous avons approché chaque clan séparément pour tenter de les raisonner, mais en vain. De chaque côté on nous suspectait d'avoir pris parti pour le camp opposé. Chacun des cinq ou six aides menaçant de quitter l'équipe et de laisser ainsi Mary dans l'impossibilité de rester plus longtemps chez elle. En d'autres circonstances, nous aurions proposé des méditations d'apaisement et de guérison, mais les choses prenaient une telle tournure que nous préférions nous abstenir d'ajouter de nouvelles «directives» dans une situation qui devenait progressivement intenable pour Mary. Lorsque sa confusion était évidente, nous tentions simplement de renforcer sa confiance en sa propre intuition, l'invitant à ouvrir son coeur pour reconnaître sa propre voie.

Progressivement, sous l'effet des injonctions répétées à ne plus faire l'erreur d'écouter les autres, la grâce qui l'avait illuminée pendant de nombreuses semaines finit par s'éteindre. Les attachements et les tensions du passé reprirent le dessus. Lorsqu'elle se plaignait de cette lutte d'influence qui l'entourait, nous l'encouragions à suivre son coeur, car ce qu'elle cherchait à l'extérieur d'elle-même, elle le trouverait en réalité en son for intérieur.

Un soir, rentrant chez elle après une séance de guérison avec un groupe charismatique, elle raconta qu'ils avaient semblé irrités envers elle lorsqu'ils lui demandèrent ce qu'elle ressentait après cette séance d'une heure et demie, et qu'elle avait admis en toute honnêteté, «rien de particulier». Elle les avait sentis déçus et démotivés. «Ils sont tous si tendus à propos du Saint Esprit. Ils sont trop impatients. J'étais disposée à faire une tentative, mais ils semblaient ne pas vouloir continuer si je ne disais pas tout de suite que j'étais guérie.» Lorsque je lui demandai pourquoi elle n'était pas restée loger chez eux, elle répondit : «Ils ne voulaient pas que je reste. Ils avaient peur de me voir mourir chez eux.» Nous rîmes tous deux de cette peur que des guérisseurs entretenaient alors qu'ils étaient supposés ouvrir leur coeur et adhérer entièrement à un acte de guérison. Et elle dit en bégayant : «Hmmmmm — je pensais que c'était moi qui empêchais la guérison, mais peut-être n'est-ce donc pas aussi simple que cela !»

Elle dit encore que sur la route du retour, signalant à l'amie guérisseuse qui la raccompagnait qu'elle avait mal à la jambe, l'amie se fâcha et lui dit : «Tu ne peux pas dire que tu as mal, tu dois affirmer ta confiance dans cette guérison. Comment peux-tu avoir mal si tu dois guérir ? Tu manques de foi.» Mary en était fort troublée, et cela nous prit de longues minutes pour l'amener à constater que la confusion l'entourait de toute part, mais qu'elle n'en était pas nécessairement responsable. «Si j'ai mal, et que je dis que je n'ai pas mal, je ne dis pas la vérité. Est-ce cela que je dois faire ?»

Elle fit preuve d'une grande pureté de coeur dans ses efforts pour laisser la confusion autour d'elle suivre son cours sans intervenir et sans y succomber. L'essentiel de notre travail ensemble consistait à apprendre à accepter les symptômes tels qu'ils se présentaient ainsi qu'à se protéger des pensées négatives que certains de ses «aides» projetaient sur elle. L'humour fut un des meilleurs outils pour se débarrasser de la lourdeur et de la confusion qui entourait sa situation.

Un jour, passant dans son quartier en me rendant en ville avec mes enfants, je fis un saut pour lui déposer un livre qu'elle avait souhaité voir. Bien que nous ayons passé la soirée avec elle la veille, elle me demanda si je restais un moment. Je lui dis que j'avais les gosses dans la voiture et que nous étions en route pour autre chose. Elle dit en bredouillant : «Et bien, fais entrer les c-c-c-cochons. Euhhh, non, je veux dire les g-g-gosses, pas les c-cochons.» Nous rîmes au point d'en avoir les larmes aux yeux. Comme chaque fois lorsque les mots s'emmêlent, nous en revenions toujours à reconnaître que «nous n'en avions pas vraiment besoin, car tout est dit au moment où nos yeux se rencontrent.» Une autre fois, ne se sentant pas bien et ayant le sentiment qu'elle allait mourir bientôt, je lui demandai comment elle le savait. Elle répondit : «Je le s-s-sens dans mes b-b-b-briques, non, dans mes t-t-tripes.» Et nous partageâmes un rire bienfaisant qui détendit l'atmosphère.

Quant aux adeptes du «mourir conscient», voyant qu'elle ne guérissait pas, ils préparaient en coulisse leurs harangues et leurs livres de prières pour l'assaut final de son esprit. Un des gars, très affairé à montrer qu'il pouvait aider quelqu'un à mourir consciemment, entreprit avec assiduité le sauvetage de son âme. Il lui lisait des textes sacrés, évoquant des tas de choses dont il n'avait lui-même qu'une faible compréhension. Il lui arrivait de nous appeler et, questionnant ses motivations, je lui expliquai l'importance d'encourager Mary à lâcher prise, simplement et avec amour, plutôt que de lui farcir la tête avec des belles paroles sur la mort. Le lendemain il était assis aux côtés de Mary, récitant ce que je lui avais dit comme si c'était un enseignement auquel il s'agissait de se conformer si elle voulait être «spirituellement évoluée». Il faisait du «lâcher-prise» le nouvel objet de son attachement.

Une grande partie de la détresse de Mary venait de son incapacité à comprendre pourquoi ses proches — son frère, sa fille, sa famille — restaient si distants. Elle disait parfois à sa fille : « Je suis tellement désolée, ma chérie, que les choses soient ainsi. » Et pour toute réponse sa fille quittait la pièce en haussant les épaules. Mary semblait déchirée par l'insouciance des siens à son égard, autant qu'elle était déroutée par l'excès de sollicitude de la part de ces « guérisseurs » qui s'arrachaient son attention de part et d'autre de son lit.

Par moments, elle semblait percevoir clairement cette guerre sainte dont elle était l'enjeu, mais nous ne sommes jamais intervenus pour renvoyer les combattants dos à dos en leur assenant un quelconque jugement négatif sur l'étroitesse de leur attitude. Au contraire, nous nous sommes limités à encourager Mary à suivre son coeur et à ne pas oublier: « Tu es la voie. Tous ceux que nous rencontrons ne sont qu'un miroir reflétant nos propres peurs et attachements, nous rappelant la nécessité d'ouvrir en toute confiance notre coeur à l'instant qui vient. » A plusieurs reprises nous avons exploré, durant les massages de pieds que je lui faisais, la manière dont elle percevait chacun de ses « aides », et comment ils étaient tous différents. Certains semblaient lui apporter un réel surplus d'énergie et d'amour, tandis que d'autres, particulièrement ceux trop convaincus de leurs capacités de guérisseurs ou de guides pour mourants, lui pompaient son énergie plutôt que de lui en donner.

Environ six semaines avant sa mort, échangeant au petit déjeuner quelques considérations sur l'année écoulée, Mary dit : « Tu sais, d'une certaine manière tout cela me fut très utile. La perte de mon boulot, la perte de mes cheveux à cause de la chimiothérapie, la perte de ma mobilité — tout cela fut vraiment très utile, car j'étais infirmière et je vois maintenant que je n'étais pas aussi ouverte aux gens que j'aurais pu l'être. J'ai appris ce que j'avais besoin d'apprendre. »

Elle avait des moments de grande lucidité, mais comme elle avait très peu exploré la nature de ses peurs, comme le doute et la colère avaient toujours été ses premiers confidents, elle perdait facilement le contact avec cette compréhension plus vaste des choses. Elle avait tendance à se laisser submerger par la confusion qui l'entourait et qui était une parfaite projection de ses propres doutes et conflits intérieurs.

Un soir, après ce qui s'avéra être la dernière réunion avec ses amis «guérisseurs», elle appela en pleurs pour nous dire qu'elle se croyait abandonnée par Jésus parce qu'elle était incapable de guérir. «C'est du moins ce qu'ils m'ont dit, et peut-être est-ce vrai.» Elle avait espérée, dit-elle, recevoir le baptême charismatique avec eux, mais ils avaient estimé que ce n'était pas approprié. Que pouvait-elle faire ? Prenant le sens opposé au chemin de la peur et du doute qu'elle avait si souvent suivi, nous entamâmes une spirale créative vers le haut, explorant l'idée qu'il était peut-être temps d'organiser chez elle une petite pizza-party/célébration de baptême/soirée d'adieu et de remerciement à ceux qui lui avaient été si dévoués durant ces six derniers mois. L'idée l'enthousiasma énormément, et durant toute la semaine qui précéda la fête en question, elle n'arrêta pas de nous demander de lui rappeler quand la fête avait lieu, car sa mémoire lui faisait défaut.

Le dimanche soir, une vingtaine de ses «aides» et amis les plus proches se réunirent autour d'elle et formèrent un cercle lorsqu'elle chanta «Amazing Grace» et d'autres chansons apaisantes. Ils se partagèrent une grande «Pizza Sacrée de l'Amitié», se donnèrent les mains pour une danse lente en cercle, et entonnèrent un «chant de l'au-revoir». Chacun s'avança au milieu du cercle pour l'embrasser et lui souhaiter un bon passage, plongeant les doigts dans une eau bénite qu'on avait amenée d'un monastère voisin et la bénissant d'une croix sur le front, tandis qu'elle serrait contre elle l'image de Jésus. Ce fut pour elle un moment de guérison spirituelle, un moment d'amour et de paix, une paix qui emplissait la pièce et que la plupart percevaient comme un moment de grâce. Certains cependant ne pouvaient cacher dans leur regard leur rage de la voir faire ses adieux, alors qu'elle pouvait toujours guérir. Les ingrédients de toutes les guerres saintes qui virent le jour étaient présents dans la pièce. Tout était à sa juste place.

Après un dernier tour de la «Pizza Sacrée de l'Amitié» au son d'un «happy birthday to you», Mary eut les larmes aux yeux en embrassant chaque personne une dernière fois au moment des départs. Certains se fondaient généreusement en elle, d'autres restaient raides et réservés, n'exprimant que trop clairement leur attitude intérieure.

Nous restâmes encore un peu après le départ des autres, riant et chantant avec Mary, exprimant toute la joie avec laquelle on peut approcher la mort lorsque le coeur est ouvert.

Dans la semaine qui suivit, les crises de convulsions étaient devenues si intenses qu'elle dut retourner à l'hôpital. En parlant de sa difficulté à se détendre lors de ces crises, elle dit : «Je garde toujours une image de Jésus près de moi, et je le regarde dans les yeux lorsque je me couche et que je sens cet état bizarre me saisir. Cela m'aide de regarder ses yeux, mais je ne peux m'empêcher de me crisper. Je ne parviens pas à m'y abandonner; il y a quelque chose qui me retient.» En poussant la discussion un peu plus loin, il apparut clairement que ce n'était pas, comme elle avait tendance à le dire avec son innocence caractéristique, un «problème spirituel», mais plutôt la peur de devenir incontinente et de «déféquer dans ses vêtements». Ce tabou très profondément ancré était encore plus effrayant que les secousses incontrôlées de son corps ou l'écoulement de bave. Nous explorâmes quelque peu ce tabou et eûmes à nouveau des rafales de rires. Elle dit alors : «B-b-b-bon, je suppose que je vais devoir me décider entre lequel des deux est le plus fort, Jésus ou ma peur de faire dans ma culotte.»

Quelques jours plus tard nous lui rendîmes visite à l'hôpital. En entrant dans la chambre, nous vîmes que la perruque qu'elle portait toujours pour cacher son crâne chauve avait glissé de sa tête. Elle ouvrit un oeil et d'un bras faible se la remit vite sur la tête. Je ris et lui dis : «Mary, si tu t'identifies à tes cheveux, que feras-tu lorsque tu quitteras ton corps ?» Haussant les épaules, elle reconnut timidement la faiblesse de son corps et son approche de la mort. Nous eûmes ensuite une longue conversation sur l'abandon de ses identifications avec le corps et la nécessité de se concentrer davantage sur chacune de ses sensations. Ce corps était un véhicule de location, et le bail arrivait à expiration. Je l'encourageai à bien garder en mémoire la lumière qui se déversait du portrait de Jésus, la lumière de sa propre vraie nature. «Mais,» dit-elle, «parfois je ne parviens même plus à me rappeler la prière de Jésus, je ne me souviens plus des mots, et tout ce que je peux dire c'est : Jésus, Jésus, oh doux Jésus.»

S: «C'est parfait. Ce ne sont pas les mots qui comptent, c'est le coeur qui nous libère de nos peurs et nous ouvre la voie de l'invulnérabilité et du mystère de l'être. Tu as Jésus dans ton coeur et les mots n'ont plus aucune importance. Seul le doux Jésus circule dans ton coeur. Laisse-le absorber ton corps. Offre ton corps à sa lumière.»

Les trois semaines suivantes, alors qu'elle approchait de la mort, nous lui rendîmes visite quasiment tous les jours. Au fil des jours les visiteurs qui nous précédaient devinrent de plus en plus rares. Les guérisseurs l'avaient laissée tomber car «elle n'était pas dans la bonne voie», et les «adeptes du mourir conscient» cherchaient à en faire autant car, disaient-ils : «Elle s'en fiche de mourir consciemment, il n'y a aucune raison de rester auprès d'elle. C'est horrible à voir. Je ne pensais pas que ce serait ainsi.» Ceux qui avaient pu l'accepter comme elle était et l'aimer pour ce qu'elle était ne tardèrent pas à rester seuls à son chevet. Ils restaient assis à côté d'elle, calmement, en prière ou en méditation, ou simplement en lisant, disponible au cas où elle aurait besoin d'eux. Par moments elle semblait être dans un léger coma, mais lorsque nous lui parlions dans le silence de nos coeurs, elle ouvrait parfois les yeux et tournait la tête vers nous en disant : «Je vous aime,» puis refermait les yeux pour retourner «au balcon».

Au cours des dix derniers jours, elle se plaignit amèrement que les infirmières ne répondaient plus à la sonnette et lui avaient dit qu'elle devenait trop exigeante. Elles lui avaient imposé des restrictions «pour qu'elle arrête de nous casser les pieds». Nous en avons parlé aux responsables et on nous dit «qu'un projet était en cours d'élaboration pour améliorer la qualité du contact entre les infirmières et les patients» — mais nous n'avons jamais rien vu arriver. Quelques efforts furent faits sans beaucoup de conviction, mais s'estompèrent rapidement à mesure que son corps continuait à se dégénérer.

Nous avions l'impression que le personnel de l'hôpital avait complètement laissé tomber Mary. Lorsque nous leur en fîmes part, elles détournèrent le regard et nièrent avec agacement. D'autres cas semblables finirent par nous décider à rompre toute collaboration avec cet hôpital.

Les muscles des jambes de Mary se contractèrent et elle se replia en une position foetale toute raide, par faute de soins et de massages. Des escarres commencèrent à se développer. Nous lui donnions l'aide que nous pouvions lui donner, la lavant et lui faisant des massages, mais nos visites journalières ne suffisaient pas. Par manque de soins, sa langue se fissura et ses gencives se mirent à saigner, augmentant sensiblement sa détresse. Elle refusa de venir chez nous, car sa peur de la mort en même temps que de vieux conditionnements la persuadaient que «l'hôpital est l'endroit le plus sûr.» Encore et toujours, notre travail avec elle consistait essentiellement à l'encourager à se détendre et à s'ouvrir aux circonstances quelles qu'elles soient, tandis que nous nous efforcions sans discontinuer à obtenir pour elle une aide supplémentaire de la part de son ancien groupe de bénévoles. Mais nous ne rencontrions qu'une résistance indignée, affirmant : «Elle a tout ce qu'il faut. De toute façon, elle est en train de mourir.»

Trois jours avant sa mort elle leva les yeux et dit : «N'y a-t-il vraiment rien moyen de faire ? Une opération ou quelque chose d'autre ?» De grosses larmes roulaient sur ses joues. Le déni, que certains s'étaient évertués à renforcer en elle, reprenait vigueur dans cette partie d'elle-même qui n'était que trop encline à fuir la vie comme la mort.

Bien que nos coordonnées étaient mentionnées sur sa fiche, afin que nous soyons prévenus lorsqu'elle approcherait de la mort, nous nous réveillâmes un matin avec un sentiment de devoir appeler l'hôpital. On nous dit qu'elle semblait être dans ses derniers instants. Nous nous précipitâmes et arrivâmes à sa chambre une demie-heure plus tard, trois minutes à peine après son dernier souffle. Le corps en position foetale témoignait de toute la détresse qui avait précédé son départ, mais il y avait néanmoins dans la pièce une atmosphère extraordinaire d'espace infini. Il y avait cette très caractéristique présence de paix. On avait l'impression qu'elle dansait dans un champ de lumière. On l'entendait presque dire : «C'est trop beau pour être vrai.» Nous l'encourageâmes à se donner pleinement à cette lumière, à se diriger vers sa vraie nature. A laisser ce corps derrière elle, et cette vie difficile qu'elle venait de quitter, et à se souvenir de son lien avec Jésus, à s'immerger dans le doux Jésus qu'elle avait si souvent appelé dans son coeur.

Comme Mary nous avait demandé de nous occuper de ses funérailles, nous prîmes les dispositions nécessaires. En rentrant chez nous, nous appelâmes ceux qu'elle nous avait demandé de prévenir pour ses funérailles, qui auraient lieu l'après-midi même. La morgue et le cimetière étaient prévenus depuis des semaines, mais trois heures plus tard on nous dit à l'hôpital que le corps n'avait toujours pas été levé. La cérémonie funéraire était prévue pour une heure plus tard, et il semblait que les hésitations et confusions qui avaient fait partie de son mode de vie persistaient encore après sa mort. Cela nous fit rire, nous rappelant que, lorsqu'elle mettait dix minutes pour se rendre de sa salle-de-bain à sa chambre, elle se lamentait de sa lenteur et disait : «F-f-fichtre, si je n'y prends g-g-g-garde, j'arriverai encore en retard à mon propre enterrement !»

Quelques coups de fil plus tard, l'hôpital et la morgue étaient enfin parvenus à coordonner leurs efforts, et les funérailles pouvaient avoir lieu.

Une heure plus tard, nous arrivâmes au cimetière. Nous nous attendions à y trouver, comme convenu, le corps de Mary et ses amis à l'endroit prévu pour sa tombe. Mais il n'y avait personne. Nous remarquâmes alors que le corbillard nous avait en fait suivi. Cela nous fit rire encore une fois. «Sacrée Mary !

C'est de nouveau toi.» Et nous l'entendîmes presque répondre en riant : «Mmmmm ! — pourquoi se presser ?»

Ce fut une cérémonie pleine de tendresse. La plupart des gens qui étaient là lui avaient déjà dit au-revoir lors de sa petite fête d'adieu. Il ne manquait que les guérisseurs et ceux qui avaient voulu lui faire mourir leur mort à eux. Ses voisins et une bonne partie du groupe de bénévoles étaient présents et entonnèrent quelques chants baignés de larmes.

Un an plus tard, passant près du cimetière, nous eûmes envie de jeter un coup d'oeil sur la tombe de Mary. Mais en arrivant sur les lieux, le désordre de toute une vie était toujours en évidence. Sa pierre tombale avait été posée à cinq mètres de l'endroit où elle était ensevelie.

Ondréa s'agenouilla, mit sa joue contre le sol et dit : «Tout est bien, Mary, il y a des jours comme cela où rien ne va. Mais cela n'a pas d'importance.»

Chapitre 18

PLUS DOULOUREUX QUE LA MORT

KATHY, MALADE LEUCEMIQUE

Il y a quelques années, environ un an après la création du «Dying Project», nous reçûmes une lettre écrite au verso d'une photocopie de notre dernier bulletin d'information : «Je suis religieuse dans un couvent en Alaska, et je visite actuellement la côte ouest, profitant d'un congé sabbatique. Quelqu'un m'a passé votre bulletin d'information et je fus très impressionnée par le travail que vous faites. C'est le travail de Dieu. J'apprécie énormément votre action. Mais je dois admettre que je suis également intéressée à titre personnel, car je suis en train de mourir d'une leucémie.» Le mot était signé «soeur Katherine», suivi d'une adresse et d'un numéro de téléphone.

Nous appelâmes soeur Katherine l'après-midi même. De sa petite voix enfantine elle nous parla calmement de l'évolution de sa maladie depuis deux ans. Au cours de la conversation elle fondit en larmes, exprimant sa colère envers la Mère Supérieure du couvent où elle avait passé cinq années. «Etant la plus jeune, ma tâche était de soigner les vieilles religieuses lorsqu'elles devenaient malades. Jusqu'au jour où le médecin m'apprit que j'étais atteinte de leucémie. Elles m'ont priée de partir. Je les ai soignées toutes, mais lorsque je fus malade moi-même, elles m'ont renvoyée sous prétexte qu'elles n'étaient pas en mesure de s'occuper d'une mourante.»

Nous devions animer peu de temps après un séminaire intensif de cinq jours, pas loin de San Francisco où elle se trouvait, et il lui fut suggéré de s'y joindre en tant que notre invitée.

Je rencontrai Katherine une bonne heure avant le début du séminaire. Son visage pâle et rond témoignait d'une certaine ouverture spirituelle et rayonnait de chaleur. Nombreux furent ceux qui étaient frappés par sa douceur et son apparente ouverture à la vie.

Ce premier jour, elle exprima au groupe son sentiment d'avoir été trahie par l'Eglise et ses consoeurs, avec lesquelles elle avait vécu cloîtrée tant d'années. Une vague d'indignation parcourut alors les soixante-cinq participants. Au point qu'il devint indiqué d'explorer ensemble la manière dont leurs coeurs s'étaient fermés dans un élan de colère envers cette Mère Supérieure. Le récit avait de toute évidence éveillé des émotions d'impuissance et de rage face à l'injustice. Le ton de Katherine changea cependant complètement lorsqu'elle parla du docteur Millston, son médecin traitant à San Francisco, et dit combien elle appréciait le respect et le dévouement qu'il lui témoignait.

Au troisième jour du séminaire, à sept heures du matin, alors que le groupe s'apprêtait à méditer, la compagne de chambre de Katherine me demanda de venir la voir, car elle semblait très mal en point. Je demandai à Katherine si elle désirait que j'appelle le docteur Millston, mais elle dit : «Non, je pense que mon heure est venue, et si vous n'y voyez pas d'inconvénient j'aimerais pouvoir mourir dans ce lieu de paix et d'amour.»

Avec l'aide des participants, nous mîmes rapidement sur pied une petite équipe pour lui venir en aide. Ils se mirent d'accord pour rester avec elle à deux par périodes de deux heures. J'étais quant à moi obligé de passer la plus grande partie de la journée avec le groupe, mais dès que je pouvais me libérer, aux repas ou la nuit, je restai auprès d'elle, lui proposant des méditations guidées et des massages. Nous eûmes des moments de chant et des moments de silence, ma main posée doucement sur son bras tandis qu'elle essayait de dormir. Après deux jours le groupe était devenu si impliqué que toutes les demie-heures quelqu'un d'autre allait la rejoindre pour partager avec elle ces derniers instants. Cependant, son état semblait quelque peu s'améliorer. Son hémorragie avait cessé, disait-elle, et les contusions restaient stationnaires. Deux personnes proposèrent de la reconduire à San Francisco, car elle n'était pas en état d'assister à la fin du séminaire.

En rentrant chez moi, un message de soeur Katherine m'attendait déjà. Je l'appelai et elle m'apprit que son médecin avait renforcé son dosage de morphine pour contrer la douleur. «C'était comme si ma moelle était de la lave incandescente; tous mes os semblaient être en feu.»

Au cours des mois suivants, Soeur Katherine devint Kathy pour tous ceux qui dans la région travaillaient avec des malades en phase terminale. Nombreux furent ceux qui lui ouvrirent leur coeur et passèrent de nombreuses heures avec elle dans ses moments de détresse, ou qui, lorsqu'elle allait mieux, la sortirent au cinéma ou au restaurant, sachant qu'elle connaissait peu de monde car elle avait vécue cloîtrée si longtemps. Ses seuls amis étaient quelques frères d'un monastère des environs, et quelques autres malades.

Je me souviens particulièrement d'une soirée avec elle, lorsque quelqu'un lui avait prêté son appartement pendant qu'il était en pèlerinage au Mont Athos en Grèce. L'appartement était tapissé de portraits de saints, et au milieu d'eux dominait Thomas Merton. Nous avons parlé pendant des heures de Thomas Merton, et elle me confia son souhait profond de retourner vivre dans un monastère. La plus grande partie de sa vie, me dit-elle, avait été consacrée au service du Christ, et elle souhaitait que sa mort puisse servir le même but. Mais en parlant il devint évident qu'il y avait un point sombre, un espace inexploré qui l'empêchait d'accéder à la pleine confiance dont elle avait besoin pour s'abandonner entièrement entre les mains de Dieu. L'abandon était encore une conception mentale, faisant obstacle à l'élan du coeur.

Au cours des semaines suivantes il apparut clairement que la meilleure préparation à sa mort passait par le renforcement de sa foi. Cependant, elle se plaignait de plus en plus souvent d'hémorragies et de douleurs insupportables.

Lors d'une visite sa douleur devint si intense que nous appelâmes un ami médecin qui était de garde dans un service d'urgence. Comme elle était à court de médicaments, il lui prescrivit suffisamment d'anti-douleurs pour passer les jours suivants jusqu'à ce qu'elle puisse revoir le docteur Millston. Les médicaments eurent l'effet souhaité, et nous passâmes la nuit à bavarder, tandis qu'elle s'assoupissait par moments lorsqu'elle était capable de relâcher la douleur. Mais à d'autres moments elle était angoissée par l'approche de l'inconnu.

Vers quatre heures du matin, Kathy se tourna vers moi et dit : «Cela fait si longtemps que je suis malade que je ne sais pratiquement plus comment être autrement. Mais l'aide que vous tous m'avez donnée a renforcé ma foi. D'une certaine manière je me sens plus dans un sanctuaire maintenant que lorsque j'étais au couvent. Tout ce que j'espère, c'est que vous soyez avec moi dans les moments où j'en ai besoin. J'espère que cela ne vous pose pas trop de problèmes. Mais c'est vraiment très difficile pour moi de traverser ceci toute seule.»

Après neuf mois de contacts réguliers, il sembla utile à Kathy de participer à un nouveau séminaire «Vivre Conscient/ Mourir Conscient». Elle arriva au séminaire avec un grand sourire, vêtue d'une robe aux couleurs vives, chaleureusement accueillie par tous ceux qui la connaissaient ou qui avaient entendu parler d'elle. Au second jour elle se sentit trop affaiblie pour participer aux sessions, mais comme elle était si bien intégrée dans le coeur collectif du groupe, plusieurs participants allèrent régulièrement passer un peu de temps avec elle dans sa chambre. Elle fut en permanence entourée de visages aimants et de mains secourantes. Une fois de plus son hémorragie reprit ainsi que les décolorations bleutées de ses jambes. «Mon corps est en feu,» dit-elle. «Je n'ai que l'amour de ceux qui m'entourent pour me donner un peu de fraîcheur.» Deux jours plus tard sa douleur était devenue si intense que nous l'avons amenée à un hôpital où, après quelques questions, un médecin lui fit une forte injection de morphine et prescrivit de quoi la soulager pour les jours à venir. Nous l'avons ramenée, remise au lit, et nous nous sommes relayés pour la veiller durant la nuit. Les jours suivants elle fut portée jusqu'à la salle de réunion et participa tant bien que mal au séminaire. La plupart du temps elle resta couchée, ne rompant son silence que par un soupir de douleur lorsqu'elle se cherchait une meilleure position.

Pendant les cinq jours qui suivirent, Kathy consomma une quantité impressionnante de morphine pour l'aider à supporter les fortes douleurs qui l'accablaient. Sans grand effet sembla-t-il. Des chanteurs et conteurs vinrent la distraire, et des méditants vinrent s'asseoir en silence dans sa chambre, rayonnant une bienfaisante énergie d'amour. Sa chambre se transforma en véritable sanctuaire. Ceux qui étaient agités trouvèrent la paix en y pénétrant. Ceux qui avaient l'intellect hyperactif découvrirent que leur mental se calmait et que leur coeur entendait un peu mieux. Le fait de se mettre à sa disposition constituait une expérience enrichissante pour tous les participants au séminaire. Le jour du départ, la bonne centaine de participants lui firent un chant d'adieu et lui souhaitèrent un bon retour, convaincus pour la plupart qu'ils ne la reverraient plus. Et à son retour à San Francisco elle fut accueillie par ses amis de la communauté religieuse, qui avaient eu de ses nouvelles et étaient tout disposés à l'aider.

Il était évident qu'elle avait besoin d'être soignée en permanence et qu'il ne lui était plus possible de vivre seule. On lui trouva rapidement un logement provisoire et une compagne de chambre prête à s'occuper d'elle. Une semaine plus tard, je reçus un appel: «Je suis en train de mourir. Peux-tu venir et être avec moi ?» Dans l'heure j'étais à ses côtés, regardant son visage pâle et rond comme la lune, pensant que c'était peut-être le dernier adieu après les dix mois de travail intense que nous avions mené ensemble. Mais les douleurs se calmèrent et je l'encourageai à se reposer.

Une fois de plus, l'ombre de la mort était passée sur elle, et il lui était donné «un sursis supplémentaire pour découvrir un peu plus qui je suis avant que je ne rencontre mon Créateur.»

Comme la maison où elle se trouvait n'était pas en mesure de lui offrir une assistance adéquate vingt-quatre heures sur vingt-quatre, des arrangements furent pris avec une petite communauté de frères chrétiens qu'elle avait visitée et qui était disposée à la prendre en charge pour ses derniers jours, «fussent-ils des semaines ou même des mois». Il fut convenu qu'elle s'y installerait dès la semaine suivante.

Trois jours après son déménagement je reçus un coup de fil d'un des frères qui était au courant du travail que nous faisions avec soeur Katherine. «Il y a quelque chose qui cloche,» dit-il. «Comme nous l'avions entendu mentionner le docteur Millston, nous avons pris l'initiative de l'appeler pour voir ce que nous pouvions faire pour améliorer les soins. Et il semble que Katherine ne soit pas en traitement chez lui. Il vérifia ses dossiers et affirma qu'elle lui avait rendue visite une seule fois, il y a une dizaine de mois, mais qu'elle n'était jamais retournée. Il semble qu'à chaque fois qu'on l'ait déposée chez son médecin, elle se soit simplement glissée dans la salle d'attente parmi les autres patients, pour ressortir cinq minutes plus tard. Apparemment, tout cela n'est que de la comédie. Elle n'a pas de leucémie. Comment faut-il prendre cela ?»

Depuis quelque temps déjà Ondréa et moi sentions qu'il y avait quelque chose de pas tout à fait clair. Mais chaque fois que nous avions tenté d'aborder la question avec Kathy, lui demandant s'il n'y avait rien d'autre à explorer, elle faisait allusion à ce point d'ombre au fond d'elle-même, qui apparaissait surtout comme un aspect qu'elle n'était pas encore prête à livrer. En fait, en apprenant qu'elle feignait sa maladie, je ne fus pas réellement surpris, et j'éclatai de rire. De toute évidence, elle souffrait encore plus que nous le supposions. Le frère poursuivit son récit de cette troublante découverte, et je lui promis de le rappeler le lendemain.

Lorsque j'eus Kathy en ligne pour lui parler du coup de fil de la veille et lui demander ce qui se passait réellement, elle dit d'abord : «Ils doivent être fous, c'est impossible que le docteur Millston ait dit cela !» Mais quelque chose semblait faux dans la tonalité de sa voix, et je lui dis : «Kathy, c'est le moment de regarder la vérité en face, quelle qu'elle soit. Je voudrais te demander en toute franchise: que se passe-t-il dans ta vie en ce moment ?» Il y eut un long silence et un profond soupir. «Je ne sais vraiment pas pourquoi ils racontent des choses pareilles, je ne comprends pas ce qu'ils me veulent. Ces frères m'ont toujours paru un peu bizarres. Ils sont exactement comme les nonnettes au couvent, ils vous laissent tomber dès que cela commence à aller mal.» Je lui révélai alors que les frères avaient également appelé le couvent en Alaska, et qu'on leur avait dit qu'elle avait été renvoyée pour abus de drogues et fausses maladies. Il y eut un autre long silence. «Kathy, il est temps pour toi de laisser mourir celle que tu as été, et de devenir celle que tu es réellement. Ne poursuis pas plus longtemps cette souffrance. Tu sais, cela ne fait aucune différence si nous parlons de souffrance physique ou de souffrance mentale. Nos coeurs restent ensemble. Mais la vérité du moment doit être respectée. Maintenant, il faut que tu laisses tomber les masques, même celui de la leucémie. Dis-moi, quelle est ta vérité en ce moment ?» Il y eut un cri sourd, puis elle répondit : «Je fais cela depuis que j'ai cinq ans. Je ne sais pas comment être autrement. C'est la troisième fois que je joue ce jeu. Chaque fois je feins d'être vraiment très malade et je me jure que je ne le ferai plus jamais. Je me déteste quand je fais cela, mais je ne peux pas m'en empêcher.»

Pendant plus d'une heure et demie nous avons parlé de ce qu'elle ressentait d'être ainsi «démasquée», et de ce qui se cachait en réalité derrière ces comédies et ces peurs, derrière toute cette fausse vie. Il s'avéra qu'à plusieurs reprises Kathy avait développé une dépendance à la morphine, suite aux généreuses prescriptions médicales lors de ses fausses crises que même les médecins ne parvenaient pas à déceler. C'était vrai qu'elle avait été dans un couvent en Alaska, non pas cinq ans mais huit mois seulement. Elle en fut renvoyée à cause de son incapacité à s'adapter avec soumission et sérénité. Un coup de fil en Alaska précisa que la Mère Supérieure s'était fait beaucoup de soucis pour Katherine jusqu'au jour où le pharmacien appela pour dire que Katherine avait essayé de lui refiler une fausse prescription. La Mère Supérieure avait supplié Katherine de suivre un traitement psychologique. En quittant, elle avait promis qu'elle le ferait. Deux mois plus tard elle nous avait écrit, attirant vers elle l'attention et l'amour qu'elle était incapable de se donner elle-même.

Je revis Katherine à San Francisco un mois plus tard. Nous prîmes un lunch ensemble et elle me dit à quel point elle se sentait isolée. Ceux qui l'avaient aidée précédemment s'étaient presque tous détournés d'elle et la jugeaient durement. Elle se sentait très déprimée, mais était «décidée à sortir de cette impasse et à rompre définitivement avec ces anciens comportements.»

Nous gardâmes le contact avec elle les semaines suivantes, tandis qu'elle se trouvait un appartement et cherchait un boulot. Elle avait arrêté tout médicament. Quant aux symptômes de la leucémie, elle dit que les tâches sur sa peau et même les hémorragies disparurent dans les quarante-huit heures après qu'elle eut reconnu le subterfuge.

Certains virent sa maladie comme une «conversion hystérique», un terme freudien utilisé lorsque le mental, perdu et dérouté, manifeste son déséquilibre dans le corps en créant une «condition imaginée», c'est-à-dire une condition physique réelle bien que fausse et illusoire. Mais avant que ce jugement ne devint trop expéditif de la part de ceux qui avaient côtoyé Kathy, il leur fut rappelé que pour la plupart d'entre nous, le fait même de notre incarnation pourrait être considéré comme une «conversion hystérique» de l'esprit vers la matière. «Et nous pouvons peut-être même nous poser la question de savoir si la maladie est un phénomène «réel», avant de tenter de comprendre la vraie relation qu'entretiennent le corps et l'esprit. Sans même parler de l'origine des formes elles-mêmes. Car si la maladie est — comme elle semble l'être — un déséquilibre du mental et du coeur répercuté sur le corps physique, qu'est-ce qui nous permet de traiter avec plus de bienveillance un malade du cancer qu'une personne malade de peur et de confusion ? D'ailleurs certains prétendent que le cancer ne serait rien d'autre qu'un déséquilibre de la même nature. Pourquoi nos coeurs devraient-ils s'ouvrir davantage devant la détresse du corps que devant la détresse de l'esprit.»

En réalité, notre travail avec Kathy avait peu changé. Il s'agissait toujours de se préparer à recevoir l'inconnu, chaque jour, chaque heure, chaque instant, en s'ouvrant à chaque milliseconde de vie telle qu'elle se présentait. Apprendre à relâcher la peur et à s'immerger dans l'Etre sous-jacent par lequel nous sommes tous reliés. Kathy semblait faire de gros efforts pour corriger ses «erreurs» du passé. Elle écrivit de nombreuses lettres d'excuses, et donnait en général l'impression «d'être sur la voie de la guérison.»

Quelques semaines plus tard, Katherine appela pour nous dire qu'elle retournait chez ses parents en Caroline du Nord. «Ma mère comprend que j'ai eu pas mal de difficultés et m'a proposé de venir chez elle.» La semaine d'après elle nous appela de chez ses parents pour dire que tout allait bien, qu'elle était engagée dans une école et «qui sait, peut-être qu'un jour je remettrai la robe.» Cela me fit sourire et je lui répondis : «Cela te changera de cette robe que tu avais mise pour le séminaire.» Nous rîmes tous deux. Je lui souhaitai bonne chance et l'invitai à garder le contact comme bon lui semblerait.

Plusieurs mois plus tard j'eus au téléphone une petite voix très fatiguée qui s'identifia comme «moi, Katherine. Je suis à New York, Stephen. J'ai refait le coup, et j'ai été arrêtée par la police parce que j'essayais d'obtenir des narcotiques sous de faux prétextes. Que dois-je faire ?» Je lui suggérai de reprendre sa thérapie en Caroline du Nord et d'approfondir sa guérison en rétablissant sa relation avec Dieu, en priant. «Mais j'ai perdu la foi.» «Alors prie pour retrouver la foi. La prière, ce n'est pas dire à Dieu ce que tu veux, c'est écouter Dieu qui te parle. Dans notre société, lorsqu'on s'adresse à Dieu on appelle cela de la prière, mais lorsque Dieu s'adresse à nous, on appelle cela de la schizophrénie. Tu es avantagée dans ce jeu, car beaucoup te considèrent déjà comme schizophrène. Tout ce qui se passe maintenant peut être résolu et dissolu dans la prière et l'abandon. La guérison n'est jamais finie.» Nous terminâmes la conversation par une citation de Thomas Merton: «On ne peut vraiment apprendre à prier et à aimer que lorsque le coeur est dur comme une pierre et que la prière est devenue impossible.»

Nous lui avons redit être entièrement disposés à travailler avec elle, à condition qu'elle soit prête à renoncer à ses souffrances. L'essentiel de ce que nous pouvions lui dire avait été dit, et ne serait utile que dans la mesure où elle acceptait de travailler sur elle-même. Elle était dans nos coeurs et nos prières, mais elle devait savoir que «tu es ta propre voie. Accepte-la et suis-la avec honnêteté, légèreté, douceur et sensibilité.» Son processus de guérison pouvait être lent et pénible par moments, et il lui arriverait peut-être de préférer mourir d'un cancer plutôt que de subir ainsi les ravages du mental. Nous l'encourageâmes vivement à suivre un traitement psychologique, tout en lui répétant qu'elle pouvait nous appeler quand elle le voulait.

Depuis lors nous n'avons plus eu de ses nouvelles, mis à part une rumeur selon laquelle elle aurait été arrêtée et emprisonnée. Mais cela ne fut jamais confirmé. Un ami remarqua cependant, en apprenant la rumeur : «Finalement, elle l'aura eu, son monastère !»

Bien que Katherine fut la première parmi nos patients à avoir «feint» sa maladie, elle ne fut pas la dernière. Sur les milliers de personnes avec lesquelles nous avons travaillé durant les sept années précédentes, il y en eut une demie douzaine qui nous appelèrent pour obtenir l'attention dont elles avaient désespérément besoin et qu'elles ne parvenaient pas à trouver ailleurs.

Un de ces cas eut lieu il y a deux ans, lorsqu'une californienne nous appela chaque nuit entre deux et trois heures du matin durant une dizaine de jours. Son histoire nous parut assez incohérente, mais comme les faits et les détails peuvent facilement être altérés par une personne sous forte médication, nous nous sommes contentés de l'écouter et d'être disponibles comme nous le pouvions. Après quelques jours cependant nous lui demandâmes s'il n'y avait pas autre chose qui la tracassait. N'y avait-il pas des sentiments de détresse et d'abandon qu'il serait bon d'examiner davantage ? Elle nous répondit d'un ton plutôt agressif : «Je n'avais pas l'intention de vous le dire, car je ne voulais pas provoquer la pitié, mais on m'a amputé le bras droit le week-end dernier; il était atteint par le cancer.» Nous n'eûmes plus d'appel d'elle pendant trois semaines. Lorsqu'elle rappela, ce fut pour se lamenter du peu de soutien qu'elle recevait et du désintérêt complet de sa famille. Nous lui avons conseillé d'aller voir un psychologue que nous connaissions dans sa région, ainsi que de se joindre au groupe de guérison qui s'y réunissait, et elle parut enthousiaste à l'idée d'avoir «quelqu'un d'autre vers qui se tourner.» Je passai un coup de fil à notre ami psychologue pour lui esquisser brièvement la situation de cette femme, son manque de soutien, sa récente amputation, son besoin d'amour. Il me rappela la semaine d'après, disant que la femme en question s'était présentée chez lui «en robe de soie et avec ses deux bras !» Lorsqu'il lui demanda ce qu'était cette histoire d'amputation, elle devint furieuse, l'accusa de ne pas s'occuper d'elle, et quitta son bureau. Nous ne l'avons plus jamais entendue.

Une fois de plus, ce genre de situation fut pour nous l'occasion d'apprendre quelque chose. Accepter d'être impuissant, de ne rien pouvoir faire, de renoncer à nos images, de ne pas être «différent» des autres. Observer, simplement, le jeu permanent du mental dans ses errances de peur, d'espoir, de doutes, jusqu'à ce qu'il s'efface enfin devant l'Etre.

Le mental de Katherine n'est pas différent de celui de chacun d'entre nous. C'est la manière dont elle s'accrochait à sa souffrance qui lui causait des douleurs infernales. Nous ne pouvons que souhaiter à ces êtres de recevoir tout l'amour dont ils ont tant besoin, et leur témoigner la même compassion que celle que nous avons envers ces parties de nous-mêmes qui résistent à la vie et manquent d'attention et d'affection.

Chapitre 19

UN INTENSE TRAVAIL DE GUERISON

GERALDINE, PATIENTE CANCEREUSE

Au début de l'année 1979, Géraldine nous écrivit une longue lettre dans laquelle elle faisait état de sa situation et nous demandait de lui faire part de nos réflexions concernant les changements importants qu'elle traversait. Habitant une région fort isolée du Minnesota, elle connaissait peu de gens à qui elle pouvait se confier et qui étaient capables de comprendre sa situation. Quelques mois auparavant, lors de l'accouchement par césarienne de deux filles jumelles, on découvrit par hasard une tumeur dans son organisme. Elle avait déjà pris des proportions importantes, bien qu'aucun symptôme n'en eût indiqué la présence. Au lieu de se donner à la joie de ses deux bébés, elle devait donc faire face au désarroi et à l'agonie du cancer, avec une forte probabilité de ne plus être là lorsque les jumelles arriveraient à l'âge scolaire. Nous eûmes plusieurs conversations ensemble, en plus d'une correspondance suivie. Ce qui suit est extrait de ses longues lettres d'introspection et de partage qui s'étendirent sur deux années.

Dans une de ses premières lettres, elle écrivit : «Votre démarche est vraiment très valable. Il est bon que nous soyons conscients des émotions qui émergent au cours du processus qui nous mène vers la mort. La manière dont notre société traite la mort n'est guère plus valable que celle dont elle traite la vie. La plupart des gens n'ont qu'une conscience très égocentrique, et approcher la mort dans cet état d'esprit-là doit être très effrayant.

Ma maladie m'a beaucoup appris. Peu après l'opération qui révéla la tumeur, je devins très affaiblie, au point de ne plus pouvoir fonctionner de façon indépendante. J'étais incapable de marcher, et à peine capable de me nourrir. J'ai passé tout l'été dans une chambre d'hôpital. Après pas mal d'efforts, je parvins à arranger les choses à la maison — mon mari s'occupait de notre fille de trois ans et des deux jumelles qui avaient trois mois. Nous avons obtenu un lit médical et je suis rentrée chez moi. Ma mère est venue de Dallas pour me donner un coup de main. Le progrès était lent. A force de petits mouvements mes capacités progressaient de jour en jour.

Au moment où je commençais à pouvoir me lever seule, mes muscles de déglutition se mirent à faiblir, et trois semaines plus tard je retournai à l'hôpital pour plusieurs mois. Ce fut le passage le plus éprouvant de mon expérience. Après m'avoir enfoncé une sonde nasale pour m'alimenter par le nez, ils décidèrent de pratiquer une trachéotomie. Pendant près de huit semaines je fus incapable de parler ou de manger. Je n'avais alors aucune certitude que mes muscles retrouveraient leur capacité normale, et j'étais dans un état désespéré. Finalement j'ai décidé de ne plus compter sur les médecins et la médecine pour me venir en aide, et d'utiliser toute mon énergie pour m'en sortir par mes propres moyens.

Aujourd'hui, j'ai quasiment retrouvé toute ma force et toutes mes capacités. Je sens que ces expériences m'ont énormément apporté. Il faut croire que j'ai besoin de ce genre de choses, car ma vie n'arrête pas de me tester de différentes façons. Le cancer me force à évoluer, ce qui suffit à le justifier. Je suppose que je l'ai voulu, puisque nous sommes tous, à un certain niveau, créateurs de notre réalité. Ce cancer a développé en moi un certain mysticisme, un sentiment d'appartenance à la nature et de communion avec l'environnement. Bien sûr, nous réalisons tous que l'environnement est en train d'être saccagé, mais lorsque cela arrive à notre propre «terrain», nous ressentons d'autant plus fort à quel point nous sommes la prolongation naturelle de cet environnement.

Notre travail ensemble m'a beaucoup apporté, tant la lecture du livre que tu m'as envoyé que la pratique des méditations selon tes recommandations. Cela m'a aidé à garder les choses dans une bonne perspective. Tu sais, n'importe quel événement peut aussi bien te rendre fou que te laisser serein, selon le point de vue que tu adoptes. Je considère le cancer comme quelque chose à prendre au sérieux et d'effrayant, certes, mais également comme un véhicule d'apprentissage et de croissance. Je suis plus capable qu'avant de prendre un peu de recul face à mes émotions et de les laisser passer sans m'y accrocher. Je me sens moins vite empêtrée dans le monde matériel. On pourrait croire que la perspective d'une mort prématurée vous pousse à vous accrocher davantage aux choses matérielles. Peut-être est-ce la séparation forcée de mes enfants et de mon mari qui m'a aidée à ajuster correctement mon mental. Je ne sais pas. Je ressens cette maladie plus comme un défi que comme une menace. Je sens que je peux la vaincre. Il y a de bonnes raisons de croire que j'y parviendrai, et je concentre toute mon énergie sur cet objectif. J'ai également perdu cette tendance fort répandue de se tourner vers le passé ou le futur pour échapper au présent. Je ne parviens plus à m'identifier au passé, et l'avenir contient potentiellement autant d'horreurs que de bénédictions. Je suis donc heureuse de me concentrer sur «l'ici et maintenant». Et c'est un sentiment fort agréable.»

Géraldine et moi avons continué à explorer, au cours de nos conversations et dans nos lettres, l'enrichissement qu'elle ressentait à la suite de ce «mélodrame». Sa volonté de comprendre et d'approfondir son expérience du moment présent rendait également nos communications très vivantes.

Quelques semaines plus tard elle écrivit : «Durant mes séjours à l'hôpital j'ai commencé à méditer et à lire. Mon sentiment est qu'il me faut expérimenter un maximum, mais ne m'accrocher à rien. Ce qui n'est pas facile à faire pour une mère de trois enfants ! Le travail que nous faisons ensemble m'a clairement fait comprendre que le détachement ne signifie pas «ne plus être responsable» ou «ne plus se préoccuper des autres».

Je remarque à quel point je suis impliquée dans cette drôle de danse, et je me demande comment je vais pouvoir m'en détacher. C'est si difficile de lâcher prise ! Non seulement je dois faire face à cette maladie et toutes ses prolongations dans ma vie — comme la ménopause prématurée provoquée par les radiations, et le déséquilibre hormonal/émotionnel — mais en plus j'ai une belle-mère qui vient de quitter l'hôpital avec un cancer, et une belle-soeur qui y entre la semaine prochaine avec une tumeur abdominale. Et je dois m'occuper de ma soeur, qui est handicapée mentale. J'en ris tellement tout cela paraît exagéré. Il faut croire que j'essaye de m'en mettre un maximum pour extraire de moi jusqu'à la dernière goutte.

Il y a une chose qui me déçoit, c'est que malgré toutes ces méditations, je n'ai eu aucune expérience extraordinaire — pas de visite du Christ, pas de fusion sublime dans le grand Tout — je veux dire, j'ai parfois l'impression d'avoir été roulée !... Je parlais de ceci avec mon mari, Bob, et il a rit en disant : «L'éveil est lent et progressif, souviens-toi.» Je suppose que je suis trop américanisée, je veux tout tout-de-suite, comme les fast-food. Mais alors ne parlons pas de qualité !

Ces derniers temps mon mental est fort tumultueux. Comme je l'ai dit, ce dérèglement hormonal me met parfois dans des rages incontrôlées et sans raison. En plus de l'activité habituelle en période d'été, ma cousine qui vivait avec nous depuis ma sortie d'hôpital est retournée à Philadelphie. Cela fait un sérieux changement !»

Par moments Géraldine était capable de s'ouvrir à ses dimensions les plus profondes, puis à d'autres moments, méditer lui était pratiquement impossible. Mais toujours son honnêteté la guidait vers «la voie du coeur.»

«Mes efforts de méditation sont souvent décevants — j'ai toujours une douleur persistante qui gêne ma concentration, bien que cela aille déjà mieux. Mon mental est très indiscipliné, je ne parviens pas à le garder sous contrôle. Mais en de rares moments je perçois soudain le rôle qu'il tient dans ce processus, et cela me rend un peu d'espoir.

Je me sens toujours facilement agacée par ces questions spirituelles. Pendant des années je leur ai complètement tourné le dos, par réaction au catholicisme, à la culture occidentale, le dogme de l'homme blanc sur un trône. Cela semblait tellement plus sensé d'être athée ou pour le moins agnostique. Mais j'ai toujours senti qu'il devait y avoir autre chose également. Je veux pouvoir fusionner avec la vie; cela me paraît tellement plus réel et plus satisfaisant que l'égoïsme du petit «moi». Mais ce n'est pas facile ! Et j'apprécie ton aide.»

Souvent nous évoquions notre difficulté à décrisper et à ouvrir le mental, qui pendant toute une vie a «si rarement accepté d'être vulnérable face à la vérité.» Je fus continuellement impressionné par sa franchise. Contrairement à beaucoup de personnes qui se considèrent comme «spirituelles», elle ne semblait pas être aussi attachée au détachement. Elle était toujours prête à regarder la vérité en face et à parler de ce qui n'allait pas plutôt que de gonfler ce qui allait bien.

Après avoir travaillé ensemble pendant près d'un an, sa pratique s'approfondit. Elle écrivit : «En ce moment je trouve que la route est assez rude. J'ai toujours pas mal de difficultés avec ma dimension physique et mon dos me fait souffrir. Le stress mental que cette douleur me fait subir, ainsi que les médicaments que je dois prendre, font que pour l'instant je progresse plutôt en titubant. Je me surprends parfois à être aigrie et négative, à trouver que la vie et la souffrance n'ont aucun sens. Puis je me promène au jardin ou vais nourrir les chèvres, et je me sens à nouveau en communion avec le tout et je sais que la vérité est là. Nous faisons tous partie de cet univers physique et spirituel, et si nous pouvons nous fondre en lui et couler avec lui, nous trouvons la paix. Le plus difficile est de renoncer aux plaisirs de ce monde. Les méditations offrent une aide précieuse, mais qu'est-ce que le passé est dur à lâcher !

Il m'arrive souvent de me sentir très seule, comme si j'étais la seule au monde à me débattre dans ce genre de situation. Pourtant, j'en ai rencontré d'autres dans les services d'oncologie que j'ai fréquentés. Des gens solides, plein d'espoir. Il y a une complicité immédiate entre nous, un peu comme entre hippies dans les années soixante, une affinité instantanée. Nous nous échangeons nos histoires comme de vieux potes autour d'un feu de camp.

Je viens de sortir les trois filles pour une petite balade. C'est le printemps, et il y a aujourd'hui tout juste un an que je me faisais opérer. C'est la période de l'année que je préfère. J'ai travaillé dans la serre, et la plupart de mes semis sont sortis. J'ai semé des petits pois la semaine dernière. Cela faisait deux ans que je ne m'étais plus occupée du jardin. C'était génial.

Ma belle-mère vient d'apprendre qu'elle a un cancer de l'utérus. Elle suit un traitement de radiations et sera opérée dans le courant de l'été. J'ai eu beaucoup de mal à accepter cela. J'avais espéré que mon cancer dispenserait les autres membres de ma famille de suivre le même parcours. J'avoue avoir des idées étranges parfois.»

Tandis que Géraldine se laissait de plus en plus «mourir pour mieux vivre», c'étaient ses relations d'amitiés qui semblaient lui poser le plus de problèmes par moments.

«Je vis mes relations avec beaucoup d'intensité. Et trop souvent je m'attache. Mais je sais qu'il faut que j'apprenne à me détacher, que rien n'est permanent. Tout évolue et se modifie sans arrêt. La pensée orientale semble plus proche de cette compréhension. Bob, mon mari, est plus oriental que moi dans sa manière de penser. Il voit les choses sous un angle différent et s'amuse de mes errances mentales. Je m'en réjouis, car cela m'empêche de m'égarer complètement dans mes réflexions.

Je suppose que je vis une espèce de dédoublement de ma personnalité. Une partie de moi prend du recul et dit : «Relaxe,

ma chère, ce qui sera sera. Détends-toi et prends ton pied.»
L'autre partie est comme un personnage vaudevillesque un peu coincé qui s'efforce de paraître normal et craque régulièrement. Quelque part entre les deux, de préférence plus près du premier, il y a moi.»

Nous avons plusieurs fois parlé de ce «moi qui se sent seul», ainsi que des éclaircies mentales permettant d'aller au-delà de cette solitude vers ce sentiment d'être «seule avec Dieu», dans la paix et l'unité de l'Etre.

«Pourtant par moments je me sens vraiment seule. Ma belle-soeur, qui est infirmière, me parle d'autres jeunes malades, et cela me donne envie de me précipiter à l'hôpital pour leur parler. J'oublie que les premiers jours après l'annonce d'un cancer on est complètement effondré. Ce n'est que plus tard qu'apparaît le besoin de communiquer avec ceux qui sont frappés par le même sort. J'essaie néanmoins de trouver un moyen, pas trop prenant, par lequel je pourrais me rendre utile. J'aimerais offrir mon soutien à ceux qui découvrent qu'ils sont atteints de cancer, car j'ai moi-même bénéficié du soutien de tant d'êtres merveilleux, et je sais à quel point c'est important.

Il m'arrive encore parfois d'essayer de comprendre le «pourquoi» de tout cela. Je sais que c'est ridicule, mais je ne peux alors m'empêcher de me demander «pourquoi moi ?» et de tenter d'y trouver des réponses. Heureusement, ces moments passent. Et c'est un sentiment merveilleux que de pouvoir rester ouverte aux «ténèbres», sans avoir besoin de fuir ou d'être ailleurs. Ce n'est pas facile mais c'est extrêmement bénéfique.»

Après un an et demi de correspondance suivie, elle écrit :
«Je me porte bien, physiquement et mentalement. Depuis notre dernière conversation, pas mal de choses se sont passées qui ont contribué à un développement favorable de ma situation.

Les méditations sont très utiles, particulièrement celle sur la douleur. Lorsque je parviens à trouver le calme et à réellement me détendre autour de la douleur, c'est très efficace. Mon mal de dos s'est fort amélioré et j'ai presque complètement arrêté la codéine, ce dont je suis très heureuse.

Et comme si ce cirque n'avait pas un programme suffisamment chargé, je viens de passer quelques jours à Atlanta chez ma belle-soeur, qui a dû subir une hystérectomie suite à une infection. Elle en était fort affectée, car elle n'a pas d'enfant. J'étais très contente d'être avec elle dans ce moment difficile. Je lui ai conseillé de faire quelques unes des méditations, car je suis certaine que cela l'aidera.

Depuis mon retour, Bob et moi avons commencé à remettre les choses un peu au clair entre nous. Nous avons traversé une période très intense ensemble, et maintenant que la vie reprend un cours à peu près normal, nous avons quelques réajustements à faire. Il me traitait encore comme une invalide et j'avais des réactions souvent fort exagérées, dramatisant à l'extrême à un moment —«Tu regretteras cela quand je n'y serai plus !»— et sans réaction aucune l'instant d'après. J'attendais de lui qu'il solutionne le problème, comme si j'étais la seule à avoir dû subir une épreuve. Nous avons recommencé à parler de manière plus profonde. C'était facile de ne pas se parler lorsque ma cousine était là. Nous parlions beaucoup elle et moi.

En revenant progressivement à une vie plus normale, je me sens en réalité plus vivante que jamais. Je me sens poussée à me rendre utile à ceux qui traversent le même genre de difficultés. Ma belle-soeur qui travaille dans un service d'oncologie m'a parlé d'un jeune gars de vingt-deux ans qui venait d'apprendre qu'il était atteint d'une leucémie aiguë. Je l'ai appelé pour lui dire qu'il n'était pas seul. Je pense que cette sensation de solitude fut une de mes plus grandes difficultés. Lorsqu'on sent qu'on n'est pas seul dans cette situation, c'est déjà plus facile. J'espère que ce garçon me rappellera. Peut-être que cela peut déboucher sur l'une ou l'autre forme de réunion. J'aimerais beaucoup. Je me sens mieux lorsque je peux m'occuper des autres. Cette société hyper-individualiste ne nous en donne pas beaucoup l'occasion, à part les moments de grands cataclysmes. Quoi qu'il en soit, ce garçon appellera peut-être chez vous aussi un de ces jours.

J'ai beaucoup travaillé avec le livre *Qui Meurt ?*, et j'ai trouvé cela fort utile. Il m'arrive souvent de ne voir aucun résultat, jusqu'à ce que se présente une situation à laquelle je me surprends de faire face sans le moindre effort. Rien à voir avec la confusion et la lourdeur émotionnelle du passé. La lumière s'installe si progressivement qu'on ne s'en aperçoit quasiment pas.

Puis surgit une nouvelle peur, aussi stupide que tenace, celle de devoir passer par une autre biopsie. Mais cette fois-ci je m'en suis mieux tirée. L'hiver dernier on m'a fait une biopsie du foie et j'en avais fait une véritable panique. Mais tout s'était déroulé sans problème. Je m'étais juré que la prochaine fois je ne me laisserais plus piéger à ce point par mon mental et mes émotions. Mais je n'ai même pas eu besoin de prendre cette décision. C'est comme s'il y avait davantage d'espace autour de moi; j'étais moins tendue. Ces événements sont devenus pour moi un mode de vie.»

En progressant sur le chemin de la guérison, Géraldine se sentit «de plus en plus en résonnance avec ceux qui ont traversé le même genre de situation.»

«Tu ne devineras jamais ! J'ai écrit un article. Et j'espère le faire publier. Un peu d'argent serait bienvenu, mais c'est surtout une bonne manière de donner ce que j'ai à donner. J'espère vraiment que mon histoire sera utile à d'autres. Je me souviens avoir lu un article d'une femme qui s'était battue pour recouvrer toutes ses capacités après avoir été complètement paralysée à la suite d'un accident de voiture. Cela m'avait beaucoup encouragée.

Ce n'est pas si simple d'écrire une histoire, pas plus que de terminer mes lettres !... Toutes mes baby-sitters sont retournées à l'école et je me réhabitue à être une mère à plein temps. C'est la première fois depuis le début de ma maladie que je m'occupe des trois enfants sans aucune aide, exceptée celle de mon mari bien entendu.

L'éclipse et la pleine lune m'ont fait chèrement payer leur passage. Je me suis sentie agitée et mal à l'aise. Ce processus de guérison m'apporte une énergie que je n'avais pas dans le passé. J'ai parfois l'impression que des Don Juan invisibles (NDT : référence à Castaneda) me pourchassent avec des enseignements secrets. Oh, voilà le mental qui s'emballe de nouveau !... Les hauts et les bas de cette situation sont épuisants. Tout est extrémité et dualisme — la vie/la mort, le noir/le blanc. C'est passionnant mais épuisant. J'ai beaucoup de mal à prendre les choses plus calmement. J'essaie de méditer tous les après-midi. Il y a énormément de travail à l'approche de l'hiver.»

A mesure que progressait la guérison, Géraldine découvrit que certains aspects en elle qui «se mettaient en travers de ma vie dans le passé» avaient tendance à disparaître. «Cette guérison comporte une grande responsabilité. Je retrouve la vie à un autre niveau. Je vois et j'entends tellement plus que je ne le faisais dans le passé. Je ne dis pas que c'est plus facile, mais il y a un sentiment d'être plus étroitement lié à la vie qu'auparavant. Et cela me nourrit. D'une certaine manière, ce lien-là constitue chaque jour mon alimentation de base.

Ce week-end je vais à Philadelphie. J'ai une cousine qui s'y marie. Ma fille de quatre ans m'accompagne. Mon oncle a une néphrite et doit être branché sur un rein artificiel trois fois par semaine. Cela fait dix ans qu'il souffre de cette affection, et il s'est progressivement affaibli. Tout le monde dit qu'il veut mourir. J'ai l'impression de le comprendre. Je n'avais aucune envie de vivre lorsque je me sentais comme une loque et que je n'étais maintenue en vie que par les tubes qui me rentraient par le nez et la gorge. Je ne pouvais pas accepter cela comme étant la vie. Et si les choses n'avaient pas évolué dans le bon sens, lentement mais sûrement, la mort aurait sans aucun doute été la seule perspective. Ma cousine m'a demandé si je pouvais lui remonter le moral. Je peux en tout cas très bien le comprendre. Pourquoi continuer à souffrir ? Je ne crois pas qu'il puisse arrêter son traitement ou ses médicaments, mais je pense qu'il peut décider de mourir, et je lui accorderai mon soutien dans cette décision. Je n'essaierai pas de l'en dissuader. C'est une grande question pour moi. Si jamais je fais une rechute, quelle

Un intense travail de guérison

serait mon attitude ? Quand vais-je décider que cela suffit ? La seule idée que je puisse un jour revivre ces traitements me terrifie. Je ne suis pas sûre que j'en serais capable. Et pourtant, je n'aurais jamais cru que je les supporterais. Je sais que c'est idiot de faire de telles projections mentales, mais ce ne sont toujours que des mots. Je sais que tout attachement est source de souffrance, même si je m'accroche sans doute farouchement à ma santé et que l'idée même d'être malade me fait peur. Bon, on ne peut pas pousser cela trop loin, car le mental a toujours quelque chose à dire sur tout. Je vais donc en rester là.»

La santé de Géraldine continua à s'améliorer, et sa joie devint à chaque fois plus rayonnante. «Le temps fut superbe. L'automne est une période fascinante. Lorsque j'étais à l'hôpital, comme ils n'avaient aucun moyen de sortir les malades, cela m'avait beaucoup manqué. J'avais vraiment besoin d'être à l'extérieur. Cela contribue énormément à voir les choses avec un peu de recul, à sentir votre insignifiance tout autant que votre importance.

J'ai récemment revu mon chirurgien, et il ne m'a pas reconnue (c'est bon signe !). Depuis que j'ai arrêté les médicaments, je recommence à ressembler à moi-même — et plus à cette betterave bouffie que j'étais avant. Je me sens parfois comme un miroir qui a été cassé et qu'on a recollé, mais dont on voit encore les craquelures et dont on sait que le moindre coup le ferait à nouveau voler en éclats. En fait, c'est surtout mon mental qui est comme cela — la peur, le doute. Parfois il vole en éclats d'ailleurs, puis les pièces se rassemblent. J'essaie de garder ma conscience en éveil, de garder la bonne longueur d'ondes pour recevoir les messages entrants. Lorsque j'étais malade j'avais en permanence la capacité de percevoir ces signaux qui venaient de partout. Ils semblaient vouloir me dire qu'il y avait «un plus grand moi». Peut-être est-ce mon ouverture à l'Etre Unique qui m'a permis d'établir ce lien. J'ai encore parfois quelques difficultés avec mes tendances athées, mais le mental est ce qu'il est, et je n'ai besoin de croire en rien pour apercevoir la vérité sous-jacente. Je vois à quel point j'ai été conditionnée par la pensée judéo-chrétienne occidentale, à quel point j'ai été dure avec moi-même, et combien ma guérison a encore du chemin à faire, surtout mentalement.

Il y a bientôt trois ans maintenant, et à certains égards je me sens mieux que je ne me suis jamais sentie avant. Non pas que la peur ait disparu, ni même la colère, mais j'ai en moi plus d'espace pour vivre. Je ne me suis jamais sentie aussi vivante.»

Quelques mois plus tard le rythme de nos échanges baissa. Nous n'eûmes plus que très rarement de ses nouvelles. Mais nous savions que la guérison avait fait son travail à tous les niveaux. En s'ouvrant son coeur à elle-même, elle s'était guérie plus profondément que ce qu'elle aurait pu imaginer. Le cancer avait été pour elle «un grand enseignement».

L'autre jour, en relisant ces lettres plusieurs années après les faits, il me vint à l'esprit que je ne savais même pas comment elle allait — si elle était vivante ou morte. Mais il était évident que le travail qu'elle avait eu à faire avait été fait avec courage, honnêteté et beaucoup de coeur. D'une certaine manière elle avait été guérie au-delà de toute idée de mort, en s'ouvrant à elle-même, en s'unissant à la vie.

Chapitre 20

A L'ECOUTE DU COEUR

TRAVAILLER AVEC DES PATIENTS COMATEUX

Lors d'un week-end Vivre Conscient/Mourir Conscient, Donald, biochimiste à l'université de Washington, vint nous voir à l'heure du déjeuner. L'expression de douleur sur son visage nous avait tout de suite frappé. Il nous dit : «Cela peut paraître stupide, mais si vous avez un moment, j'aimerais que vous veniez voir ma femme. Elle est dans le coma, dans un hôpital situé à un kilomètre d'ici.»

En chemin, Donald nous raconta qu'un an plus tôt, «en revenant de chez une amie, Loretta eut une attaque.» Et depuis lors elle menait son existence dans le royaume ténébreux du coma. Tous ses besoins avaient été pris en charge par Anne, son infirmière particulière, qui participait au stage et s'était jointe à nous pour aller voir la femme de Donald.

Dans le courant de la matinée, nous avions parlé de notre travail avec des patients comateux. C'est ce qui avait décidé Donald à nous approcher. Nous avions dit que le coma était «comme une mezzanine: on n'est pas encore à l'étage, mais on a déjà une perspective différente sur le rez-de-chaussée.» Le coma est un état intermédiaire entre deux niveaux. D'après notre expérience, il semble offrir des possibilités extraordinaires de communication, de guidance et d'échange d'amour. Donald était fort agité. Tout cela, à l'évidence, était contraire à sa religion, la «science». C'était bien trop irrationnel pour lui, mais il n'en pouvait plus. Cette «mort vivante» devenait insupportable. «Peut-être est-ce parfaitement inutile d'aller la voir,» disait-il. «Nous ne pouvons de toute façon rien faire. J'espère que cela ne prendra pas trop de votre temps.»

En entrant dans la chambre de Loretta, nous eûmes la sensation de pénétrer le champ vibratoire d'une intense colère. «Il fallait véritablement se frayer un chemin à travers cette tension à mesure qu'on s'approchait du lit,» dit plus tard Ondréa. On croit généralement qu'une personne dans le coma n'est plus «en contact» avec notre niveau d'existence, mais ce n'est pas notre expérience. Nous prîmes position de part et d'autre du lit, les yeux clos, et Ondréa plaça la main sur le coeur de Loretta. Nous méditâmes, dirigeant lumière et amour vers l'être dont la forme physique était étendue devant nous. Par le silence de notre coeur, nous lui dîmes en substance : «Loretta, où que tu sois, si tu peux nous entendre, sache que tu n'es pas celle que tu croyais être. Tu n'es pas ce corps étendu ici comme un vieux tas de chiffons. Que tu sois frustrée ou fâchée est naturel dans ces circonstances. Sois compréhensive envers toi-même. Tu n'as pas besoin de t'accrocher un instant de plus à ce corps. Tu peux t'abandonner à ta vraie nature. Qu'est-ce qui te retient ?» Bien qu'aucun mot ne fut perçu, il y eut distinctement un sentiment de réponse, disant à peu près : «Je ne peux pas mourir. Je ne suis pas digne d'aller vers Jésus. Je ne suis pas une bonne catholique.» Nous répondîmes dans nos coeurs : «Tu es l'essence même de la pureté. Ta vraie nature est de lumière. Laisse derrière toi ces jugements négatifs, ces sentiments de peur. Ce ne sont que tes propres pensées qui te tourmentent et t'empêchent de rejoindre ton bien-aimé Jésus. Accorde-toi le pardon qu'il a lui-même prêché. Vois-toi comme il te voit — avec une infinie miséricorde. Laisse-toi aller vers ce qui t'appelle. Il n'y a aucune raison de rester accrochée au passé. Tu peux mettre fin à cette situation en un instant, en t'ouvrant au pardon et à l'amour. Essaye d'imaginer le regard d'amour infini que Dieu porte sur toi, et va vers Lui.» Peu à peu, le rythme de sa respiration changea et s'apaisa quelque peu. Cependant, une certaine tension psychique persistait, une nervosité clairement perceptible sous cet extérieur immobile, une agitation mentale témoignant d'une énorme frustration et d'une grande colère. Nous n'avions jamais constaté un tel degré d'agitation mentale chez un patient dans le coma. Nous avions le sentiment qu'il y avait autre chose là derrière, au-delà de la frustration d'être complètement immobilisée.

Sur le chemin du retour, trois quarts d'heure plus tard, nous demandâmes à Anne et Donald ce qui, à leur avis, pourrait être à l'origine de ce tourment. «Y a-t-il quelque chose qui selon vous pourrait avoir causé une telle frustration et une telle colère ?» Nous partageâmes nos perceptions concernant son sentiment d'être indigne et de ne pas être assez bonne catholique pour mourir. Donald fut surpris. «Je ne vous ai jamais dit qu'elle était catholique. Comment le saviez-vous ?» Nous répondîmes que le travail avec des malades comateux exigeait une approche intuitive, allant au-delà du rationnel pour percevoir ce qui était présent. Il n'y avait rien de magique là-dedans, et n'importe qui pouvait en faire autant pour peu qu'il fût disposé à faire le calme en lui et à se mettre à l'écoute des chuchotements du coeur. «Mais ne nous égarons pas et revenons à notre question. Nous avions le sentiment que quelque chose clochait pour Loretta, que quelque chose lui fermait le coeur. Ne voyez-vous rien qui aurait pu lui causer cette colère, en dehors des difficultés évidentes de sa condition actuelle ?» Nous arrivions au parking du lieu de notre séminaire, et Donald mit les mains sur nos épaules en disant : «Pouvons-nous prolonger ceci un instant ?»

Il regarda Anne dans les yeux, comme pour lui demander la permission d'aller plus loin, puis se tourna vers nous et dit : «Je ne sais pas vraiment comment dire, mais peut-être est-ce ceci le problème. Anne s'était occupée de Loretta avec énormément d'amour et de dévouement. Elle se comportait presque comme une seconde maman pour les enfants, toujours présente et soucieuse de leurs besoins. Et sans qu'aucun de nous deux ne l'ai recherché, il y eut soudain un jour où nous nous sommes regardés différemment. Nous sommes tombés amoureux l'un de l'autre, après neuf mois. Cela fait bientôt trois mois que nous sommes ensemble. Mais je ne vois vraiment pas comment Loretta pourrait être au courant. C'est impossible, n'est-ce pas ?» Nous demandâmes à Donald et Anne s'il leur était arrivé de parler de leur affection ou de se témoigner leur affection devant Loretta, en s'occupant d'elle. Ils se regardèrent d'un air penaud, puis Anne nous dit : «Vous savez, nous éprouvons l'un pour l'autre des sentiments si forts qu'il nous arrive d'être assez démonstratifs, surtout quand il n'y a personne.» Anne rayonnait d'une beauté lumineuse. Sa gentillesse était très naturellement le terrain fertile dans lequel leur amour avait grandi. De toute évidence, leur relation était pour eux un stimulant très positif dans leurs vies.

S: «Mais il y avait quelqu'un ! Le fait que son corps ne bouge pas ne veut pas nécessairement dire que Loretta ne soit pas présente. Elle est entièrement là, même si elle ne peut vous communiquer ce qu'elle sent ou ce qu'elle pense. Il est peut-être temps pour vous trois d'avoir une petite conversation.»

Nous explorâmes avec eux leur désir de ne pas faire souffrir Loretta, ainsi que leur intense sentiment de culpabilité. «Il serait plus intéressant de simplement reconnaître la pureté de vos sentiments réciproques, et vos motivations d'origine vis-à-vis de Loretta. Vos intentions étaient pures. Tout jugement consécutif n'est que le fait de vieux conditionnements mentaux cherchant à brouiller le jeu. Examinez ces sentiments de culpabilité et laissez votre coeur faire preuve de compréhension et de pardon envers le mental troublé.»

Nous suggérâmes à Donald d'aller d'abord seul parler à Loretta, de relâcher quelque peu ses conditionnements scientifiques et rationnels, et de lui parler simplement et honnêtement, avec les mots du coeur, de sa relation avec Anne. Sans oublier qu'elle était probablement déjà bien au courant. Ensuite, peut-être un jour ou deux plus tard, ils pourraient y aller ensemble et lui parler de façon plus approfondie, sans pour autant rentrer dans des secrets d'alcôve qui ne créeraient que davantage de confusion. Simplement lui parler des sentiments qui s'étaient développés entre eux. Qu'ils n'aient ni honte ni crainte, mais seulement de l'amour, tant pour eux-mêmes que pour Loretta. Lors de cette seconde «conversation», ils pouvaient s'efforcer d'être réceptifs et sentir si elle avait des questions à leur poser, puis y répondre comme il leur semblerait approprié. Et enfin, nous suggérâmes à Anne d'éventuellement s'y rendre seule, un jour ou deux plus tard, et de lui parler «de femme à femme». Depuis six semaines une autre infirmière avait été engagée pour s'occuper de Loretta, car leur relation — et leur sentiment de culpabilité — mettait Anne dans une situation où, disait-elle : «Je ne parvenais plus à être disponible pour Loretta comme j'aurais aimé l'être. C'est comme si ma relation avec Donald s'était mise entre elle et moi. J'ai l'impression de mener une double vie lorsque je suis avec elle.»

Durant la dernière session du séminaire, il m'arriva de jeter un regard vers Donald et Anne, assis l'un à côté de l'autre, et j'eus le sentiment qu'ils n'étaient pas fort présents et que leur mental était surtout absorbé par la conversation que nous avions eue.
A la fin du week-end, ils vinrent nous remercier pour le temps que nous leur avions consacré. Ils semblaient quelque peu étourdis, s'éloignant en silence, la tête baissée.

Trois jours plus tard Donald appela. «J'y suis allé comme vous me l'avez suggéré. Je me suis assis à côté de Loretta... Ce fut extrêmement difficile. Je ne savais pas quoi dire. Je me sentais idiot, et j'ai fini par lui dire : «Chérie, j'espère que tu ne vas pas me détester, mais Anne et moi, après tous ces mois passés ensemble à te soigner, avons découvert que nous nous aimions.» Il eut ensuite une conversation d'une vingtaine de minutes avec sa femme, «essayant de lui expliquer comment c'était arrivé, ce que nous ressentions l'un pour l'autre et ce que nous ressentions toujours pour elle. J'étais assez nerveux en lui parlant, mais je me sentais soulagé de lui exprimer la vérité.» Son mental très rationnel restait un obstacle, mais quelque chose de plus profond commençait à se faire entendre dans son coeur.

Trois jours plus tard, nous eûmes un coup de fil de Anne. Sa douce et jolie voix était entrecoupée de sanglots, son coeur était déchiré. «C'était horrible ! Mais quel soulagement ! Nous y sommes allés ensemble, et pour la première fois, même entre nous, nous avons exprimé clairement nos points de vues sur notre relation, exactement comme si elle était assise à nos côtés, et d'ailleurs j'avais un étrange sentiment qu'elle y était.

Nous lui avons dit combien nous y avions tous deux résisté pendant des mois, et comment nous avions fini par tomber dans les bras l'un de l'autre en nous sentant très coupables. Nous lui avons dit que nous ferons tout pour le bien des enfants, et que même si elle sortait de ce coma, nous parviendrions bien à trouver une solution. Mais qu'elle sache essentiellement que nous l'aimons et que nous lui souhaitons le plus grand bien, où qu'elle soit. Nous avons pleuré, et ri, et encore pleuré. C'était bien de pouvoir sortir tout cela. J'aime Loretta, et cela me fait mal de lui causer toute cette souffrance. Mais ce fut un grand soulagement de pouvoir le lui exprimer.

Même maintenant j'ai encore une forte douleur dans la poitrine. Elle ne m'a pas quittée depuis que nous avons eu cette conversation hier. C'est comme si mon coeur avait été mis à nu. Un peu comme le processus du deuil dont tu as parlé. Je suppose que je suis en deuil. Je pleure la séparation de Loretta avec sa famille, je pleure la perte de sa vie, mais je pleure également le mensonge que nous lui avons fait, à elle, à sa famille, et au monde. Je me sens mieux maintenant.»

Puis Donald vint au téléphone: «Je ne me souviens pas avoir jamais eu aussi peur que lorsque nous sommes entrés dans cette chambre pour lui parler. Mais vraiment, je ne l'aime pas moins qu'avant. J'espère seulement que cela lui permettra de débloquer sa situation, pour autant que ce soit possible.»

Lorsque Anne nous appela deux jours plus tard pour nous dire comment s'était déroulée sa conversation «de femme à femme», sa voix était beaucoup plus sereine. «J'ai presque envie de vous dire que nous avons «bavardé pendant une heure», mais elle n'a pas dit un mot. Et pourtant, peut-être à cause de ce que vous avez dit, j'avais l'impression de percevoir quelque chose. Nous aimerions que vous reveniez lui rendre visite, si c'est possible.»

Une dizaine de jours après notre première visite chez Loretta, celle-ci fut transférée vers un autre service, car les médecins avaient déclaré qu'il n'y avait plus aucun espoir de la voir «améliorer son état» et que par conséquent il n'était plus nécessaire de poursuivre les traitements. Lorsque nous lui rendîmes visite dans sa nouvelle chambre, nous perçûmes tout de suite l'atmosphère plus détendue. En méditant de part et d'autre de son lit, nous eûmes tous deux la sensation qu'elle avait relâché une bonne partie de ce qui la retenait précédemment. Il restait cependant encore une certaine tension, mais aucunement comparable à ce que nous avions perçu lors de notre première visite. Lui parlant dans nos coeurs, nous l'invitâmes une fois de plus à constater qu'elle n'était pas ce corps physique, que la vie de ce corps était arrivée à son terme, et qu'une nouvelle étape de son existence s'ouvrait devant elle, qu'elle pouvait laisser le passé derrière elle et se pardonner toutes ses imperfections, qu'en essence elle était liée au Christ et qu'elle pouvait s'ouvrir à l'amour qui l'appelait. Après notre méditation silencieuse, Ondréa et moi lui avons chanté le chant écrit par notre ami Jai Gopal : «Seigneur, fais que je puisse rayonner ta lumière. Dans ce monde où domine la nuit, que ma pureté éclaire le chemin. Seigneur, fais que je puisse rayonner ta lumière.» Pendant que nous chantions, Donald et Anne joignirent leur voix aux nôtres en un élan d'amour et d'espoir pour le bien-être de Loretta.

Au cours de la quinzaine qui suivit, nous eûmes plusieurs conversations téléphoniques avec Donald et Anne. Ayant mis les choses au clair avec Loretta, ils décidèrent d'en faire autant avec «les garçons», les deux fils de Donald et Loretta. Le fils aîné fut nerveux et peiné, le plus jeune se montra agressif. Le chemin de Donald et Anne ne serait décidément pas facile. Mais l'honnêteté qu'ils y mirent ouvrit la voie à une communication plus profonde et plus vraie. Lorsque les enfants demandèrent si leur mère était en train de mourir, ils répondirent honnêtement qu'ils n'en savaient rien. Lorsqu'ils dirent : «Maman pourrait-elle se réveiller un de ces jours ?» ils dirent de nouveau qu'ils n'avaient aucun moyen de le savoir, mais que les médecins disaient qu'elle pouvait mourir à tout moment et qu'elle ne donnait aucun signe d'amélioration. Ils ajoutèrent : «C'est aussi difficile pour nous que pour vous. Nous ne pouvons qu'improviser au jour le jour. Il faut seulement que nous soyons honnêtes ensemble, en évitant de nous ignorer autant que de nous sur-protéger.» Cette conversation fut un point de départ pour retrouver le sentiment d'unité de la famille, mise à rude épreuve depuis un an.

Lors de notre troisième visite à Loretta, environ un mois après la première, la chambre dégageait une atmosphère de quiétude plutôt que d'agitation. Une certaine paix plutôt que la colère et le sentiment de dévalorisation que nous avions ressentis la première fois. Nous lui parlâmes en douceur: «Tu n'as besoin de rien d'autre, Loretta, que de te fondre dans l'amour qui t'appelle et t'attend. Pourquoi rester accrochée plus longtemps à ce vieux corps devenu inutile ? Fais confiance à la lumière que tu as en toi. Va vers elle.»

En quittant la chambre, nous eûmes l'occasion de parler avec l'infirmière en chef. Elle ne cacha pas que dans la maison on n'appréciait pas énormément la relation que Donald et Anne poursuivaient «derrière le dos de sa femme». L'infirmière dit à Donald que Loretta faisait des sécrétions dans les poumons, qu'elle risquait de faire une pneumonie et qu'il fallait lui administrer des antibiotiques. Après des heures de discussion, jusque tard dans la nuit, Donald et Anne décidèrent de ne pas administrer les antibiotiques. Lorsqu'ils en firent part à l'infirmière, ils eurent droit à une vague d'injures et de réprobations. Donald nous dit en secouant la tête, sur l'aire de parking : «Que devons-nous faire ? Nous sommes encore plus seuls que Loretta dans cette affaire. La plupart des gens pensent que nous faisons quelque chose de mal, et parfois je le crois aussi. C'est si déroutant, souhaiter à Loretta d'être libre, et souhaiter être libres nous-mêmes. Mais elle semble déjà plus en paix qu'il y a un mois. Je ne sais pas vraiment ce qui se passe, mais cela semble avoir de l'effet.»

Donald nous rappela une semaine plus tard : «Elles m'ont fait une telle histoire que j'ai fini par céder pour les antibiotiques. C'est incroyable ce que les gens peuvent être sûrs d'avoir raison. Ils lui ont donné ces antibiotiques et les poumons ont presque instantanément accusé une nette amélioration. Mais d'autres problèmes surgirent aussitôt. On aurait dit que Loretta voulait en finir. Je ne sais pas. Cela me fait drôle de me l'entendre dire. Je n'ai pas vraiment confiance en ce que je ressens. Nous étions contents que ses poumons aillent mieux. Nous sommes prêts depuis toujours à nous occuper d'elle aussi longtemps qu'il le faudra, mais quelque chose avait changé. Au soir de Noël toute la famille a été chanter autour d'elle, car nous voulions qu'elle sache qu'elle faisait toujours partie de la famille. Mais Anne et moi sentions clairement que ce n'était plus pareil.

Après avoir chanté, nous sommes restés assis autour d'elle en silence. C'était peut-être la première fois que nous étions tous les cinq ensemble sans tension. Les enfants semblaient moins effrayés. C'était un très beau moment, nous étions là, tout simplement, sans rien faire, ensemble. Et trois heures après notre départ elle s'est éteinte.» Donald pleura doucement. «Elle a vraiment lâché prise. Selon ta suggestion, nous lui avons parlé de la fête de Noël comme d'un moment de naissance, l'invitant à naître hors de son corps, vers le coeur de Jésus. En temps normal, ces mots ne sortiraient même pas de ma bouche; ils auraient paru si bizarres, irréels, mais lorsque nous les avons dits, j'ignore comment cela se fait, mais ils paraissaient sortir de nos coeurs. Quelque chose était en train d'aboutir, d'arriver à sa conclusion.»

Six mois plus tard, Donald et Anne se marièrent — «après avoir attendu que les enfants acceptent davantage notre relation.» Et ils ajoutèrent : «Ils nous arrive de nous regarder l'un l'autre et de nous parler par le silence de nos coeurs. Et nous envoyons notre énergie et notre amour à Loretta, en lui souhaitant d'être bien.»

Encore une fois, il n'y a rien de «mystique» dans le fait de communiquer ou de percevoir une communication de la part de personnes qui sont dans le coma. Il semble qu'ils soient comme sur une mezzanine ou un balcon, capables de voir tout ce qui se passe, avec une perspective différente.

Cela fut également le cas pour un jeune homme atteint d'un cancer du foie, et avec lequel nous travaillions depuis six mois. Vers la fin de sa maladie, Carl entrait et sortait régulièrement de ce qu'une infirmière appelait «un léger coma». Durant la semaine qui préda sa mort, il resta immobile et sembla être complètement «absent». A deux reprises seulement il dit quelques mots, puis ce fut tout, aucune réponse. Un soir nous étions à quatre autour de lui à méditer, lui envoyant tout notre soutien pour ce qu'il traversait. Après quarante minutes les trois autres se rendirent à la cuisine, mais je ressentais quant à moi un contact profond avec Carl et je décidai de poursuivre ma méditation, ouvrant mon mental sur ce vaste espace où toute pensée n'est plus qu'une fragile petite bulle, où chaque sensation n'est que le frémissement d'un petit nuage sur l'immensité de notre vraie nature. Lorsque ma conscience fut bien ouverte sur cet espace, mon coeur dit à Carl : «Frère, cet état t'est accessible à chaque instant si tu te sens prêt à t'y ouvrir. C'est ici l'espace de ta vraie nature. Même ton corps n'est qu'une pensée flottant dans la vaste étendue de ton Etre. Aucune pensée, aucune peur traversant cet espace ne fait réellement partie de ton Etre. Ce n'est que si tu t'identifies à elles qu'elles viendront troubler ta perception. Ne t'y accroche pas, mon frère, laisse aller tout cela. Ouvre-toi à la lumière infinie de l'Etre.» Je poursuivis pendant une demie-heure, goûtant avec Carl un peu de cette paix dans la communion de nos Etres.

Au cours de cette méditation il arriva évidemment au mental d'intervenir pour trouver tout cela un peu planant et proposer une remise en question. Mais cela aussi fait partie du contenu qui flotte dans l'immensité de l'espace, rien à quoi il faille s'accrocher. La méditation ne poursuivait aucun objectif particulier. Ce n'était qu'une petite expérience de vérité et d'amour au milieu de tout un arsenal médical destiné à maintenir le corps en vie.

Lorsque les trois autres méditants revinrent dans la pièce, ils eurent une sensation différente de la présence de Carl. Celui-ci sembla être dans un coma profond. Aucun son ne le faisait réagir, alors qu'auparavant il avait eu de vagues mouvements lorsqu'un bruit plus important résonnait dans la pièce.

Le lendemain matin, en lui donnant un bain, je regardai son corps émacié qui avait peut-être perdu la moitié de son poids, et lui dis : «Carl, comment peux-tu rester un instant de plus dans ce corps fatigué ? Comment peux-tu imaginer être cette chose ? Tu es lumière. Laisse-toi t'immerger dans ta vraie nature. Laisse ton coeur immortel rejoindre l'amour infini qui t'attend.» J'avais à peine prononcé ces dernières paroles qu'une larme s'écoula de son oeil et roula sur sa joue. Il fit une dernière douce aspiration et quitta ce monde... Une fois de plus je me trouvais dans une situation imprévue, obligé d'être à l'écoute de mon intuition pour sentir comment rencontrer l'instant suivant.

Nous avons de nombreuses histoires concernant les malades comateux avec lesquels nous avons travaillé. Et nous en avons entendues beaucoup également au cours de nos séminaires, racontées par des infirmières ou des proches qui disent avoir «senti quelque chose» lors d'une communication avec un malade dans le coma. Une infirmière nous a parlé d'un garçon de huit ans «qui avait fait un arrêt total sur la table d'opération, et n'avait jamais repris conscience.» Il était resté dans le coma pendant six mois, sans qu'aucun traitement ne puisse modifier son état. Après de longues délibérations, les médecins et les parents décidèrent de le déconnecter du système de survie et de lui permettre de mourir. Mais même après l'abandon de tout soin il était resté en vie, un paquet de chair inerte qui ne pesait bientôt plus qu'une trentaine de kilos. Son apparence était si effrayante que ses parents avaient pratiquement arrêté de venir le voir. Ils passaient deux ou trois fois par semaine pour se renseigner sur son état mais restaient fort peu de temps auprès de lui. Personne ne comprenait pourquoi Mark ne parvenait pas à mourir.

«Mais un jour,» nous dit l'infirmière, «je passai un peu plus de temps avec Mark, lui faisant un massage des pieds, lui parlant, lui jouant de la musique. Et j'eus la sensation, presque comme une «communication», que ce qui le retenait de mourir était sa préoccupation de ne pas faire souffrir ses parents. Après mon service, j'appelai ses parents. Je leur fis part de mon expérience et de mon sentiment que Mark tenait bon par crainte de les faire souffrir.» Elle leur expliqua combien les enfants sont souvent très soucieux d'éviter de faire de la peine à leurs parents. Elle leur suggéra de lui rendre visite et de lui exprimer clairement qu'il ne devait pas s'en faire pour eux. Ils lui avaient déjà exprimé qu'il ne devait pas avoir peur de la mort, appliquant les recettes classiques pour l'aider à lâcher prise. Mais ce qu'il avait besoin d'entendre était surtout qu'eux-mêmes ne souffriraient pas s'il mourait.

Plus tard dans la soirée, l'infirmière reçut un coup de fil de la mère, en pleurs : «Nous sommes allés dans sa chambre et lui avons mis sa musique préférée. Nous lui avons dit qu'il ne devait rien craindre pour nous, que nous acceptions sa mort parce que c'était la meilleure chose pour lui. Une infirmière a posé son frêle petit corps dans mes bras, et je l'ai bercé doucement, le caressant, lui donnant tout l'amour que je pouvais, et lui disant que tout était bien. Et soudain il y eut un grand silence et Mark lâcha prise et mourut dans mes bras.»

De nombreux médecins et infirmières ont fait des récits semblables de leurs contacts avec des patients dans le coma. Ils leur ont parlé, leur ont lu, joué de la musique, et se sont comportés «comme s'ils étaient présents», souvent avec de remarquables résultats.

Lors d'un de nos ateliers, une femme qui participait depuis longtemps à nos groupes de méditation raconta l'histoire de sa fille lorsque celle-ci avait huit ans. C'était quatre ans plus tôt, sa fille avait contracté une méningite aiguë que le médecin avait déclarée «trop avancée pour être guérie». On s'attendait à la voir mourir avant la fin de la semaine. Mais la semaine passa et la fille restait dans le coma. Les médecins craignirent un endommagement du cerveau et prédirent qu'elle ne retrouverait jamais son entière mobilité, qu'elle risquait de ne jamais plus pouvoir marcher, ni voir, ni parler pour le restant de ses jours, si tant est qu'il lui en reste. Sa mère cependant perçut une ouverture à un niveau plus profond, et décida de passer le plus de temps possible au chevet de sa fille. Elle communiqua avec elle en disant : «Je sais que tu peux m'entendre. Je sais que tu es là. Fais-moi confiance. Nous allons t'en sortir.» Et de temps en temps, durant les longues heures qu'elle passait à regarder son enfant dans les yeux, elle avait l'impression que sa fille avait une brève présence et que d'une certaine manière elle était bien là. Elle continua à lui parler et l'invita à revenir, «regarde à travers ces yeux lorsque tu passes; ce sont tes yeux, vois à travers tes yeux, laisse la lumière pénétrer dans ces yeux.»

Après quelques semaines, sa fille avait de nouveau des moments de présence. Le contact des yeux continua à être essentiel. Six mois plus tard la fille était en voie de guérison complète. Et dans l'année elle retournait à l'école.

Un mois après qu'elle nous eût raconté cette expérience, la mère et la fille se présentèrent ensemble à un autre de nos ateliers. La fille avait douze ans et rayonnait de santé et de douceur. A la fin de la journée je lui demandai si elle avait pu suivre ce qui s'était dit tout au long de cette journée. Elle répondit : «Je n'ai pas tout écouté, mais c'était vraiment chouette ici. En fait, je n'ai jamais vu un groupe d'adultes aussi harmonieux, et je reviendrai rien que pour être dans cette atmosphère d'amour.» Une semaine plus tard elle nous envoya une image de fleur de lis sous laquelle était écrit : «Merci de m'avoir permis d'être avec vous à cet atelier, c'était très douillet.»

Chapitre 21

ATTACHEMENT ET PROJECTION

MAGGIE, THERAPEUTE

Il arrive qu'un patient, pour Dieu sait quelle raison, nous touche plus qu'un autre, et que sans nous en rendre compte, nous développons une dépendance émotionnelle à la place du lien d'écoute et de disponibilité. C'est une des raisons pour lesquelles il est important de ne jamais relâcher l'effort du travail sur soi lorsqu'on s'occupe de personnes en crise. Quelque part au cours du processus nous perdons la juste perspective et ne voyons plus le patient comme un «esprit» faisant l'expérience d'une transition. Dans la mesure où nous sommes accrochés, nous sommes nous-mêmes pris au piège du mélodrame et approchons la souffrance de l'autre avec la peur de perdre quelque chose plutôt qu'avec l'ouverture de l'amour compatissant.

Le risque d'être ainsi «pris au piège» nous rappelle constamment que ce travail est un parfait miroir de nos attitudes mentales, de nos besoins et dépendances. Dans la mesure où nous nous identifions à notre corps, nos émotions ou nos pensées (ce qui est le plus souvent le cas), nous sommes capables d'oublier que le patient avec lequel nous travaillons n'est pas seulement un individu, mais également un être en devenir.

Malheureusement, nous n'avons pas enregistré les premières années de notre travail avec les grands malades, et ne pouvons donc pas relater l'évolution de notre expérience dans ce domaine.

Cependant, je me souviens de la vieille juive, Sarah, qui faisait du crochet. Pendant des semaines elle avait refusé de parler d'elle et de sa situation, alors que nous passions chaque jour une demie-heure en sa compagnie, à partager le rayon de soleil qui baignait sa chambre d'hôpital. Nous bavardions de choses anodines, et ces moments me faisaient fort penser à ceux que je passais avec ma mère. C'était une manière agréable de commencer la journée au service de cancérologie. Sarah et moi partagions ces moments rien que pour le plaisir d'être ensemble. Ce n'était pas dans sa nature de parler de son cancer ou de l'éventualité de la mort. Jusqu'au jour où je dus m'absenter deux semaines pour une retraite de méditation. Lorsque je lui annonçai mon départ, elle me demanda ce que m'apportait ce type d'expérience, et nous eûmes un échange plus approfondi et très touchant sur le travail du coeur et notre vraie nature. Elle me dit au revoir avec une insistance inaccoutumée, et si quelque part au fond de moi je savais que c'était l'au revoir final, je refusai de l'entendre et, à cause de tout l'amour que je ressentais pour elle et de l'attachement que j'avais envers ce qui en elle représentait ma mère, je passai à côté d'un moment de vérité. C'était pourtant le point culminant vers lequel toutes ces semaines nous avaient progressivement menés, un moment où j'aurais pu explorer davantage avec elle la transition qu'elle s'apprêtait à vivre. Mais je lui dis au contraire : «Je te reverrai dans deux semaines; porte-toi bien.» Trois jours plus tard je sus, au cours d'une méditation, que j'avais loupé l'occasion. Cela me rappela un dicton soufi qui dit : «Si on offre un enseignement spirituel à quelqu'un qui ne l'a pas demandé, on gaspille un enseignement; mais si quelqu'un demande un enseignement spirituel et on ne le lui offre pas, on gaspille une personne.»

Une semaine avant mon retour, je savais que Sarah était morte, et je lui envoyai mon amour et mes excuses.

Ces patients qui deviennent l'objet de notre attachement plutôt que celui de notre coeur sont de parfaits miroirs. Ils nous indiquent nos points faibles, ceux où nous nous accrochons à la vie comme s'il s'agissait d'une bouée de sauvetage, comme si la vie était une lutte plutôt qu'un enseignement.

Un autre exemple de ce genre d'égarement et d'identification aux particularités du patient plutôt que de communion avec ce qu'il a d'essentiel, fut le cas de Maggie, une psychothérapeute du Midwest, conseillère spécialisée dans le travail avec les mourants et qui avait déjà aidé de nombreuses personnes à approcher sereinement leur mort. Nous travaillions avec elle depuis déjà deux ans. Une de ses patientes était Darlene, une femme de soixante ans, malade cancéreuse en stade terminal et qu'elle suivait depuis plus d'un an. Darlene possédait une vitalité peu commune et avait un grand intérêt pour les pratiques méditatives. Maggie s'était très vite sentie en affinité avec elle. Elle se mit progressivement à vouloir «déblayer le chemin» pour Darlene, au point qu'il lui arrivait de nous appeler en nous suppliant : «S'il vous plaît, passez-lui un coup de fil. Je sais qu'elle souhaite vous parler.» Nous n'appelons que très rarement quelqu'un qui n'a pas lui-même sollicité notre intervention, mais en l'occurrence nous faisions confiance à Maggie et appelions Darlene. Cependant, la plupart de nos conversations avec celle-ci n'avaient aucun rapport avec son chemin spirituel, mais concernaient plutôt ses difficultés de communication avec ses neuf enfants. Comme elle paraissait solide et active, ils avaient du mal à la considérer comme une mourante. Darlene nous avait plusieurs fois dit : «Certains soirs, lorsque je me sens mieux, je m'offre une petite sortie et je vais danser. Mais à cause de cela, mes enfants ne veulent pas comprendre que j'ai besoin d'aide dans la maison. J'aime sortir, danser et m'amuser lorsque je me sens pleine d'énergie, mais cela ne m'empêche pas de me sentir le plus souvent fatiguée. La plupart de mes enfants sont adultes, et ils n'ont aucune envie de venir m'aider. Ils disent que je me comporte trop «légèrement» alors que je devrais être en train de mourir, mais moi je pense qu'ils prennent ma mort un peu trop à la légère.»

Il nous sembla que Darlene s'ouvrirait à la vie en renonçant à ses ressentiments, qu'elle trouverait la guérison du coeur en étant plus vraie et plus confiante envers ses proches, qu'elle devait «arrêter d'acheter leur amour en leur faisant des gentillesses.» A quoi elle répondait : «Bien sûr, je n'ai pas envie de les faire enrager contre moi, mais parfois je ne peux m'empêcher d'enrager contre eux !»

Le plus souvent, Maggie nous parut prêter aux attitudes de Darlene une signification bien plus spirituelle que ce qu'il nous semblait indiqué. Son attachement pour sa patiente et amie Darlene l'empêchait d'apprécier correctement la profondeur et la direction que Darlene donnait à sa vie. Il nous sembla que Maggie projetait sur Darlene la mort qu'elle aurait souhaitée pour elle-même plutôt que de lui permettre de mourir la sienne selon son propre rythme.

Un beau jour Maggie nous appela pour nous dire que Darlene était morte la nuit précédente. Elle en était profondément affectée et désorientée.

M: «Je ne parviens pas à imaginer qu'elle est réellement morte, que je n'irai plus la voir le lundi. Je me suis remémoré tant de bons souvenirs, puis j'ai eu des regrets. Il y a beaucoup de choses que j'aurais aimé lui dire. Je veux dire, personne ne s'attendait à ce qu'elle meure. Pas un instant. Elle était toujours en cours de traitement. J'ai donc des sentiments très confus et je suis inquiète pour ses enfants.»

Nous lui avons dit que sa souffrance n'était pas due à la profondeur de son engagement, mais à son attachement, à son désir de l'aider, de la protéger. Au point d'en avoir oublié que Darlene suivait sa propre voie spirituelle, qu'elle n'était ni son corps, ni ses pensées, ni même sa personnalité, mais une force vive de l'univers en plein travail d'accomplissement. La résistance de Maggie était très perceptible. Elle restait persuadée que Darlene était «quelqu'un d'exceptionnel.»

S: «Ne trouves-tu pas que le fait de la considérer comme quelqu'un d'exceptionnel constitue un obstacle pour l'aider ? Ne renforces-tu pas sa peur de la mort en craignant de la perdre ?»

M: «Non, je ne pense pas. J'aurais simplement aimé être avec elle au moment de sa mort, et personne n'imaginait que la fin fut si proche.»

S: «Tu sais, Maggie, dans le boulot que nous faisons, tout le monde semble rencontrer, un jour ou l'autre, une personne à qui on s'identifie. Ce n'est pas toujours aussi évident que «elle me rappelle ma mère», mais il y a cette sensation de «perte» lorsqu'elle meurt, et quelque part nous nous opposons à son départ. Dans ce cas tu accompagnes une mourante qu'au fond de toi-même tu refuses de voir mourir. Et cette confusion, aussi subtile soit-elle, mine les fondements de la communication et de la relation.»

M: «Je crois que dans mon for intérieur j'acceptais qu'elle meure, mais je regrette de ne pas avoir senti l'imminence de sa mort et de ne pas avoir appelé ses enfants pour qu'ils soient autour d'elle.»

S: «Ses enfants ont eu tout le temps de terminer leurs affaires avec elle. En fait, ce fut sa plus grande déception, semble-t-il. Depuis près d'un an leur communication fut si difficile que tes efforts de dernière minute pour les attirer autour du lit de leur mère n'auraient pas changé grand chose. En fait, il se peut qu'elle ait choisi de mourir seule, loin des attentes de sa famille et de ses thérapeutes. Il n'est pas rare que des personnes fort entourées choisissent un moment où ils sont seuls pour se glisser hors de l'enveloppe charnelle à laquelle leurs proches continuent à s'accrocher. Cette enveloppe identifiée comme père, mère, fille ou patiente, et que tout le monde se sent le devoir de venir en aide. C'est peut-être un instant béni pour cette personne que de pouvoir abandonner tous ses rôles et de plonger sans entrave vers son être essentiel.»

M: «Mais ils ne sont jamais arrivés à résoudre leur problème. J'espérais au moins les amener à se dire au revoir sans que ces éternels conflits ne se glissent entre eux.»

S: «Tu sais, on meurt comme on vit. Si on se chamaille et qu'on néglige ses relations pendant trente ou quarante ans, on ne peut espérer qu'un beau jour tout soit résolu. Il y avait en elle quelque chose qui refusait de s'ouvrir à ses enfants. Elle avait énormément de fierté, et je pense que cela entretenait son assurance et sa conviction d'être quelqu'un d'«exceptionnel». Peut-être espérait-elle davantage de respect et de reconnaissance de la part de ses enfants. Elle m'a plusieurs fois dit avoir «travaillé comme une folle pour élever ces enfants» et que le résultat n'était pas à la hauteur de ses espoirs.»

M: «Oui, tu as peut-être raison. Il y a une semaine, je lui ai demandé : «Penses-tu que ce soit un bon moment pour appeler Stephen maintenant ?» Et elle m'a répondu : «Non, je ne me sens pas assez sûre de moi,» ou quelque chose comme cela. «En ce moment je suis tellement préoccupée par mes soucis que je lui donnerais l'impression de m'apitoyer sur mon sort.»

S: «Je pense que tu lui as donné tout ce dont elle avait besoin, et lorsque tu nous demandais de l'appeler, c'était surtout pour combler ton propre sentiment d'insuffisance. Tu voulais que nous lui parlions car quelque part tu souhaitais qu'elle progresse sur la voie spirituelle. Mais je ne suis pas sûr qu'elle le souhaitait elle-même. Je ne l'ai jamais sentie particulièrement ouverte à sa dimension «spirituelle». C'était une personne charmante, et elle a fait un travail remarquable par rapport à sa mort. Ton aide l'a sans aucun doute aidée à approfondir son expérience et à ouvrir son coeur. Je comprends l'admiration que tu lui portais. Je veux dire qu'elle a réellement fait un boulot énorme dans sa vie. Et comme nous tous au début de la quête, une bonne partie de ce travail fut motivé par son sentiment de n'être pas à la hauteur. Sentiment qui d'ailleurs fut peut-être renforcé par l'idée que tu te faisais d'elle. Mais il n'y a aucun jugement. Tout cela fait partie de notre chemin de croissance. C'est la leçon que nous offrent les patients auxquels nous nous identifions. Si de telles situations croisent notre route, c'est que nous en avons besoin. Cela m'est arrivé, comme c'est arrivé à tous ceux qui travaillent avec les mourants. Il ne faut pas voir cela comme un échec, mais plutôt s'efforcer d'en saisir l'enseignement, afin d'être plus adroit encore dans nos contacts suivants, d'apprendre à aimer sans avoir besoin d'aucun retour, sans même avoir besoin que la personne aimée soit «digne» de l'amour que nous lui témoignons.»

M: «Je crois pourtant qu'elle était plus profonde qu'on le pense. A l'hôpital il lui arrivait de méditer plusieurs heures par jour. Je n'ai jamais travaillé avec quelqu'un comme elle.»

S: «Et tu croyais qu'elle pouvait être ce «patient parfait» qui allait mourir consciemment et démontrer que la mort n'a rien de pénible. Qu'elle compenserait tous ceux qui n'ont pas pu dépasser leur identification au corps. Ses méditations lui étaient peut-être d'une grande utilité, mais je doute qu'elles étaient comparables à tes propres expériences dans ce domaine. Je crois que tu fais beaucoup de projection sur elle.

Nous connaissons tous deux des gens qui méditent mais qui ne pénètrent pas profondément en eux, car ils sont trop occupés à «être quelqu'un qui médite». Il y a encore trop de «moi», passant du rôle de mère, de menuisier ou de cuisinier à celui de méditant. Ils ne parviennent pas encore à dépasser toutes ces identifications superficielles et à laisser la vérité émerger en eux. Leur méditation s'efforce encore d'obtenir quelque chose plutôt que de recevoir ce qui émerge des profondeurs de leur être. Il n'y a là rien à juger, bien entendu. Mais lorsque nous nous faisons une certaine idée de quelqu'un, ce modèle lui-même représente un jugement, crée une attente et par conséquent cause de la souffrance. Nos modèles, qu'ils soient positifs ou négatifs, éloignent les gens de leur coeur, et les enferment dans une identité, dans des limites. Cela ne crée que davantage d'illusion et de souffrance.»

M: «Tu sais, Stephen, en t'écoutant je peux percevoir cette partie en moi qui essayait de la sauver. Et peut-être n'était-ce pas la meilleure attitude. C'est vrai, je l'aimais tellement. J'avais tellement envie de l'aider. Je suppose qu'il y avait une partie d'elle que je n'entendais pas. Quand elle se sentait mal, cela l'embarrassait de t'appeler, et quand elle se sentait bien, elle disait : «Je me sens bien maintenant, ce n'est donc pas la peine de le déranger.» Je crois que j'étais un peu vexée par sa fierté, car cela ne correspondait pas à l'image que j'avais d'elle. Donc je refusais simplement de la voir.»

S: «D'une certaine manière, sa souffrance a éveillé une peur en toi, et tu l'as prise en pitié au lieu de lui ouvrir ton coeur et de lui permettre d'être simplement qui elle était.

J'ai toujours eu le sentiment que tu projetais ta propre mort sur celle de Darlene. D'une certaine manière, cela la maintenait axée sur l'extérieur, sur toi, sur moi. Bien entendu, je n'étais pas suffisamment proche d'elle pour savoir exactement ce qui se passait. Mais il semble qu'elle cherchait surtout en dehors d'elle-même les réponses à ses problèmes, et dès qu'elle se sentait mieux elle arrêtait ses recherches. Peut-être y avait-il entre vous une subtile connivence pour faire en sorte qu'elle «se sente mieux» plutôt que de vivre l'instant comme il se présente.»

M: «Ma confusion provenait probablement d'un sentiment de doute, dans le genre : «Ai-je été utile ? Puis-je l'aider à approfondir son expérience ?» Et j'espérais que tu puisses toi l'amener à voir au-delà de ses peurs.»

S: «Mais elle n'en a jamais fait la demande. Lorsque tu m'as parlé de Darlene pour la première fois, tu m'as dit qu'elle semblait être «du niveau de nos patients les plus remarquables». D'une certaine manière, je t'entendais dire : «Voilà, j'ai enfin une patiente qui va pouvoir mourir consciemment.» Mais dès mon premier contact avec elle, mon impression fut très différente. Et il était clair que tu ne voulais pas entendre notre avis sur cette question. J'eus le sentiment à l'époque que vous appreniez toutes les deux à mourir.»

M: «Je crois que tu as raison. La première fois que je l'ai rencontrée, je me suis dit : «Super ! Voilà quelqu'un qui fait de la méditation.»

S: «Les parties d'elle qui restaient attachées à la vie ne la poussaient pas vers la méditation. Je ne pense pas qu'elle était prête à explorer véritablement sa dimension spirituelle. Elle aspirait surtout à profiter de la vie, à découvrir le monde, car elle avait l'impression d'être passée à côté du meilleur en se consacrant à l'éducation de ses neuf enfants. Elle leur en voulait énormément. J'ignore si elle mit jamais en pratique les techniques que nous lui proposions. J'ai le sentiment que cela lui faisait simplement plaisir d'entendre une personne de plus se soucier de son bien-être.»

Nous avons ensuite eu un échange sur le fait qu'en poussant quelqu'un à être différent, moins fâché, plus spirituel, ou quoi que ce soit, nous le poussons d'une certaine manière en dehors de son coeur. Quoi que ce soit que nous exigeons de quelqu'un, d'une manière ou d'une autre, nous empêche de l'accepter et de l'aimer réellement. «Lorsque tu désires quelque chose de tes enfants, de tes parents, de tes patients, observe à quel point tu crées une distance entre eux et toi. En développant une attente envers quelqu'un, tu ne peux l'aimer entièrement, car cette personne est mise en balance avec ton désir. Darlene n'avait nullement besoin d'être plus spirituelle qu'elle ne l'était. Elle n'avait qu'un seul besoin, c'est de s'aimer elle-même davantage, de s'accepter comme elle était. Et ce qu'elle a fait, à bien des niveaux, était exactement ce dont elle avait besoin, pour sa propre dignité et sa propre acceptation.»

M: «En t'écoutant, je me sens coupable. Et ce serait facile de dire que c'est un sentiment neuf pour moi, mais en réalité je sais que cette culpabilité est toujours présente dans une certaine mesure, et sa mort n'est qu'une occasion de la relever. C'est le sentiment de n'être pas suffisamment disponible pour mes patients alors que je désire tant qu'ils soient en paix. Mais je sais aussi que je ne peux pas forcer la paix. Et que d'autre part je peux m'ouvrir à ma culpabilité et mes sentiments d'incapacité, et les explorer simplement dans mon mental et dans mon corps. Quelque part en moi j'ai toujours su qu'elle n'était pas celle que je voulais qu'elle soit, mais je refusais de le voir. Je voulais qu'au moins celle-ci soit «comme il faut».

S: «Ils sont tous «comme il faut». Ils meurent comme ils sont, en accord avec leur propre vie. Ils n'ont pas besoin d'être autrement. C'est là toute la dignité et le respect auxquels ils ont droit. Si tu veux débarrasser les gens de leurs souffrances, tu te trompes d'activité, car ici il s'agit essentiellement de s'ouvrir à la douleur, de la laisser flotter librement, sans renforcer les résistances profondes que nous avons tendance à cultiver face à tout ce qui est inconfortable. Ce travail implique d'être disposé à aimer ceux qui souffrent.

D'une certaine manière, nous n'aidons pas les gens à mourir, nous apprenons à mourir nous-mêmes. Et plus nous pouvons mourir à l'instant présent, abandonnant tout ce que nous croyons être, toute la confusion mentale et les remous de surface, plus nous pouvons être cet espace de paix dans lequel l'autre peut venir abandonner sa souffrance. Mais tant que nous ne sommes pas entièrement centrés dans notre être essentiel, nous aussi avons quelque chose à perdre, à protéger. C'est pour cela que nous devons faire un travail constant sur nous-mêmes.»

Je fis ensuite part à Maggie de mon expérience lorsque je m'assieds en silence auprès d'un patient et que je médite simplement à ses côtés, dirigeant mon mental vers cet état de communion où la conscience de nos deux corps s'estompe et où l'illusion de nos deux identités séparées fait place à la conscience de n'être qu'un. Cette conscience d'unité n'encourage pas en eux une fausse idée de la mort. Celle-ci n'est en réalité rien d'autre que la continuation du processus d'ouverture à leur vraie nature, à cette dimension d'eux-mêmes qui se situe au-delà du corps et du mental. Lorsque je médite ainsi, nous partageons un espace de lumière, une sensation profonde de qui nous sommes réellement. Et dans cet espace, plus rien ne justifie nos peurs, plus personne n'est à protéger.

S: «Tant de choses peuvent être dites sans mots. Tant de choses peuvent être faites dans le silence. Je pense que tu lui as donné tout ce qu'il y avait moyen de lui donner comme stimulation pour effectuer cette recherche dans la profondeur de son être. Je sais que tes méditations lui apportaient quelque chose d'entièrement neuf; elle me l'a dit. Cela l'intéressait, sans doute, mais ce n'était pas là son intérêt principal dans la vie. Elle avait le sentiment d'être passée à côté de sa vie, et avait certainement un point de vue différent du nôtre sur la manière dont elle

Attachement et projection

pouvait trouver satisfaction, plénitude et accomplissement.»

M: «Je peux dire que ce fut pour moi un cas difficile. J'ai senti la lutte, mais je ne l'ai pas réellement reconnue. J'apprécie ta manière directe d'exprimer ce que tu perçois. Je suppose que c'est mon manque de confiance qui me fait pousser les gens vers un chemin «spirituel» qu'ils n'ont pas demandé.»

Une fois de plus, nous avons constaté qu'on ne peut amener quelqu'un plus loin que ce qu'il est capable d'aller. Il nous arrive également de nous demander : «Comment se fait-il que je sois si clair avec certains, et qu'avec d'autres je paraisse si confus et embrouillé ?» Cela pourrait bien être directement lié à leur capacité de comprendre. Il se peut en effet que la non-réceptivité d'un interlocuteur limite notre propre capacité de trouver les mots adéquats et perturbe nos processus intuitifs. Nous ne pouvons les amener au-delà de ce qu'ils sont disposés à aller.

Il n'est donc pas si surprenant qu'avec un patient nous parvenions à ouvrir notre coeur dès le premier contact, alors qu'avec un autre nous nous trouvions pris dans un noeud d'échanges intellectuels, l'éternel match de tennis où on se renvoie des idées sans jamais toucher au coeur de la question. Il se peut que ce ne soit pas seulement nous qui soyons en cause, et que nous ne soyons tous que des canaux reflétant la vérité de l'instant présent.

Je me suis souvenu d'une expérience quelques jours plus tôt, lorsqu'un ami m'appela pour me lire quelques paragraphes d'un texte concernant la mort. C'était en effet un passage assez remarquable, et quand je lui demandai qui en était l'auteur, il se mit à rire et me dit : «Toi ! C'est une transcription d'une causerie.» J'en fus impressionné, car c'était une belle illustration du fait que nous savons tellement plus que ce que nous croyons savoir.

En commençant une conversation, je ne sais jamais ce qui va sortir. Et lorsque j'entends ce qui sort, il m'arrive souvent d'apprendre moi-même quelque chose. La Sagesse Eternelle fait partie de notre vraie nature; elle se révèle dans la mesure où nous lâchons prise sur tout ce qui y fait obstacle, nos identifications, nos dépendances, nos esclavages. Certains sont à ce point ouverts qu'il n'y a plus rien à dire, car ce que nous partageons n'a plus rien à voir avec le mental. Au coeur de l'instant, il n'y a plus que silence et paix.

S: «Notre travail n'est toujours qu'un travail sur nous-mêmes. Apprendre à mourir pour se fondre dans chaque être que nous rencontrons, le coeur ouvert. Permettre à nos insécurités et nos peurs de flotter dans la conscience de notre être illimité. Mourir à l'instant qui vient. Abandonner toute attente. Tout besoin d'être autrement. Simplement se laisser Etre.»

M: «Merci pour ton honnêteté. C'est douloureux d'entendre tout cela, mais je sais que la douleur est due à ma résistance, ma confusion, mon illusion d'être séparée de ceux avec qui je travaille. Mon Dieu, y a-t-il un travail plus essentiel et plus difficile que celui-ci ?»

S: «Renoncer à nos souffrances est le travail le plus difficile que nous ayons à faire, mais c'est aussi le plus important et le plus bénéfique.»

M: «Assurément, cela accélère le processus de mon évolution. J'espère que ma prochaine vie sera plus confortable. Je choisirais bien un boulot de pâtissier, quelque chose de plus facile. Je t'embrasse.»

Le travail de Maggie avec les mourants est respecté de tous. Son expérience avec Darlene il y a quelques années lui permit de voir plus clair et de progresser vers une «présence libérée de tout désir». Son enseignement a permis à de nombreux soignants d'apprendre à «mourir dans l'ouverture de leur coeur.» Ce qu'elle a appris, elle l'a partagé avec des centaines de personnes, qui ont ainsi pu entrevoir ce qu'ils découvriront au-delà de leurs peurs et leurs doutes. Elle est devenue un ange de compassion en apprenant à être compatissante avec elle-même.

Chapitre 22

OBSTACLES SUR LA VOIE DU COEUR

RENA, PATIENTE CANCEREUSE

Notre travail s'effectue à des niveaux parfois très différents. Avec certains patients nous sommes simplement «là», un espace ouvert. Etant nous-mêmes en perpétuelle évolution, cet «espace ouvert» varie de jour en jour, voire même d'instant en instant. Le renoncement continu à tout ce qui fait obstacle au rayonnement du coeur fait donc partie intégrante de notre «service». Car dans ces moments-là, seule la «communion» entre les êtres, ce que certains appellent l'amour inconditionnel, permet au travail de s'accomplir. C'est dans cet «espace ouvert» que l'autre peut abandonner sa souffrance et explorer selon son désir la nature de l'être. Cette ouverture est souvent passive, une écoute en profondeur, avec quelques suggestions quant aux méthodes ou techniques.

Mais pour d'autres patients cela débouche sur un engagement à effectuer ensemble un travail en profondeur, ce que nous avons appelé le «contrat de vérité», dont nous avons déjà parlé. Un accord selon lequel nous nous déclarons prêts à «faire tout ce qu'il faut pour déblayer l'obstacle». Nous avons déjà donné plusieurs exemples de ce contrat dans les chapitres précédents. Un tel contrat représente un engagement de la part des deux joueurs à explorer la vérité jusqu'au bout, à laisser tomber tous les masques. Encore une fois, cela ne signifie pas que nous connaissions la vérité, mais seulement que nous soyons disposés à explorer toutes les obstructions à sa découverte. Un pourcentage restreint seulement de nos patients a accepté ce contrat, la plupart souhaitant terminer leurs affaires et mourir le plus confortablement possible. Rares sont ceux qui sont prêts à brûler leurs liens de dépendances, à dépasser le rôle du «mourant» pour s'immerger dans les niveaux supérieurs de la conscience.

Je rencontrai Rena il y a quelques années, en animant un stage avec Elisabeth Kübler-Ross. A cette époque, Rena avait déjà remporté une première bataille contre le cancer, et traversait une période de répit avant de découvrir, quelques mois plus tard, de nouvelles tumeurs. Au départ, nous explorions surtout ses émotions refoulées afin de les reconnaître pour ce qu'elles étaient: non pas des fautes, mais plutôt les conséquences naturelles de nos conditionnements mentaux. Rena avait alors tendance à s'enthousiasmer exagérément lorsqu'elle découvrait un «nouveau paquet de merde» en elle, car elle s'empressait de s'identifier à ces émotions comme si elle avait enfin découvert sa vraie nature. J'eus plusieurs fois à lui rappeler de ne pas y accorder plus de valeur que ce qu'elles n'en avaient, que la «merde» était compostable et pouvait faire un excellent fertilisant.

Au début elle se considérait essentiellement comme un corps en train de mourir. Le cancer était toute sa vie. Elle avait toujours été très «mentale», comme disait son mari, et en découvrant une nouvelle profondeur de raisonnement et de compréhension, elle se laissa facilement piéger par la pensée «je suis ce que je pense, je suis le mental». Elle passait presque quotidiennement de l'extase à la dépression. La mort restait une menace pour son mental qui entretenait la conviction que son existence dépendait de celle du corps. Plus tard, lorsqu'elle découvrit des émotions enfouies depuis longtemps, elle prit peur et se mit à douter : «Je suis ces émotions, je suis mes sentiments, je suis ce que je ressens. Mes émotions dépendent de ce que je pense, et mes pensées dépendent de mon corps physique.» La mort lui faisait donc très peur. Chaque étape dans la découverte de soi recelait son piège d'identification. Alors que c'est précisément la capacité à ne pas s'accrocher aux émotions, à reconnaître le vécu corporel, à s'ouvrir aux sentiments, qui permet de pénétrer plus profondément en nous-mêmes, au-delà de ces identifications limitatives.

Il m'arrivait de lui demander : «Si tu laisses s'envoler les pensées : «Je suis mon corps, je suis mon mental, je suis mes émotions,» que reste-t-il ?» de façon à explorer avec elle le changement constant de ces états, sans pour autant en nier l'existence. «Où se trouve ce qui est au-delà du changement permanent ? Où est l'immortel ?»

Durant nos quatre années de travail ensemble, Rena et moi fûmes en permanence confrontés à l'alternance de ses périodes de crispation et de relâchement. Elle se mit à pratiquer la méditation comme «méthode de lâcher-prise». Pas seulement le lâcher-prise du corps dans la perspective de la mort, mais un lâcher-prise plus profond, celui de son attachement à l'idée d'être le contenu de son mental, ce qui lui permettait de s'ouvrir au «je ne sais pas» et au mystère de l'immortalité. Mais ce processus d'ouverture à notre vraie nature est plus difficile encore que celui de la mort et de la sortie hors de notre enveloppe de chair. Et comme toujours, cela n'évolue pas en ligne droite. Nous passons par de nombreux sommets et plateaux, par de nombreux niveaux d'apprentissage et d'oubli, par des moments d'illumination et des moments de doute, d'extase et de regrets.

Lorsqu'elle se sentait bien, Rena nous appelait tous les deux mois, disant que ses méditations étaient puissantes et efficaces et qu'elle «gardait la tête au-dessus de l'eau». Mais derrière ces affirmations optimistes il semblait y avoir une confusion entre le lâcher-prise et un très subtil contrôle répressif. Lorsque je lui demandais ce qu'elle ferait si la situation venait à empirer, comment elle se sentirait si elle ne parvenait pas à «garder la tête au-dessus de l'eau», si elle abandonnait également sa tendance à garder les choses sous contrôle, son silence indiquait qu'elle n'était pas encore prête à y faire face.

Environ un an et demi après le début de ce processus, elle appela en disant : «Cela va de mal en pis. J'ai de nouveau beaucoup d'ennuis avec mes poumons et mon épaule droite. Il y a peu je me suis vraiment inquiétée, car je me voyais déjà reprendre toute cette affaire de traitement. Mais je me suis calmée, j'ai repris les méditations et j'ai décidé que ce n'était qu'un moment de panique. Je ne sais pas ce que je vais faire ensuite. Cela a l'air d'aller un peu mieux.»

S: «Que penses-tu que ce soit ?»

R: «Ce que j'ai dans mes poumons et ce que j'avais avant est une couche lymphogénique qui se répand un peu partout et rend la respiration difficile. Cela me fatigue très vite. J'avais des tumeurs dans le bas de la colonne vertébrale, mais elles semblent avoir disparu. J'ai fait de la visualisation active et un faible dosage de radiations. Ce fut la bonne formule. En ce moment j'ai retrouvé un peu d'énergie. J'essaye de méditer régulièrement, mais c'est plutôt trois ou quatre fois par semaine. C'est la seule chose qui me maintienne en équilibre. Au début, je méditais parce que je pensais qu'il le fallait. Mais maintenant je le fais parce que je le veux vraiment, j'en ai besoin. C'est très différent.»

S: «Comment évolue la visualisation active pour toi ?»

R: «J'avais l'impression que ma peur dévorait mon corps, et que je libérais mon agressivité. Je me suis efforcée de rejeter ces images d'agressions et d'encourager mon système immunitaire. Tout cela était fort lié à l'idée de gagner et de perdre. J'étais en compétition avec moi-même. Mais maintenant je fais surtout des visualisations douces et accueillantes.

Il n'y a pas longtemps j'ai découvert à quel point l'image que je choisissais pour représenter le système immunitaire était importante. Si j'essaye de visualiser des alligators blancs dévorant un paquet de hamburgers pourris, quelque chose en moi s'identifie à la proie et veut protéger les hamburgers. Cela ne marche pas bien. Il m'est arrivé aussi d'y aller comme si j'étais un chevalier blanc combattant un dragon, mais cela non plus ne fut pas très efficace, car souvent c'est le dragon qui gagne. Même si en finale le chevalier abat le monstre, la lutte est épuisante. Ensuite, en cherchant une image qui me conviendrait, j'ai senti que j'avais davantage besoin de lâcher prise, comme tu me l'as dit toi-même. Mais je n'ai pas encore réussi à le faire.»

Je lui ai longuement parlé de la méditation sur le lâcher-prise (voir *Qui Meurt ?*), et je lui suggérai de fermer les yeux, de porter son attention vers sa respiration tout en laissant la respiration se faire librement. De bien observer le moindre désir d'en contrôler le rythme ou l'intensité. De permettre aux sensations qui accompagnent chaque respiration de flotter librement dans l'infinité de sa conscience. Simplement laisser le corps respirer tout seul, sans aucune intervention, avec une totale confiance en son rythme naturel. Et ensuite de laisser d'autres sensations émerger du corps et être perçues sur le vaste écran du mental. De laisser les sensations se percevoir elles-mêmes. Et à mesure que le processus s'approfondit, accueillir chaque émotion, chaque pensée, dans l'amour infini de notre être profond. Laisser passer les pensées comme des bulles sur l'écran de la conscience, sans s'y accrocher. Toutes ces pensées auxquelles on a tellement tendance à s'identifier ne sont qu'un grand show. Un changement de chaque instant dans un espace sans limite. Un moment pour voir, un moment pour entendre, un moment pour sentir, un moment pour faire un projet, un moment pour juger, puis une autre sensation... un fondu enchaîné permanent, passant d'une image à l'autre à chaque instant. Il n'y a nulle part où aller, personne à être, rien à faire. Il n'y a que l'«Etre». Faire l'expérience du flot ininterrompu des sensations, des pensées, des émotions, comme elles émergent et disparaissent dans la conscience. Lâcher prise à la moindre tentation d'intervenir ou d'altérer les contenus. Laisser flotter tout cela dans l'infinité de l'Etre...

Après l'instant de silence qui suivit la méditation, elle

acquiesça et dit qu'elle continuerait à travailler cet exercice de lâcher-prise. Et qu'elle nous rappellerait dans quelques jours.

Trois jours plus tard Rena rappela, disant que sa visite chez le médecin fut «moins une surprise qu'une déception.»

R: «Le cancer semble s'étendre. Je suppose qu'il n'a jamais réellement disparu. Et je ne suis pas sûre de pouvoir le retenir encore longtemps. Je peux le garder sous contrôle pendant un certain temps, puis il pointe le bout du nez quelque part, et je l'attrape pour reprendre le contrôle. Mais je finis par m'épuiser à ce jeu, et quand je suis épuisée il en profite pour reprendre du terrain encore plus vite. Je finirai par l'avoir, ce foutu cancer !»

S: «Même s'il te tue ? ! Toute cette résistance, toute cette lutte représente tant de souffrance, Rena, et te laisse si peu d'espace pour vivre. N'as-tu jamais pensé que tu te trouves peut-être du mauvais côté ? Que tu n'es pas du côté de la guérison ? Ta lutte et ton rejet envers ce cancer ne font-ils pas obstacle à ta guérison ? Peut-être as-tu besoin d'accueillir ton cancer avant de pouvoir accueillir ta guérison. Peut-être te faut-il renoncer à lutter contre la mort pour continuer à vivre. Il se peut que la guérison ne vienne que lorsque tu abandonneras ton besoin de contrôle. C'est comme le travail avec la douleur: tant qu'elle est enserrée dans nos résistances, aucune alternative n'est possible. Pour guérir, il te faudra peut-être t'ouvrir entièrement à ce qui est au-delà de la mort.

N'est-il pas amusant de constater que le même profond lâcher-prise à l'instant présent est la parfaite condition d'harmonie aussi bien pour la guérison que pour la transition hors du corps ?»

R: «J'y pense souvent, mais je ne parviens pas à y voir tout à fait clair, alors j'y pense toujours.»

S: «Si la pensée pouvait nous libérer, nous serions tous illuminés depuis longtemps. As-tu peur de mourir si tu renonces à tes mécanismes de défense ?»

R: «Oui. Et j'ai peur également de ne pas mourir. N'avoir aucun pouvoir, aucun contrôle, est terriblement effrayant. Si le lâcher-prise signifiait simplement que je meure et puis que ce soit terminé, ce serait facile. J'ai toujours été en position de contrôle.»

S: «O douleur !... Je sais, c'est une période difficile pour toi, mais cette tentative désespérée de maintenir le contrôle ne peut qu'empirer les choses. Que penses-tu d'essayer de te détendre autour de ton cancer et de diriger tes forces immunitaires par les canaux de l'amour ? Penses-tu que cela te ferait du bien ? Cela diminuerait en tout cas la tension que tu vis en ce moment.»

R: «Quelque part en moi j'ai tellement peu confiance en la vie que je me demande pourquoi j'y reste si attachée. Mais je ne peux m'en empêcher. J'ignore même si je suis capable de «lâcher prise». Je suis en train d'écrire un texte, et je travaillais à une définition de la guérison comme processus d'intégration et de paix intérieure. Et je me suis surprise à confondre la notion de progression avec celle de l'amélioration spectaculaire. Je sais que c'est une confusion dangereuse. J'ai pu le constater chez moi-même comme chez d'autres dans mon groupe de cancéreux. Chaque fois que nous avons un recul, cela réactive la vieille rengaine : «Je ne fais pas les choses comme il faut.» Et nous avons encore plus peur. Je m'efforce de travailler ces sentiments d'insécurité et ces peurs pour éviter qu'ils n'entravent ma guérison.»

S: «Mais tu abordes cela avec le mental plutôt qu'avec le coeur. En t'écoutant, je me demande si ce que tu dis est vécu en profondeur là où la guérison peut se produire.

On nous a appris à haïr cette maladie, à la repousser et la vaincre à tout prix, à considérer la survie comme la chose la plus précieuse qui soit. Mais le simple fait d'y mettre un peu d'amour, d'apporter un peu de douceur à cet endroit malade et souffrant, constitue une approche radicalement différente. Cela permet d'ouvrir l'endroit atteint, de l'accepter et de l'inclure à nouveau comme partie intégrante du corps.»

Nous avons parlé de la manière dont elle pouvait diriger de l'amour vers son cancer. Comment, lorsque ses poumons ou son épaule la faisaient souffrir, plutôt que de résister et vouloir à tout prix éliminer cette douleur, elle pouvait au contraire étendre son amour sur la région perturbée. Et permettre à la guérison d'y accéder. Ne plus l'enfermer dans des notions chargées comme «cancer», «tumeur», ou «douleur». Voir que son expérience de la maladie est surtout faite d'angoisse, et qu'elle pouvait au contraire la rencontrer avec amour, avec douceur, et lui souhaiter un profond apaisement. Je lui ai dit ce que d'autres patients avaient exprimé lorsque ce lien fut rétabli entre la maladie et le coeur. Comment on peut voir la lumière, ou une couleur, inonder la région perturbée. Voir les impuretés émises par la tumeur sous forme d'ondes grisâtres se dissoudre dans la lumière de l'amour. Certains dirent que ces «brumes sombres» étaient lavées par des vagues de lumière inondant l'endroit malade, jusqu'à ce que la chair devienne rose, vibrante et saine. «Ils avaient l'impression d'en extraire le poison, et non pas d'écraser un être maléfique». Ce n'est pas une guerre sainte, c'est une paix bienfaisante qui apporte la guérison.»

R: «Il semble parfois y avoir quelque chose qui s'oppose à la guérison, qui la refuse. Nous mourons comme meurt une rivière. S'écoulant en permanence de sa source, et se jetant en permanence dans l'océan. Par moments, je vois clairement la rivière s'écoulant d'un niveau à un autre, un ressourcement constant à la source, et un déversement constant dans le grand réservoir des déversements passés. La source est comme le futur, alimentant la rivière dans un jaillissement de chaque instant. L'océan, à l'autre extrémité, accumule toutes les expériences passées.»

S: «C'est une très belle image, et le mental adore ce genre de chose. Mais tant qu'il y a une «rivière», il y a un risque de noyade. Ne penses-tu pas qu'il est temps que tu arrêtes de te noyer et que tu commences à te laisser porter librement par le courant. Il n'y a pas de «rivière». Il n'y a que «mouvement». Tant qu'il y a «rivière» il y a un «moi», une identification, une définition. La guérison vient d'au-delà de nos définitions de qui nous sommes. Peut-être est-ce ta tendance à te définir qui t'empêche de faire réellement confiance aux techniques de guérison que souvent tu recherches mais que rarement tu appliques.»

R: «Il m'arrive de ne pas m'identifier à une rivière, mais à un flot continu, qui ne va nulle part, qui n'est personne, rien qu'une substance qui subit la force de gravitation. Et lorsque je sais que je ne suis qu'un flot, lorsque je suis au-delà du petit moi occupé à se définir lui-même, le cancer cesse d'être une menace. Mais à d'autres moments je ne parviens même plus à imaginer comment j'ai pu accéder à cette lucidité.»

S: «Oui, c'est inévitable. Il y a des moments où on s'efforce en vain d'y penser, et il y en a d'autres où soudain on s'y trouve, et il n'y a plus de «penseur», plus de résistance au processus. C'est tellement plus clair et plus facile de voir ces états changeants comme faisant partie d'un flot. Même nos peurs. Tu sais Rena, tu n'as pas besoin d'être différente de ce que tu es. La seule chose à faire c'est te laisser être. Accueille ce que tu es avec amour plutôt que résistance.»

Au cours des mois suivants, il devint évident que la méthode qui consistait à envoyer de l'amour vers l'endroit malade et qui avait si bien réussi à Anthony et à d'autres, n'était pas à sa portée, car son mental persistait à vouloir «vaincre et chasser cette maladie hors de son corps.» Lorsque l'extension de son cancer s'imposa comme une évidence et qu'elle se sentit mourir, nous commençâmes à pratiquer davantage les méditations sur la douleur (voir *Qui Meurt ?*). Elles aussi encourageaient l'acceptation et approfondissaient l'ouverture à ce qui était perçu comme inconfortable et déplaisant, pour mener au lâcher-prise et à la guérison.

Au début du mois de février, Rena écrivit une longue lettre: «Beaucoup de choses se sont passées, tant intérieurement qu'extérieurement. J'ai subi une nouvelle intervention chirurgicale et je recommence une chimiothérapie. La méditation sur la douleur me fut très utile pour respirer calmement durant l'opération. Le cancérologue fut très impressionné et m'a demandé comment je m'y prenais. Je lui ai parlé de la méditation. C'est un médecin exceptionnel et très ouvert. Il s'est déclaré fort intéressé, car il est souvent confronté aux douleurs les plus diverses.

L'intervention chirurgicale fut pour moi un difficile sacrifice de mon utérus et de mes ovaires, ce que j'ai longtemps cherché à éviter. C'est l'abandon définitif de mon rêve d'avoir une fille, sachant que ma fertilité ne pourra plus s'exprimer qu'au niveau de l'esprit. La veille de l'opération j'ai commencé à lire un livre qui attendait sur ma table depuis longtemps. C'était exactement ce dont j'avais besoin. Tant de choses ont du converger pour que ce pas puisse être fait. Je me sens comme un ange qui sait comment voler, mais qui doit encore apprendre à marcher.

Je suis restée éveillée et j'ai médité toute la nuit avant cette opération. Ce fut un moment plein de beauté, et je me suis sentie en grande forme durant tout mon séjour à l'hôpital. Pour la première fois j'étais ce centre de paix autour duquel dansent les rêves. Je suis restée plusieurs jours dans ce lieu paisible et familier. Combien il me manque, ce lieu, lorsque je me traîne dans la boue de nos mondanités humaines, ne conservant qu'une vague mémoire des solutions trouvées aux paradoxes de la vie, d'un état détaché mais non séparé, profondément uni au tout et néanmoins unique. Des bribes de rêves me restent de «ce lieu où tout est bien !», «ce lieu où tout est amour et où rien n'est perdu.» «L'endroit où tout effort prend fin.» Pendant un court instant de trêve, je me sentis dans mon port d'attache.»

Après la lecture de cette lettre, je l'appelai et nous parlâmes de son expérience à l'hôpital.

S: «Ce moment-là aussi est passé. Au moment-même, ce fut une bénédiction. Mais y rester accrochée, c'est l'enfer. Tu ne peux contrôler la lumière, tu ne peux qu'être la lumière.»

R: «Je sais. Mes efforts pour retrouver cet état me dépriment. Si je pouvais simplement m'endormir, je le ferais. Si je pouvais m'assommer avec des médicaments, des livres ou la télé, je n'hésiterais pas. Je suis agitée et j'essaye de tout oublier en fuyant dans mes distractions habituelles. Je dois constamment me ramener à la réalité et me rappeler qu'il me faut simplement «être».

C'est difficile à expliquer, mais il y a quelque chose de répugnant et d'affreusement nauséabond dans le corps après une chimiothérapie. On se débat dans une telle contradiction ! Cette participation volontaire à l'empoisonnement de ses propres cellules est difficile à accepter. J'essaye constamment de fuir cette réalité, mais je n'y arrive pas. Alors je pense à ce que tu m'as dit : «Peux-tu garder le coeur ouvert même en enfer ?» et je comprends que le cancer lui-même est l'outil de croissance qui m'est offert. Je suis une étudiante récalcitrante, et mon Moi Supérieur me connaît suffisamment pour me choisir un parcours qui me force à ouvrir les yeux. N'est-ce pas incroyable de voir à quel point je peux détester ce processus tout en sachant qu'il est diablement parfait.»

S: «Peux-tu entendre cette contradiction ? C'est un des refrains les plus courants que je t'entends me répéter. Et je pense que nous savons tous deux que cela n'est pas dû à ton cancer, ni même à la possibilité de ta mort. C'est la vieille chanson du : «Oui, je veux, non je ne veux pas.» D'une part tu dis : «Je ferais tout pour sortir de cette situation,» mais d'autre part le mental fait subtilement passer le message : «Il faut que j'y reste pour pouvoir bien observer les choses !» Le mental est plein de conflits de ce genre. Il te dit : «Prends une glace,» et l'instant d'après, lorsqu'elle est avalée, il te glisse dans l'oreille : «Tu n'aurais pas dû !» Ce n'est pas étonnant que nous soyons si fous. La friction entre ces systèmes de désirs opposés provoque la culpabilité et un sentiment de faiblesse et de dévalorisation. Certains disent même que c'est ce type de conflit qui crée la condition pour que la maladie puisse s'installer, car d'une certaine manière il affaiblit l'action du système immunitaire. Il est normal que ce conflit soit présent; il est naturel chez tout le monde. Mais il faut rester extrêmement vigilant. C'est dans ce conflit qu'on peut observer l'action aberrante et perturbante du mental. Aucun reproche. Aucun jugement. Rien que quelque chose à observer. Le mental est un maître épouvantable, mais il peut être un serviteur merveilleux. Joue légèrement avec ces conflits. Ne les laisses pas te dévorer.»

Une semaine plus tard Rena me rappela pour dire que sa douleur avait repris dans le bas de sa colonne vertébrale, là où elle avait eu une tumeur l'année d'avant. «Soit c'est un muscle ou un nerf coincé, soit c'est une tumeur.»

S: «As-tu inondé cette région de ton pardon et de ton amour ?»

R: «Non. J'y ai pensé mais je me sens trop mal. D'une part je sens que je ne peux pas reprendre la lutte, d'autre part je ne parviens pas à l'accepter et à y mettre un peu d'amour.»

S: «Et revoilà le conflit ! Tu sais, c'est peut-être dans la solution de ce conflit que se trouve la guérison. Le coeur est l'endroit où se rejoignent les opposés. Après avoir vu tant de grands malades utiliser tant de techniques différentes, nous sommes arrivés à la conclusion que toute guérison trouve son origine dans le coeur. C'est la force du coeur qui donne à la technique utilisée son pouvoir, et qui ouvre la voie vers la guérison.

Et je ne prétends même pas que la guérison de ton corps soit l'objectif essentiel de notre travail ensemble. C'est la guérison du coeur qui est essentielle. Si tu sauves ton corps en restant dans un tel état de conflit intérieur que ton coeur en est «brisé», qu'auras-tu gagné ? Je suggère que tu explores davantage cette friction, cette brûlure provoquée par les forces opposées du mental. Si tu peux voir ce conflit pour ce qu'il est, tu comprendras que le mental agite encore les confusions qui depuis des millénaires sont à l'origine de toutes les guerres saintes. Mais tu n'as pas besoin de faire de ton corps un champ de bataille.

En réalité ce n'est pas contre la mort mais contre la vie elle-même que tu luttes. Si c'était le corps d'un autre, tu n'aurais aucune difficulté à lui envoyer de l'amour. Mais comme c'est ton propre corps, tous les mécanismes qui t'ont empêché de t'aimer toi-même et de t'ouvrir à la vie refont surface. Il n'y a rien de neuf, mais cela n'a jamais été aussi clair que maintenant. C'est le temps du pardon et de la douceur envers toi-même. Le temps de te traiter comme ton propre et unique enfant. De te permettre d'exister, simplement, dans l'amour et la tendresse.»

R: «En fait, je me sens assez optimiste, car de nombreux conflits ont été résolus, mais j'entends ce que tu dis, et je sais que c'est vrai.»

Je demandai à Rena ce qui la rendait optimiste. Etait-ce l'espoir de conserver son corps ou celui de voir un changement intérieur l'emmener au-delà de l'identification au corps. «Les deux,» me dit-elle. «L'un ou l'autre. Même si les choses semblent aller de mal en pis, j'accorde encore une certaine crédibilité à l'idée qu'elles peuvent aller mieux. Je n'ai pas encore envie de mourir. Je n'ai pas terminé mon travail. J'aimerais beaucoup finir mon livre. Je tiens à léguer quelque chose à la postérité.»

S: «Ce désir de laisser une trace est très naturel. Mais bien des choses parfaitement naturelles nous empêchent de voir plus loin et d'embrasser notre vraie nature. Puisque nous avons convenu de «pousser les choses jusqu'au bout», explorons ceci également, même si c'est effrayant. Que veux-tu dire lorsque tu affirmes vouloir léguer quelque chose à la postérité ? Est-ce une manière de ne pas lâcher prise ? De maintenir un certain contrôle même après ta mort ? N'est-ce pas tenter d'obtenir une forme d'immortalité que le corps ne possède pas ? Rechercher l'immortalité, c'est accepter l'idée qu'on naît et qu'on meurt. Mais ton être réel n'est jamais né et ne peut mourir. L'immortalité est donc une question sans objet, puisque tu es déjà tellement plus que la forme, de quelque nature qu'elle soit, et tu es au-delà de toute notion de temps. Quel intérêt peuvent donc avoir ces pensées ridicules d'«éternité» et d'«immortalité», qui ne sont que d'autres notions liées au temps et à l'espace ? Tu te court-circuites toi-même en refusant de voir plus loin, en refusant de dépasser le mental et le corps pour accéder à l'expérience directe de celle que tu es réellement. Et tu le sais, car tu as eu de brefs aperçus de ta réalité profonde. Ton travail maintenant est de faire confiance à ce que tu as vu, sans pour autant t'y agripper. Te laisser mourir à l'instant présent, te laisser exister au-delà de tes limites, au-delà de l'immortalité et de l'éternité, au-delà de ce que tu «sais». Tu ne peux y penser, tu ne peux que l'être.»

R: «Oh, ce mental ! Je sais, tu as raison. J'ai pu le vérifier pour moi-même. C'est la confiance, ou plutôt le manque de confiance, qui m'empêche de m'y laisser aller. Peut-être le fait de terminer ce livre me donne-t-il l'impression de clôturer le cycle de cette vie. Parfois, après une conversation avec toi, j'ai l'impression d'avoir montré le côté le plus minable de ma personne. Mais je suppose que c'est pour cela que nous parlons ensemble. Il y a quelques jours pourtant, alors que je me sentais très mal, je me suis laissée aller. J'ai levé toute résistance. A ce moment-là, je pouvais vraiment accepter l'idée de ne pas terminer mon livre. Parfois je peux même accepter que mon heure arrive maintenant. J'ai essayé de mettre de l'ordre dans mes priorités, ce qui ne fut pas facile du tout. Et terminer mon livre est une des choses qui me tiennent fort à coeur.»

S: «C'est très compréhensible. Mais creusons un instant cette partie de toi qui aimerait entendre dire : «Comme elle était merveilleuse, Rena; comme elle a bien mené sa vie !» C'est cette même quête d'approbation qui maintient la vie dans un étau. Cela cause énormément de souffrance. N'est-il pas temps pour toi de renoncer à souffrir ? Cela ne veut pas dire que tu doives renoncer à écrire ton bouquin, mais d'y aller avec légèreté, avec amour et acceptation plutôt que de t'en faire une migraine.»

R: «Tu touches un point sensible là. Continue.»

S: «Je sais. Je l'ai vu dans la partie du livre que tu m'as envoyée. Tu y apparais sous ton jour «héroïque»; tu montres tes bons moments mais jamais tes vraies douleurs, ta peur ou ta confusion. Cet effort de «paraître» ne peut que renforcer le déni de toi-même, et diminuer l'ouverture de ton coeur. Tu écris comme si tu étais la personne que tu as toujours rêvé être, au lieu de celle que tu es réellement et qui en réalité est bien plus belle encore. Tu le sais aussi bien que moi. Ta souffrance, et même ta confusion, sont parfaitement acceptables. Etre humain ne diminue en rien ta beauté. L'idéal que tu as toujours souhaité être limite en réalité ta confiance et t'empêche d'être celle que tu es. Je crois en effet qu'écrire ton expérience peut te faire du bien ainsi qu'à d'autres, dans la mesure cependant où ton honnêteté te permet de trouver refuge dans ton coeur. Mais le besoin de paraître si «équilibrée» est toxique et te laisse avec un sentiment d'isolement et de déconnexion.»

R: «Ceci me trouble énormément. J'ai beaucoup de mal à accepter clairement ces pensées. Dois-je arrêter d'écrire ce livre ?»

S: «Pas nécessairement. L'écriture peut même avoir un effet thérapeutique, à condition que tu te laisses être toi-même. Mais j'ai le sentiment qu'en ce moment ce livre te cause plus de souffrance qu'autre chose, car il est surtout l'expression de tes désirs et de ton rejet de ce que tu préférerais ne pas voir. Tu sais, il y a un dicton zen qui dit : «Plus l'épreuve est rude, plus l'illumination est grande.» Si tu parviens à écrire un livre sur l'exploration profonde de ce qui te rend incomplète, tu pourrais bien trouver la plénitude. L'exploration de ce que tu dénies, de tes peurs, ta confusion et même ton cancer, est peut-être la voie qui te sortira de ton trou. Mais le déni, l'occultation de ces difficultés pour paraître plus parfaite que tu ne l'es ne peut que te laisser plus fragmentée encore.

Toute ta vie on t'a dit d'être «quelqu'un», de te fixer des objectifs professionnels, de te faire une place dans le monde, et maintenant la mort approche et tu penses : «Ceci est ma dernière chance d'être quelqu'un, d'arriver quelque part,» et le mal de vivre n'en devient que plus évident. Etre «quelqu'un» c'est avoir peur de la mort.»

R: «D'une certaine façon, mon cancer et mon livre sont un peu la même chose, si ce n'est qu'ils vont dans des sens opposés. Peut-être quelque part en moi ai-je l'impression qu'ils peuvent se neutraliser. Que le livre peut annuler les effets du cancer. Je ne sais pas.»

S: «Tu sais, j'entends deux choses là. D'abord, quand tu dis que le livre pourrait neutraliser les effets du cancer, cela veut dire que, si le cancer représente pour toi le risque de mourir, le livre représente l'espoir de ne jamais mourir. Une fois de plus tu cherches du mauvais côté celle que tu es déjà et qui est tellement plus que ce que tu imagines. Ensuite, mon sentiment est que le livre et le cancer ne sont en rien opposés, mais évoluent au contraire sur la même voie. Il se peut que le manque d'amour envers toi-même qui t'empêche de te livrer «entièrement» dans ton livre soit également ce qui t'empêche d'inonder ton cancer d'amour. Dans les deux cas tu rejettes une partie de ton être.»

R: «Toi qui es écrivain, comment fais-tu pour éviter de vouloir être «quelqu'un» au yeux de tes lecteurs ? C'est une question très difficile.»

S: «Sans aucun doute, et elle ne m'est pas inconnue. Mais il n'y a aucun jugement face à ce désir. Il faut simplement pouvoir l'observer. Ce n'est qu'un jeu du mental. Je ne connais que trop bien cette situation où on est là, devant sa feuille de papier, quelqu'un en train de faire quelque chose, et se sentant si loin des gens à qui je suis en train de parler d'unité. Il y a là, bien sûr, quelque chose d'absurde. Aucun de nous n'y échappe. Mais l'écriture, comme la guérison, s'écoule spontanément lorsqu'il n'y a «personne» dans le chemin pour en gêner le flot.

L'écriture est un excellent miroir pour voir où nous en sommes, pour découvrir nos sentiments profonds, et même parfois pour solutionner certains conflits dans le mental. Je pense que ce sentiment de séparation, ce désir d'être quelqu'un, voire même celui de paraître mieux que ce que nous sommes en réalité, est tout à fait naturel, mais en même temps si douloureux. Il nous sépare de la vie encore plus que de la mort. Lorsque je le perçois en moi, la seule chose à faire est de faire preuve d'acceptation, de compassion, et de reconnaître à quel point notre conditionnement est solidement ancré. A mesure que les années passent, je salue cette insécurité avec plus de chaleur et d'amitié. Cela ne m'effraie plus autant qu'avant, ni ne me plonge dans de subtils jugements ou doutes. C'est la même vieille rengaine. Il n'y a aucune surprise à la retrouver. Elle est là depuis si longtemps qu'elle mène sa propre vie. Mais nous pouvons la saluer avec gentillesse plutôt qu'avec un jugement crispé.

Lorsque nous rencontrons ces états en pleine conscience et en toute franchise, ils ont tendance à se dissiper. Nous ne pouvons surestimer le pouvoir de la perception correcte des choses. Le regard d'aigle sur nos propres processus. Je ne connais rien qui soit aussi proche de la magie.»

R: «Bien, je pense que ce fut pour moi une très bonne conversation. Il y a pas mal de choses à digérer. Je crois que je vais m'asseoir et relire mon manuscrit. Je t'en reparlerai.»

Une semaine plus tard Rena rappela. Son souffle était sensiblement plus court que la fois d'avant. «Il semble que ce machin se soit largement répandu dans mes poumons. Je respire très difficilement et je n'ai presqu'aucune énergie. Je suis peut-être arrivée au bout de mon rouleau. Mais je voulais te dire que ces derniers temps j'ai un désir très fort de me retirer, d'être seule et de rester assise sans rien faire, simplement assise. Mais j'ai le sentiment d'abandonner mes enfants lorsque je fais cela, et une partie de moi trouve que j'ai le temps et que je devrais mieux l'utiliser.»

S: «Et bien, ma chère amie, il semble que tu entames le dernier acte. Ton désir de rester seule et au calme fait très naturellement partie de ce processus. Ne le juge pas, accepte-le comme il vient. Laisse ton intuition te guider d'instant en instant. Ton acceptation t'amènera peut-être une guérison plus profonde que ce que tu imaginais à l'époque où tu luttais contre ton corps. Si tu peux t'ouvrir aux changements naturels qui accompagnent l'affaiblissement de ton corps, tu découvriras que ton coeur s'ouvre également et te permet d'accéder à un bien-être décontracté comme tu n'en as que rarement connu.

Ton ouverture à ce processus implique que tu reconnaisses à quel point des pensées du genre : «Je n'ai pas fait assez pour mes enfants» sont vicieuses. Je sais que tu es une excellente mère, et que tu donnes énormément à tes enfants. Et pourtant ce vieux mental, toujours prêt à semer la confusion, émet ce genre de pensée. Dans la «Bhagavad Gita» il est écrit qu'on fait ce qu'on fait, et une fois que c'est fait on n'a plus qu'à s'en remettre aux fruits de ses actes. Nous vivons notre vie, et à la fin de cette vie nous devons nous en détacher complètement sans nous retourner. Ces pensées concernant nos enfants sont très accrocheuses et viennent se coller à nos sentiments d'insuffisance. Mais qui a besoin de mourir avec ce genre d'autodénigrement dans son esprit ? Avec un coeur fermé envers lui-même ? Regarde cette pensée et vois-la pour ce qu'elle est: une bulle de plus dans la vaste étendue de ton être réel. Il est temps de renoncer à tes fausses identifications, temps de ne plus te retrancher derrière tes pensées, et d'au contraire te concentrer sur l'espace d'où elles émergent et où elles disparaissent. C'est la pratique du lâcher-prise, qui consiste à atteindre ta limite, puis à gentiment la dépasser. Cela se situe exactement à l'opposé de la cruauté et de l'attachement que le mental a accumulés au cours des milliers de rejets et de jugements envers soi.»

R: «Je crois que c'est cela qui me fait le plus mal, cette idée de ne pas avoir «fait assez.»

S: «Mais si tu peux voir que cette pensée n'est qu'une petite bulle qui flotte dans l'espace infini de ta conscience immortelle, tu peux également faire l'expérience de ta perfection, et savoir que tout est bien.»

R: «L'autre jour, en écrivant, j'ai pour la première fois fait l'expérience de cet état où «les choses sont bien telles qu'elles sont». Je pouvais accepter que mon cancer ne guérisse pas. Et j'acceptais l'idée de mourir. Mais ensuite je me suis assoupie, et lorsque j'ouvris les yeux, je me retrouvai prise dans les mêmes difficultés.»

S: «Evidemment, notre lucidité va et vient, et l'attachement que nous développons envers elle est à tenir à l'oeil, comme tous nos attachements. La simple observation de nos processus d'ouverture et de fermeture peut développer notre compassion envers nous-même. La plus grande partie de cette peur et de cette bonne vieille angoisse provient d'un manque de confiance dans le processus. Ce qui se passe maintenant n'arrive pas par hasard. Tout cela se déroule selon un plan précis. Si tu observes comment les pensées prennent fin, comment une pensée s'efface devant la suivante, tu verras le processus même de la pensée et tu ne seras plus tentée de te perdre dans une seule d'entre elles. Tu n'as pas besoin de savoir ce qui se passe après la mort, ni de savoir comment mourir, pas plus que tu n'as besoin de savoir comment naissent les étoiles et les planètes pour voir la perfection de ce processus. Dans la petite parcelle qui t'est attribuée, l'entière vérité est révélée et l'entière perfection du processus peut être vécue. Tout comme une pensée se fond harmonieusement dans une autre, puis celle-là dans la suivante et ainsi de suite, de même font les jours, s'enchaînant parfaitement l'un à l'autre, et de même font les années et les vies. Nous sommes la création dans l'acte continu du devenir. Nous sommes l'évolution-même, se découvrant à chaque instant. Ce processus qui embrasse l'union et la déchirure, l'amour et la perte, la vie et la mort, est notre parfaite évolution. Il est une partie intégrante de notre vraie identité.

Tu as dit que ton «Moi Supérieur avait suffisamment de sagesse pour avoir accepté ce parcours.» C'est le cas pour nous tous, et l'enseignement que nous offre la mort est un des enseignements essentiels de la vie. Nous sommes engagés dans un processus permanent de croissance et d'extension de nos limites. Un processus intérieur. Et en réalité il nous est très difficile de savoir ce qui est bon pour nous et ce qui ne l'est pas. Nous essayons constamment de nous protéger de la douleur, et pourtant il semble que l'ouverture à cette douleur nous facilite grandement la vie.

Nous avons tous dans notre vie des périodes de changement où le rythme et les conditions sont radicalement transformés, où nous passons d'une octave à une autre. Et à bien des égards la mort n'est pas différente de ces autres transitions. Comme nous le disait un ami : «La mort n'est qu'un passage à un autre style de vie.» A chacune de nos étapes, dans la vie, nous avons toujours dû couper sans ambiguïté ce qui nous retenait à l'étape précédente avant de pouvoir entrer pleinement dans la suivante. C'est comme ces jeux en barres métalliques où nos enfants grimpent et se balancent comme des singes. On ne peut passer entièrement à la barre suivante avant d'avoir lâché la précédente. Il m'arrive, lorsque je suis au parc avec mes enfants, d'être fasciné par leur agilité et leur confiance dans cette activité. Ils semblent presque voler d'une barre à l'autre sans se tenir à aucune d'elles. Lorsqu'un adulte s'y risque, il est tellement conditionné à se méfier du danger qu'il ne lâchera pas une barre avant de s'être solidement agrippé à la suivante. Les enfants par contre s'élancent comme des singes. Il y a un moment où ils ont déjà complètement lâché la barre précédente tandis que leurs mains n'ont pas encore tout à fait atteint la nouvelle, mais leur confiance les empêche de tomber. Avec cette confiance, on peut sauter d'une barre à l'autre, d'un niveau à l'autre, en un mouvement continu où l'effort a disparu pour faire place au plaisir du jeu. Toute croissance est pareille. Nous devons constamment mourir pour pouvoir renaître. Lâcher l'instant précédent pour pénétrer dans l'instant nouveau.»

Malgré mon sentiment que l'ouverture du coeur lui accorderait une nouvelle liberté, je sentis que Rena n'était pas disposée à le faire. Une vie entière de résistance et de contrôle la mènerait vraisemblablement à vivre sa mort «le mental ouvert» plutôt que «le coeur ouvert». Et là aussi, tout était bien. C'était là qu'elle en était et cela devait être respecté. Je ne pouvais que lui envoyer de l'amour et tâcher d'approfondir sa confiance en ce qui l'attendait. Si je devais définir simplement ce qu'est «mourir conscient», je dirais que c'est lâcher l'instant précédent et s'ouvrir au suivant. Pas de vie, pas de mort, rien qu'une progression d'instant en instant dans l'espace infini de la conscience.

R: «C'est vrai. Mon mental n'arrête pas de s'agripper à des brindilles de paille. Il m'arrive de m'égarer dans une recherche purement intellectuelle pour comprendre ces choses. Comme l'autre jour, en lisant, je fus stimulée par une série d'idées fascinantes établissant un lien entre la physique, la conscience, l'esprit et toutes ces choses. C'est tellement amusant de jouer à ces jeux de l'esprit, mais à part l'enthousiasme que cela suscite, en quoi cela nous avance-t-il ?»
S: «Exactement, le mental perçoit que tout est lié, mais il ne se sent pas lié lui-même.»
R: «Ce que tu m'as dit concernant la «compréhension», comment c'était «l'ultime arme de séduction du mental,» m'a vraiment fait «tilt» au moment où j'ai renoncé à mon livre. J'ai enfin vu que j'étais tellement occupée à «comprendre» que j'en avais perdu le contact avec moi-même et avec les autres.»

S: «Il est temps de laisser le mental s'immerger dans le coeur. Comme le disait un ami quelques jours avant sa mort : «Il est temps d'arrêter d'être quelqu'un et d'explorer de n'être qu'un.»

Deux semaines plus tard, Spence, le mari de Rena, avec qui nous avions déjà souvent conversé, nous appela pour dire que Rena semblait s'approcher du moment de la mort. Lorsque je lui demandai comment elle allait, il me dit avec une certaine frustration : «Et bien, nous avons eu récemment quelques conversations sur des sujets que nous n'avions pratiquement jamais abordés avant. Pendant longtemps Rena refusait d'en parler. Depuis une semaine nous avons vidé nos sacs sur certaines affaires, mais elle semble toujours quelque peu méfiante.»

Je lui demandai comment il vivait cela, et il me dit : «A certains points de vue, c'est une belle expérience pour nous deux. Ces dernières années nous ont énormément apporté. Nous partageons des moments très beaux et très précieux, mais elle reste encore fort attachée.»

S: «A quoi reste-t-elle attachée ?»
Sp: «A ce que tout soit réglé. Elle se préoccupe des funérailles, des arrangements après les funérailles. Tout doit être réglé, contrôlé, organisé. Je sais que vous lui avez parlé de lâcher prise par rapport au contrôle. Et il y a quelque temps, lorsqu'elle faisait les méditations sur le lâcher-prise — nous en fîmes d'ailleurs quelques unes ensemble — elle parut sensiblement s'ouvrir et se détendre. Mais depuis la peur a repris le dessus. Elle a commencé à beaucoup parler de son livre et m'en faisait des citations comme s'il s'agissait des écritures saintes. Et maintenant elle s'efforce de garder le contrôle sur ce qui se passera après sa mort.»

S: «Il n'y a pas de mal à cela. Ce n'est que sa manière à elle de se préparer. Nos conditionnements sont d'une telle puissance ! Ne t'en effraye pas, ne te laisse pas coincer dans l'idée qu'elle te rejette. Elle est simplement en train de vivre sa mort comme elle a vécu sa vie. C'est peut-être un moment difficile à passer pour vous deux. Mais si tu veux être là pour elle comme elle en a besoin, tu va devoir garder le coeur ouvert et accepter les choses comme elles sont, sans vouloir la changer ou orienter le processus de sa mort dans un sens différent de ce qu'elle souhaite.»

Sp: «Parfois nous méditons ensemble, et il fait si paisible. Mais dès que nous avons ouvert les yeux, toutes ses préoccupations refont surface et ses bavardages chassent le silence. Il m'arrive d'avoir envie de pleurer, mais comme elle est si sereine, ou semble l'être, je ne sais que faire avec ces émotions lorsque je suis en sa présence.»

S: «La seule chose que tu puisses faire, c'est l'aimer et la laisser être comme elle le veut. Tu dois pouvoir accepter sa peur si tu veux atteindre l'amour qui se trouve juste en dessous. Elle a fait un grand travail sur elle-même ces dernières années, et même si cela ne te paraît pas toujours évident en ce moment, cette dynamique produira ses effets encore longtemps après qu'elle aura quitté ce corps. Observe bien tout ce qui en toi aimerait qu'elle soit différente et vois comme cela t'empêche de l'accueillir totalement dans ton coeur en ce moment pourtant si crucial. Quant à toi, tout ce que je peux te souhaiter c'est de pleurer quand cela pleure en toi, et de rire quand cela rit en toi.»

Sp: «Je sais. J'avais seulement besoin de le dire. Nous avons tant partagé depuis douze ans, et je crois que je suis surtout triste de la perdre.»

Spence appela quelques jours plus tard pour nous annoncer la mort de Rena. «Elle est morte au milieu d'une phrase», dit-il. «Cela lui ressemble bien. Et le plus étonnant eut lieu juste après sa mort, lorsque je m'affairais à mettre tout en place comme elle me l'avait demandé. Elle m'avait fait promettre qu'avant que quiconque ne la voie, je lui fermerais les yeux, lui mettrais son maquillage, l'installerais assise dans son lit, et lui mettrais un sourire sur son visage. Mais lorsque j'essayai de le faire, je ne parvins pas à fermer sa bouche ! Et je fus bien obligé de la laisser comme cela, toute bien arrangée dans sa longue robe mauve qu'elle aimait tant, avec la bouche grande ouverte. Je suppose que, vraiment, nous mourons comme nous avons vécu.»

Nous voyons encore Spence de temps en temps, lors de nos déplacements dans sa région, et il nous dit que tout va bien. Il s'est remarié et lorsqu'il repense à la mort de Rena, malgré la tristesse, il ne peut éviter de sourire. «Ces derniers jours avaient été si sérieux, et je craignais de rester avec un sentiment que les choses ne soient pas vraiment terminées. Mais lorsque je ne parvins pas à fermer sa bouche, j'ai tellement ri de cet incroyable humour cosmique que tout s'est remis dans une juste perspective. Régulièrement je repense à ce vieux dicton populaire qui dit : «Que l'enfant Jésus puisse fermer ma bouche et ouvrir mes yeux.» Et je m'efforce de regarder le monde d'un regard plus éveillé qu'avant.»

Chapitre 23

LORSQU'ON LACHE TOUT, SEUL L'AMOUR RESTE

MARTINE, PATIENTE CANCEREUSE

Frank, le mari de Martine, nous appela sur le conseil d'un ami. Martine était entrée dans une phase irréversible de son cancer et se sentait profondément désorientée par sa tumeur au cerveau. Après m'avoir parlé pendant quelques instants, Frank me passa Martine. Elle s'exprimait très simplement, avec de longues pauses entre les phrases, sur un ton qui me fit penser à une enfant perdue. Il devint rapidement évident qu'elle ne pouvait pas suivre les raisonnements abstraits ou conceptuels. La tumeur avait perturbé sa fonction mentale, et sa capacité de raisonner s'en trouvait diminuée. N'étant plus capable de rationaliser clairement comme dans le passé, elle rayonnait d'autant mieux un amour qui paraissait libéré de toute entrave. Comme le disait Frank : «Je ne dirais pas qu'elle a perdu ses capacités mentales, je dirais qu'elle a trouvé quelque chose de mieux.» Après avoir entendu Martine, je n'avais pas le sentiment d'avoir un travail particulier à faire avec elle. Son travail était dans son coeur, et la seule chose dont ils avaient besoin, tous deux, était d'être simplement ensemble. Je leur suggérai d'éventuellement de se joindre au séminaire que nous allions animer peu après dans leur région. Ils seraient bienvenus d'y particiser au rythme qui leur conviendrait.

Deux semaines plus tard, Martine et Frank étaient présents au séminaire Vivre Conscient/Mourir Conscient.

Frank fut le premier à parler. «Par moments je me sens capable d'affronter la réalité. Je parle avec beaucoup de gens qui m'encouragent énormément. Mais il m'arrive aussi de ne plus savoir que faire et de penser que la fin peut soudain se précipiter.»

Il raconta ensuite comment Martine s'était découvert une tumeur au sein quelques années plus tôt et avait suivi toutes les stratégies médicales disponibles jusqu'à ce qu'une nouvelle tumeur se déclare dans son cerveau. A ce stade, les médecins avaient dit ne plus pouvoir faire grand chose.

F: «Je ne sais par où commencer. Nous avions tellement d'amis à l'hôpital, et il nous semblait progresser grâce à ces traitements. Mais lorsque le cerveau fut atteint, et que nous discutions avec des amis, je remarquais qu'au moindre relâchement de l'attention dans notre communication Martine se tenait en retrait, le visage pâle, et je savais qu'elle ne pouvait plus suivre. Parfois elle disait quelque chose qui n'avait rien à voir avec la conversation en cours, et je me mordais les lèvres. Ce fut vraiment très déroutant de perdre peu à peu cette communication qui nous permit de traverser les moments les plus difficiles. Il y eut des moments où elle ne parvenait plus à comprendre ce que je lui disais et pouvait à peine encore dire quelques mots. Mais cela fut exceptionnel. Elle a des moments de lucidité normale, et d'autres où elle ne parvient plus à suivre ce qui se passe. Au début, cela nous effrayait tous deux. Martine avait beaucoup de mal à s'y faire. Son mental ne fonctionnait plus normalement. Elle commençait à perdre la maîtrise de la parole et sa mémoire lui faisait défaut. Plus ces moments se répétaient, plus cela nous énervait. C'était comme un jeu de poursuite où nous tournions en rond. Quand elle était claire, nous nous inquiétions des moments perturbés, et lorsqu'elle était perturbée, nous nous sentions comme deux petits cercles de lumière incapables de se rejoindre. Je me sentis très seul, et elle aussi j'en suis sûr.

Puis, un soir, alors que nous nous efforcions de comprendre ce qui nous arrivait, Martine s'arrêta soudain et redressa la tête en regardant le plafond. Elle resta silencieuse, comme si elle pensait à Dieu. Puis elle se rendit à la cuisine et revint dix minutes plus tard, claire comme une cloche. Ce fut ce qu'elle appela sa «première réincarnation», et la mienne également. Depuis lors elle semble avoir accepté la mort, à laquelle je n'avais pas encore réellement pensé. L'acceptation de son trouble mental fut notre premier pas vers l'acceptation de la mort, et ce fut un tournant radical, une manière totalement nouvelle d'aborder la question en ce qui me concerne.

Depuis lors, à quelques exceptions près, elle a été parfaitement claire, même en ce qui concerne son trouble. Occasionnellement elle dit : «Je pense que je ne suis pas très claire dans ma tête.» Alors elle reste assise en rêvassant, incapable de même imaginer ce que penser clairement veut dire. Et elle se tourne vers moi et me dit : «Je vais mourir et je t'aime tellement.» A cet instant, même dans cette situation trouble, apparait un autre type de clarté.»

Tandis que Frank partageait avec la centaine de participants l'histoire de leurs deux dernières années, une vague de tristesse parcourut le groupe. Peu à peu l'assemblée s'était laissée gagner par l'émotion et la pitié envers Martine. Ceci dura quelques minutes, jusqu'à ce que je me rende compte que presque tout le monde commençait à voir Martine comme une pauvre victime, et je lui demandai alors d'exprimer son point de vue.

M: «C'est une situation assez surprenante. J'ai toujours eu une excellente santé. Je n'ai jamais été grippée ni enrhumée. Il y a encore un an, lorsque j'avais une difficulté émotionnelle, c'était résolu en cinq secondes. Je prenais cinquante vitamines par jour et j'étais persuadée que je guérirais. Mais la guérison ne vint pas, et maintenant je suis sur le point de mourir. Par moments, comme dans ce séminaire auquel je participe depuis quelques heures, je ne sais même pas ce qui se passe. Parfois je comprends, mais souvent les mots passent tout simplement au-dessus de ma tête.

Mais il y a quelque chose que je voudrais vous dire à tous. S'il vous plaît, j'aimerais que vous m'écoutiez bien... Plus que tout autre chose, soyez attentifs les uns aux autres, car cela peut prendre fin si rapidement. Et c'est la seule chose vraiment essentielle. Vous savez, il y a quelque chose qui pour moi est merveilleux en ce moment... Je peux dire à chacun que je l'aime. C'est merveilleux car c'est ce que j'ai senti pendant trente-deux ans. J'avais envie de dire à chacun que je l'aimais, mais je n'osais pas. Il n'y avait que quelques personnes à qui j'osais le dire. Mais maintenant cela n'a plus d'importance, je peux vous le dire à tous.»

Me tournant vers le groupe, je demandai : «Avez-vous encore pitié d'elle maintenant ? J'en connais beaucoup qui donneraient tout ce qu'ils ont pour ressentir les choses comme elle les sent. C'est un état extraordinaire. Elle ne peut plus se fier à son mental. Elle a des difficultés à marcher droit, mais son coeur est grand ouvert. Les pièges habituels du mental ne sont plus de mise: aucune protection, aucun paraître, aucun attachement. De ce point de vue là, elle est libre, car elle n'a plus besoin de comprendre le monde. Elle n'a plus qu'à y être. Elle n'a plus d'accès au monde des concepts, et c'est généralement à ce niveau-là que nous érigeons nos défenses. Le mental filtre tout. Mais son filtre ne fonctionne plus. Elle reçoit la vie à l'état pur. Elle ne vit pas dans un univers où tout appartient à un nom, un lieu, une catégorie, qui sont autant d'entraves à notre expérience directe. Elle est, d'une certaine manière, le reflet de sa vraie nature, qui se trouve dans l'ouverture du coeur. Cela ne veut pas dire qu'elle n'a plus aucun désir de retrouver toutes ses facultés mentales. Mais ceci ne se produit que lorsque son mental est à nouveau plus clair. C'est lorsqu'elle reprend conscience d'elle-même comme être séparé qu'elle regrette de ne pas avoir la même «lucidité» tout le temps. Mais notre «lucidité» est fortement sur-estimée. Notre tendance à conceptualiser nous pousse à penser la vie plutôt qu'à la vivre. Elle a pour effet de nous maintenir à distance de l'instant présent.»

Le groupe entoura Martine en une série de cercles concentriques. Ils se joignirent les mains et les étendirent en avant, de façon à former un «berceau humain» dans lequel Martine fut doucement posée. Comme un mandala d'amour et de tendresse, le groupe la berça lentement en chantant un Alléluia. Pendant une quinzaine de minutes, tous s'unirent dans cet élan de reconnaissance et d'encouragement. Lorsque Martine fut reposée en douceur sur le sol, elle resta quelques instants immobile puis ouvrit les yeux et dit : «Ooooh. C'est super ! Maintenant j'aimerais le faire pour chacun de vous, mais je suis incapable d'imaginer comment je vais faire.»

A la fin du séminaire, il me sembla que chacun vint serrer Martine et Frank dans ses bras. Ils représentaient pour le groupe la personnification de l'élan d'amour qui avait été ressenti. Ils avaient été le parfait miroir de la nature originelle de chacun. Bien que la plupart étaient venus pour «approfondir leur compréhension et leur sagesse,» c'était la pureté de l'amour que rayonnait Martine qui avait exercé l'attrait le plus puissant. Martine avait été un exemple parfait d'amour inconditionnel. «J'aime tout le monde,» disait-elle, «c'est plus fort que moi.» Sa disponibilité à vivre l'instant présent tel qu'il se présentait fut pour tous un des grands enseignements du séminaire.

Environ deux semaines plus tard, nous reçûmes d'elle une carte sur laquelle était écrit : «Ahhh...»

Au milieu des années 1970, alors qu'il travaillait avec Ram Dass (*Grist for the Mill*, 1976) et enseignait la méditation dans les prisons de Californie, STEPHEN LEVINE rencontra Elisabeth Kübler-Ross. Durant les années qui suivirent, il anima des stages avec elle. Au contact des malades condamnés, il prit conscience du besoin qu'ils avaient d'effectuer un travail de guérison en profondeur, ainsi que de la joie immense qu'il avait à travailler avec eux (*A gradual Awakening*, 1979). En 1980 il commença à animer des stages avec son épouse, Ondréa, et poursuivit avec elle son action auprès des malades en phase terminale, en tant que co-directeurs de la Hanuman Foundation Dying Project (*Who Dies?*, 1982). Durant trois années, Ondréa et Stephen assurèrent une permanence téléphonique pour les personnes confrontées au problème de la mort (*Meetings at the Edge*, 1984). Poursuivant leurs recherches grâce au travail de ceux qui parvinrent à vaincre la maladie et à surmonter la mort, les Levine développèrent de nouvelles techniques de méditation destinées à «s'ouvrir à la guérison». Leurs méditations guidées pour la guérison, pour les chagrins insurmontés, les états de choc émotionnel, les violences sexuelles et autres formes plus subtiles de préparation à la mort/vie, ainsi que l'aide apportée à des milliers de personnes, leur valurent une reconnaissance internationale (*Healing into Life and Death*, 1987). Actuellement, Stephen et Ondréa vivent dans les hautes montagnes du Sud-Ouest des Etats-Unis, «essayant de pratiquer ce que nous prêchons» dans le silence des forêts. A la recherche de «la guérison pour laquelle nous sommes nés», ils travaillent à un nouveau livre, nourrissent les animaux, cultivent les arbres et continuent à «explorer les méandres du mental, tout en s'abreuvant aux sources claires du coeur».

BIBLIOGRAPHIE

Il existe des milliers d'ouvrages et d'articles au sujet de la mort et du processus de mourir; il existe même une bibliographie de 120 pages, d'ouvrages traitant de ce sujet. Nous nous contentons de citer ici quelques uns d'entre eux.

- «Neuf clés pour vivre sa mort», par Betty Clare Moffatt
- «La Mort et l'Enfant», par E. Kubler-Ross, Tricorne 86
- «L'Enfant et la Mort», par G. Raimbault, Privat 75
- «La Mort, dernière étape de la croissance», par E. Kubler-Ross
- «La Mort est un nouveau Soleil», par E. Kubler-Ross
- «Le Sida : un défi à la société», par E. Kubler-Ross
- «La mort, porte de la vie», par E. Kubler-Ross
- «Vivre avec la mort et les mourants», par E. Kubler-Ross
- «Savoir mourir», par Michel Coquet
- «Voyage au bout de la vie», par Bernard Martino, Ed. Balland.
- «Les Morts nous parlent», par François Brune
- «La Source noire», par Patrice Van Eersel
- «Médecins du Ciel, Médecins de la Terre», par M. Lebrun
- «Guide de la mort» par G. Heuse, aux éditions Masson.
    Un livre très complet qui vous conseille du testament à l'enterrement en passant par la «check list» de départ, le choix d'une religion ou d'un cimetière.
- «La mort est une autre naissance» Editions Seghers.
    Plusieurs auteurs spécialistes se sont réunis pour tracer un tableau des différentes religions.
- «Voyages de la mort» par Eliane Georges, aux Editions Berger-Levrault.
- «Soigner et accompagner jusqu'au bout» rapport du groupe de travail «aide aux mourants» à demander au Ministère des Affaires sociales et de l'Emploi, ministère chargé de la Santé et de la famille (Direction Générale de la Santé).
    Bulletin officiel n° 86 32 bis, en vente à la Direction des journaux officiels, 26, rue Dessaix, 75015 PARIS.
- «Mourir dans la tendresse» par Christiane Jomain.
    Editions Le Centurion. L'auteur a approché plus de 800 mourants et raconte la fin de vie en milieu hospitalier.
- «Humaniser l'hôpital» par le Docteur Abiven, Editions Fayard.

- Le bulletin «d'entraide aux cancéreux et aux grands malades» à commander, 38 rue Raulin, 69007 Lyon, pour ceux qui veulent rester chez eux.

La plupart de ces livres sont disponibles par correspondance, à la librairie du Souffle d'Or - BP 3 - BARRET-LE-BAS.

FILMOGRAPHIE

- «Vivre au jour le jour» et «Raison d'être», deux films canadiens qui sont des documentaires sur les derniers instants de vie. Se renseigner auprès de l'office national du film du Canada, 15, rue de Berri, 75008 Paris.
- «Mourir accompagné» bande vidéo réalisée par l'équipe du Docteur Sebag-Lanoé à l'hôpital Paul-Brousse. Ecrire au Docteur à l'hôpital, 16 avenue Paul-Vaillant Couturier, 94800 Villejuif.
- «Quand il n'y a plus rien à faire, tout reste à faire», montage audiovisuel tourné dans le service du Professeur Schaerer, Hôpital des Sablons, à Grenoble. Ecrire au Professeur Schaerer, Service d'Oncologie Médicale, C.H.R.U., 38043 Grenoble Cédex, B.P. 217.

QUELQUES ASSOCIATIONS D'AIDE AUX MOURANTS

* Aides : aide aux malades, à la recherche, information dupublic sur le Syndrome Immuno-Déficitaire Acquis.
  BP 759 - 75123 Paris Cedex. Tél: 1 47 70 03 00
* Association pour le développement des soins palliatifs
  66, rue Boissière, 75116 Paris. Tel: 1 45 01 27 57/45 01 52 20
* Fonction soignant et accompagnement, Hôtel-Dieu,
  8, place du Parvis-Notre-Dame, 75181 Paris Cedex 04.
  Tel: 42 34 82 34
* Association Accompagner, centre du volontariat,
  78, place du Colonel-Driant, 54000 Nancy. Tel: 85 51 09 08
* Jusqu'à la Mort, Accompagner La Vie (JALMALV),
  4 bis, rue Berlioz, 38000 Grenoble. Tel: 76 51 08 51
  Président Dr Schaerer. Place et rôle des accompagnants. Associations locales dans de nombreux départements. Bulletin trimestriel 60 pages. Abonnement 100 F.

Adresses et bibliographie

* L'Accompagnement,
  5, rue des Pépinières, 57050 Longeville Lesmets.
  Tel: 87 62 32 72
* Association européenne de soins palliatifs OFCORSE
  9 rue Guénot - 75011 Paris
* Centre de recherche et de formation sur l'accompagnement de
  la fin de la vie
  Groupe hospitalier Paul Brousse - Unité Maurice Deparis
  BP 200 - 94804 Villejuif Cedex
  Enseignement supérieur et liste des unités de soins palliatifs.
* Vieillir ensemble. Hôpital Paul-Brousse,
  16 avenue Paul Vaillant Couturier, 94804 Villejuif Cedex.
  Tel: 46 77 81 81 Poste 3063.
* Association d'aide aux Mourants,
  4, chemin de Thurritxua, 64500 Ciboure.
* Les lieux de vie jusqu'à la mort. Fondation de France,
  40, avenue Hoche, 75008 Paris. Tel: 45 63 66 66/42 25 76 55
* Association pour le droit de mourir dans la dignité,
  103, rue Lafayette, 75010 Paris. Tel: 42 85 12 22.
  Contre l'acharnement thérapeutique. Propose une déclaration, et
  la charte du malade.
* UNASSAD - Soins à domicile
  15 Passage St Sébastien - 75011 Paris. Tél: 1 43 55 26 26

TECHNIQUES D'ACCOMPAGNEMENT

Visualisation positive: Paul Cavalier, élève de S. Simonton
et formateur, donne des adresses dans toute la France.
Lui écrire 65, rue Madame, 75006 Paris. Tel: 45 48 38 25

deuil et transition

mieux comprendre la mort

mieux vivre la mort

Tél. 02 / 375 59 00
ACCOMPAGNEMENT PSYCHOLOGIQUE ET SPIRITUEL
90, avenue du Prince de Ligne – 1180 Bruxelles

« Le travail de Stephen est magique ! Ce qu'il fait avec les malades en phase terminale et avec ceux qui sont dans le chagrin est ce que j'ai vu de plus compétent et le plus riche de compassion ! » *Elisabeth Kübler-Ross*

«QUI MEURT ? est enraciné dans notre sagesse collective intuitive, glané par un esprit serein. Cet ouvrage traite des nombreux aspects de la mort avec une candeur, une légèreté et une perspective rafraîchissantes. Il nous invite à regarder directement «ce qui est» avec clarté, et sans jugement. Il dépouille l'incroyable mélodrame appelé «mort» de son pouvoir terrifiant, remplaçant la peur par une compréhension calme, simple, et pleine de compassion.» *Extrait de l'introduction de Ram Dass.*

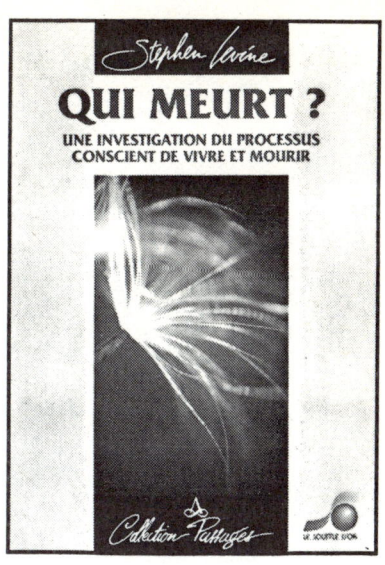

Dans les années 70, alors qu'il travaillait aux USA avec Ram Dass («Grist for the Mill», 1976) et enseignait les techniques de méditation dans le milieu carcéral californien, Stephen LEVINE rencontra Elisabeth KUBLER-ROSS. Pendant les années qui suivirent, il dirigea des stages avec elle, et comprit, au contact des malades condamnés, en même temps que la joie de se rendre utile, le besoin d'une thérapie plus en profondeur («A gradual Awakening», 1979). A partir de 1980, avec sa femme Ondrea, ils animèrent des stages, tout en poursuivant l'action d'assistance aux malades en phase terminale et aux personnes profondément affectés par la perte d'un proche, au titre de co-directeurs de la fondation «Hanuman Foundation Dying Project» («Who Dies ?», 1982). Trois années durant, Ondrea et Stephen assurèrent une permanence téléphonique gratuite pour des personnes confrontées à des maladies graves ou à la crainte de la mort d'un proche («Meetings at the Edge», 1984). Tout en approfondissant leurs recherches grâce aux témoignages de ceux qui avaient réussi à vaincre la maladie et surmonté la mort, les LEVINE poussaient plus loin leurs explorations, s'orientant vers de nouvelles techniques de méditation pour «laisser entrer la guérison». Leurs méditations guidées pour la guérison de la maladie, des chagrins insurmontés, des états de chocs émotionels, des violences sexuelles et autres formes plus subtiles de la préparation vie/mort, l'aide qu'ils ont apporté à des milliers de personnes dans le monde entier, leur valurent une reconnaissance internationale («Healing into life and death», 1987). Actuellement, Stephen et Ondrea LEVINE vivent dans les montagnes reculées du Sud Ouest des Etats Unis, «essayant de pratiquer ce que nous prêchons» dans le silence des forêts. A la recherche de «la guérison pour laquelle nous sommes nés», travaillant sur un nouveau livre, ils nourrissent les animaux, aident les arbres à grandir et «examinent les reliefs battus par les vents et les forêts de soleil de l'esprit, s'abreuvant aux sources claires du coeur».

C onfrontés à la mort d'un proche, ou l'accompagnant dans ses derniers moments, nous sommes bien souvent démunis, pas préparés, et les platitudes que l'on peut entendre ici ou là n'aident ni le mourant, ni nous-mêmes, à affronter la mort et le chagrin. Ce livre propose d'aborder ces questions au grand jour, sans fausse pudeur, et en s'adressant autant aux proches, aux soignants, qu'aux mourants.

«J'ai observé que ceux qui vont mourir ont souvent désespérément besoin de quelqu'un qui n'ait pas peur d'eux, ni de leur situation. Ils ont besoin de parler de leur condition et de la mort. Hélas ! Souvent la famille et les amis ne peuvent pas satisfaire ce besoin, car c'est leur propre drame qu'ils ne peuvent affronter; les émotions sont trop fortes et ils préfèrent éviter toute la situation» (Avant-Propos).

Suite à la mort de son fils de 28 ans du SIDA, l'auteur a résolu de partager ce qu'elle a appris sur la mort, l'amour, le courage et la transformation intérieure. Elle a réuni des témoignages de mourants, de soignants à domicile, de créateurs de centres de vie, de pasteurs, d'accompagnateurs de mourants : témoignages bouleversants, poignants qui nous renvoient au fait que si l'on a si peur de la mort, c'est qu'on a peur de la vie. Une vie bien vécue, bien remplie, dissout la peur devant la mort.

LE SOUFFLE D'OR A DÉJÀ PUBLIÉ:

Collection FINDHORN :
- Révélation *(épuisé)*
- La voix des anges
- Jeux nouveaux
- Semence d'étoile
- Emergence
- Les bâtisseurs de l'aube
- L'envol vers la liberté
- Le retour du peuple des oiseaux
- La petite voix
- Le livre d'Emmanuel
- Célébrer la vie
- Findhorn, 30 ans d'expérience

Collection CHRYSALIDE :
- La métamorphose
- Un instant, une pensée
- Vivez dans la lumière
- Retour au jardin
- Elixirs floraux et médecine vibratoire *(épuisé)*
- Les élixirs floraux du Dr Bach
- Cristal de vie
- Cristaux et développement personnel
- Guide des musiques nouvelles
- L'enfant et la relaxation
- Yoga et maternité
- Toute la kinésiologie
- Kinésiologie, le plaisir d'apprendre
- Kinésiologie pour enfants

- Brain Gym
- Le corps ne ment pas
- Equilibrer l'énergie vitale par la polarité
- Les endorphines
- Fleurs et santé
- Le papillon noir
- Unifier
- Le dialogue intérieur
- Les relations, source de croissance
- Communier avec votre enfant avant la naissance

Collection PASSAGES :
- La vie ouverte
- Neuf clés pour vivre sa mort
- Qui meurt

Collection PAROLE :
- Naissance du 4ème type
- L'homme perfectible
- Le silence qui parle

Collection de la ROSÉE :
- Le joueur de flûte
- Les enfants aux yeux de soleil

Hors collection :
- Le guide de l'éducateur nature
- L'homme autrement
- Médecine de l'essence *(épuisé)*
- La Guérison : de la tradition à aujourd'hui
- La Terre s'éveille
- Pour l'amour de Terre

*Achevé d'imprimer en juillet 1992
sur presse CAMERON,
dans les ateliers de la S.E.P.C.
à Saint-Amand-Montrond (Cher)*

Dépôt légal : juillet 1992.
N° d'impression : 1432.

Imprimé en France